DAS GROSSE NATURLEXIKON

BLÜHENDER GARTEN

DAS GROSSE NATURLEXIKON

BLÜHENDER GARTEN

Text von V. Molzer und G. Kliková

KARL MÜLLER VERLAG

INHALTSVERZEICHNIS

Text von Vladimír Mölzer und Gabriela Kliková
Illustrationen von František Severa, Jiřina Kaplická,
Vojtěch Štolfa, Karel Švarc und Jaromír Windsor
Ins Deutsche übertragen von Charlotte und Ferdinand Kirschner
Graphische Gestaltung von Václav Smejkal

KARL MÜLLER VERLAG, ERLANGEN
ISBN 3-86070-871-6
3/13/26/52-01

UNSER GARTEN

Die Gartenarbeit stellt heute für viele Menschen die wichtigste Form der aktiven Erholung dar und jeder kann sich glücklich preisen, der ein Stück Land besitzt und darauf mit eigenen Kräften seine Vorstellung von einem Garten verwirklichen kann.

Bei der Anlage und Instandhaltung eines Gartens sind Zeit- und Arbeitsaufwand und die finanziellen Kosten in Betracht zu ziehen. Ein erfahrener Gartenbesitzer weiß, wie wichtig dies für die Anlage und Erhaltung eines schönen Gartens ist. Deshalb wird er die Bepflanzung vernünftig planen, damit ihm der Garten nicht später zu einer Last wird.
Die Pflanzen und die ergänzenden Elemente sollen so aufeinander abgestimmt sein, daß sie das Gefühl harmonischer Schönheit vermitteln.
Der Garten soll zum Ausruhen einladen, er soll die Erfordernisse eines Wohngartens erfüllen. der das Wohnen um eine weitere Dimension vermehrt. Der Wohnwert des Gartens steigert sich durch seine enge Verbindung mit den Wohnräumen; Blumen, Bäume und Sträucher geben einen mit den Tages- und Jahreszeiten wechselnden Rahmen.
Ein Wohngarten soll nicht nur tagsüber, sondern – bei geeigneter Witterung auch abends und nachts benutzt werden können. Dazu braucht man Licht und Wärme. Die Beleuchtungskörper können fest montiert, unauffällig versteckt oder tragbar sein. Die Wärmequelle, ein Außenkamin, ein elektrischer Strahler oder ein Grill, soll mit der Umgebung harmonieren.

DIE ANLAGE EINES ZIERGARTENS

Für die Anlage eines Wohngartens läßt sich keine generelle Anweisung geben. Die Anordnung der Pflanzen ist von der Persönlichkeit des Einzelnen, seiner gärtnerischen Begabung, seinem Geschmack und seinen Erfahrungen abhängig.
Der Laie kann sich von einem Gartenarchitekten einen Plan entwerfen lassen. Aber auch der Gartenbesitzer selbst kann im Laufe der Zeit einen vollkommenen Garten schaffen.
Die Gliederung des Raumes soll so vorgenommen werden, daß alles im Garten natürlich wirkt.
Die Proportionen müssen eingehalten werden, das heißt, Länge (Tiefe), Breite und Höhe sollten aufeinander abgestimmt, die Formen klar abgegrenzt sein.
Jeder Garten sollte eine Dominante aufweisen, die ihm einen speziellen Charakter verleiht. Dominanten können z. B. schöngeformte Nadelbäume oder solitäre Gehölze, ein buntblättriger Strauch, eine Blumenschale oder auch eine Plastik sein.
Ein Ziergarten soll Harmonie, aber auch Kontrast aufweisen. Er soll einen beruhigenden Eindruck machen, dabei aber nicht eintönig sein. Kontrast erzielt man, indem zwei in Form und Farbe auffallend voneinander abweichende Elemente nebeneinandergestellt werden.
Ein Garten ohne Licht und Schatten ist ausdruckslos, daher sollten bei der Anlage von vornherein die Licht- und Schattenwirkungen in Betracht gezogen werden. Mit dem Wechsel von Licht und Schatten hängt der Wechsel der Farbigkeit zusammen.
Der Einfluß der Farben auf den Gesamteindruck des Gartens ist sehr groß und wäre noch größer, wenn die grüne Farbe, die den Kontrast mildert und beruhigend wirkt, nicht überwiegen würde.

Der Garten sollte abwechslungsreich sein. Manche Pflanzen bleiben das ganze Jahr über gleich (z.B. Nadelbäume), andere ändern sich im Verlauf des Jahres oder der Vegetationsperiode (z.B. die laubabwerfenden Laubbäume), bei vielen beschränkt sich die Lebensdauer auf einen Teil des Jahres. Wir können unseren Garten durch die richtige Wahl der Pflanzen das ganze Jahr hindurch grün bzw. blühend halten. Im Hausgarten sollten Nadelbäume und immergrüne Gehölze vorhanden sein, deren Schönheit auch in den Wintermonaten erhalten bleibt.

DIE AUSWAHL DER PFLANZEN

Voraussetzung für eine vollkommene Gestaltung des Gartens ist es, die richtigen Pflanzen zu wählen. Jede hat ihren eigenen Reiz. Bei der Auswahl ist allerdings auch die Wirtschaftlichkeit zu beachten. Es gibt Arten, die „von allein" wachsen und deren Pflege wenig Mühe macht und andere, die viel Arbeit machen. Wir sollten daher die Pflanzen berücksichtigen, die mit einem geringen Aufwand an Mühe und Kosten den größtmöglichen Effekt erzielen.

Über die Frage der Wirkung der Gartenpflanzen können die Meinungen auseinandergehen, dennoch nachstehend der Versuch, einen Überblick zu geben.

Wirkungsvoll sind die Nadelbäume. Ihre Anschaffungskosten liegen zwar verhältnismäßig hoch, aber dann erfordern sie lange Jahre hindurch praktisch keine Arbeit, keine weiteren Kosten – und sind in vielen Fällen Dominanten des Gartens, die jeder bewundert.

Sehr wirkungsvoll ist auch eine Rasenfläche. Ihre Anlage ist aufwendig. Der Rasen muß während der Vegetationsperiode regelmäßig gemäht, gewässert, gedüngt und evlt. nachgesät werden, aber ein Garten ohne Rasen ist unvollständig.

An die dritte Stelle setzen wir die Rosen. Sie stellen höhere Ansprüche an Zeit und Mühe vom Abhäufeln im Frühjahr über Frühjahrsschnitt, Düngen, Gießen, Jäten, Ausputzen nach dem Verblühen, Spritzen gegen Krankheiten bis zu den Wintermaßnahmen. Dafür blühen sie aber von den ersten Junitagen – mitunter auch noch früher – bis zum Frost und eine solche Skala von Formen, Farben und Düften findet sich bei keiner anderen Blume. Als Ausdruck von Sympathie und Gefühlen sind die Rosen unübertroffen. Nicht umsonst nennt man die Rose, die meistgezogene Blume der Welt, die Königin der Blumen.

Sehr beliebt sind auch die Heidegartenpflanzen – die Rhododendren, die laubabwerfenden Azaleen und die Heidekrautgewächse. Neben relativ hohen Anschaffungskosten verlangen sie eine besondere Herrichtung des Bodens an einem schattigen Standort, gelegentliches Düngen und regelmäßiges Wässern, die Rhododendren noch das Abzwicken der trockenen Blüten. Dieser geringe Aufwand an Mühe steht in kleinem Verhältnis zu dem Effekt, den diese Pflanzen erzielen. Die Blüte der Rhododendren und Azaleen ist eine Pracht, auch wenn sie nicht von langer Dauer ist. Die Glokkenheiden blühen im Frühjahr als erste, eigentlich noch im Winter, das Heidekraut im Sommer und Herbst. Die Heidegartenpflanzen sind besonders dankbar, denn sie behalten ihr Laub auch im Winter.

Die Zwiebelblumen – beliebt sind besonders die Tulpen und Narzissen – sind für unsere Gärten unentbehrlich, weil sie nach dem langen Winter mit ihren bunten Farben und mannigfaltigen Blüten den Frühling anzeigen.

Die Knollenblumen – vor allem die Gladiolen und die Dahlien – sind im Sommer eine Zierde unseres Gartens. Sie müssen alljährlich vor Einbruch des Winters aus dem Boden genommen, getrocknet, überwintert und im Frühjahr neu ausgepflanzt werden. Die Schönheit und der Farbenreichtum der verschiedenen Sorten der Gladiolen und Dahlien sind unerschöpflich und deshalb haben sie so viele Freunde gefunden.

Die immergrünen Sträucher erfordern höhere Anschaffungskosten, gute Pflege und regelmäßigen

Schnitt, doch zieren sie durch ihr Laub den Garten auch im Winter. Viele von ihnen blühen besonders schön und tragen im Herbst verschiedenfarbige Beeren.
Die laubabwerfenden Sträucher verlangen außer der normalen Pflege auch einen Schnitt; im Herbst muß das abgefallene Laub weggeräumt werden. Viele von ihnen wachsen stark und müssen entsprechend geschnitten werden. Ihre Blütezeit ist verhältnismäßig kurz (z.B. Flieder, Goldregen, Geißblattgewächse).
Die Stauden betrachten wir hier als Einheit, obwohl sie erhebliche Unterschiede aufweisen. Gesichtspunkt der Auswahl sind Zeit und Dauer der Blüte, die Jahre des Ausdauerns im Beet, die Widerstandsfähigkeit der Pflanzen und der Verwendungszweck. Eine besondere Gruppe sind die Steingartenpflanzen.
Auch die zweijährigen Pflanzen dürfen wir nicht vergessen. Sie blühen, wenn die Zwiebelblumen bereits verblüht sind und die Sommerblumen noch nicht blühen.
Die Sommerblumen blühen nur einmal, es gibt jedoch unter ihnen so viele herrliche Blumen, daß der Gartenfreund auf sie nicht verzichten sollte.

DIE ZUORDNUNG DER PFLANZEN

Neben der richtigen Auswahl der Pflanzen ist die richtige Bestimmung des Standortes wichtig. Jede Pflanze dort zu pflanzen, wo sie gedeiht und wo ihre Vorzüge zur Geltung kommen, ist das A und O des Gartens. Wie müssen erwägen, ob einzelne Pflanzen nicht nach einigen Jahren den Ausblick verstellen oder Schatten werfen, wo wir Sonne brauchen.
Ausgehend von der Festlegung der Rasenfläche ist der Standort der Blumenrabatten zu bestimmen. Die Rosenbeete und Stauden – die höherwachsenden Blumen – bilden den Übergang von den niedrigen Sommerblumenrabatten zu den Sträuchern und Bäumen.

WAS BRAUCHEN WIR NOCH?

Kein Garten ohne Einfriedigung. Für welchen Zaun soll man sich entscheiden? Für eine lebende Hecke, einen Zaum aus Holz, Drahtgeflecht oder für eine Mauer?
Eine lebende Hecke hat viele Vorzüge. Sie fängt den Lärm und Staub von der Straße ab, schützt gegen den Wind, gegen die Sicht von draußen, sie bietet Nistmöglichkeit für die nützlichen Singvögel und reichert durch die dichte Belaubung die Luft mit Sauerstoff an. Ihr Nachteil ist, das sie ständig gepflegt werden muß.
Der verbreitetste Holzzaun ist der Jägerzaun, er ist für alle Gärten, ob groß oder klein, ob auf dem Lande oder in der Stadt, geeignet.
Die einfachste Art der Einfriedigung ist ein Maschendrahtzaun. Gemauerte Einfridigungen sind teuer; schön, aber nicht billig, sind schmiedeeiserne Zäune.
Wichtig in jedem Garten sind die Wege. Ein Weg, der nicht zu jeder Jahreszeit benutzbar ist, ist kein Weg. Die Wege im Garten bauen wir aus Waschbeton- oder Natursteinplatten.

Zwei Möglichkeiten zur tarnenden Begrünung eines unschönen Drahtzaunes. Empfehlenswerter ist die unten angedeutete Art – mehrstöckige Auspflanzung von Mischgehölzen.

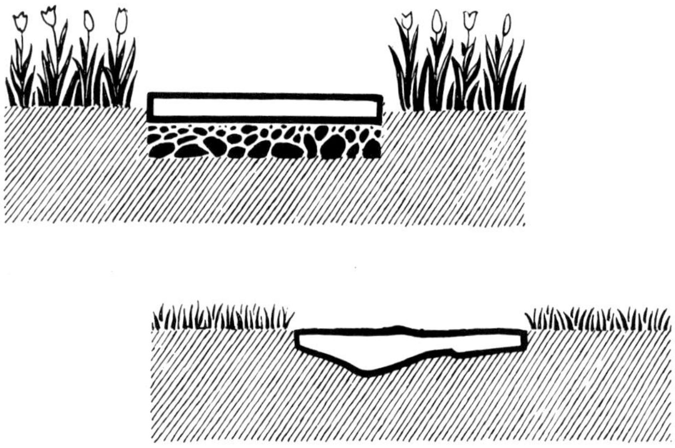

Die schönsten und praktischsten Verbindungswege im Garten sind Trittplattenwege. Die Trittplatten können entweder aus Beton gefertigt oder aus unregelmäßigen Natursteinen gebildet werden.

Bei allen Wegen ist das Längs- und Quergefälle wichtig, damit das Wasser nicht darauf stehenbleibt. An der tiefstgelegenen Stelle muß die Ableitung des Wassers in die Kanalisation oder eine Sickergrube vorgesehen werden.
Zu den Sitzplätzen, der Vogeltränke, dem Wäschetrockenplatz oder zum Steingarten können wir anstatt eines zusammenhängenden Weges Trittplatten in den Rasen legen. Die Entfernung von einer Trittplatte zur anderen soll einer Schrittlänge entsprechen. Die Trittplatten sind genau waagerecht, nur ganz wenig unter dem Niveau des Rasens zu verlegen, damit der Rasenmäher darüberfahren kann.
Zur Anlage eines Steingartens benötigen wir eine Anzahl passender, großer Steine. Sie sollen möglichst verwitterte Oberflächen haben. Es empfiehlt sich, die Komposition des Steingartens anhand einer Planskizze vorzunehmen.
Eine dekorative Ergänzung im Garten kann ein schön geformtes, handwerklich gearbeitetes Futterhäuschen für die Vögel sein, zu dessen Herstellung sich am besten Birkenholz eignet.
Mit Kletterpflanzen bewachsene Windschutzwände dienen dazu, einzelne Teile des Gartens, z.B. die Kinderecke mit dem Sandplatz, abzuteilen, oder den Komposthaufen zu tarnen. Sie können auch als Windschutz um eine Ruhebank verwendet werden.
Wichtig ist auch die richtige Wahl der Kletterpflanzen. Für einen größeren Garten eignet sich z.B. Knöterich, für einen kleineren Wilder Wein, im Schatten Efeu, in der Sonne Waldrebe (*Clematis*).
Vogeltränken sind nicht nur eine nützliche Einrichtung für die Singvögel, sondern auch ein Schmuckelement des Ziergartens. Sie können aus dem verschiedensten Material bestehen. Es muß jedoch eine schalenförmige Vertiefung mit seichten Rändern sein, nicht tiefer als 3–4 cm, damit die Vögel nicht ertrinken. Das Wasser muß häufig und regelmäßig nachgefüllt werden. Vogeltränken bringen wir inmitten einer freien Fläche an, damit die Vögel das Gefühl der Sicherheit haben, und wir sie gleichzeitig von einem Ruheplatz aus gut sehen und beobachten können.
Eine Feuerstelle, bzw. ein Grill ist heute eine beliebte Ergänzung des Gartens. Im Handel gibt es eine große Auswahl von Gartengrillgeräten.
Der Kinderspielplatz mit Sandkasten, Schaukel, usw. sollte an einem warmen, aber nicht in der prallen Sonne liegenden Ort, möglichst windgeschützt,

Die Steine im Steingarten, auf den Wegen und Treppen, sollen aus dem gleichen Material sein.

eingerichtet werden. In einem größeren Garten läßt sich ein Teil für Kinderspiele ausgliedern. Rasen läßt sich auf der für Kinderspiele vorgesehenen Fläche allerdings nur schwer in gutem Zustand erhalten.
Zu jedem Garten gehört auch ein Komposthaufen, der am besten an einem schattigen Platz angelegt wird, versteckt hinter einem Sichtschutz mit Berankung oder aus Sträuchern.

ZUR BIOLOGIE DES GARTENS

Die Gartenerde ist von vielen mikroskopisch kleinen, sowie größeren Organismen bevölkert, die sich von Pflanzenresten und organischen Abfällen ernähren und sie zu Humus umbilden. Sie sind von großer Bedeutung für die Bodenfruchtbarkeit. Sehr nützlich sind die Regenwürmer. Sie nähren sich vorwiegend von Pflanzenresten und kriechen nicht durch den Boden, sondern fressen sich im wahrsten Sinne des Wortes durch ihn hindurch. Mittels der kleinen Gänge, die sie hinter sich zurücklassen, wird der Boden durchlüftet, die Erde, die die Regenwürmer in den unteren Schichten der Ackerkrume zu sich nehmen, scheiden sie dann zusammen mit den verdauten Pflanzenresten an der Oberfläche oder unter der Oberfläche des Bodens aus und schichten so den Boden um.

Im Boden leben auch Wühlmäuse und Feldmäuse, beide sehr unerwünschte Gäste. Die Wühlmäuse vermehren sich sehr rasch und sind sehr schwer zu bekämpfen. In einem solchen Fall sollte man sich Rat in einem Gartenfachgeschäft holen.

Ein Maulwurf kann im Garten eine Katastrophe verursachen, wenn er sein Zerstörungswerk beispielsweise auf dem gepflegten Rasen beginnt. Einem gedüngten Boden weicht der Maulwurf von selbst aus.

Ein willkommener Helfer im Garten ist der Igel. Er fängt Käfer und kleine Säugetiere, richtet an den Pflanzen so gut wie keinen Schaden an und wird leicht zutraulich. Auch die Eidechsen sind harmlos. Wir können sie häufig auf den erwärmten Steinen des Steingartens bewundern, wie sie nahezu bewegungslos die warmen Sonnenstrahlen auf sich einwirken lassen. Sie nähren sich von Insekten, hauptsächlich von Fliegen, und sind dadurch auch im Garten nützlich.

Auch Frösche und Kröten richten im Garten keinen Schaden an, im Gegenteil, sie fressen eine große Menge von Nacktschnecken und verschiedenen Insekten. Schnecken und Nacktschnecken sind große Schädlinge, sie fressen im Garten alles an. Die Bienen sind für den Garten wegen der Bestäubung der Pflanzen wichtig. Um 1 kg Honig zu produzieren, müssen die Bienen mindestens 40 000 Blüten bestäuben.

Wespen sind im Garten große Schädlinge und sie können uns den Aufenthalt im Garten verleiden. Sie fressen das reifende Obst an und verbreiten die Moniliafäule (*Monilia fructigena*).

Ein lebendiger Bestandteil der Natur sind die verschiedenen Vogelarten. Die Vögel sind meist willkommene Gäste, da sie der beste Helfer des Gärtners im Kampf gegen Schädlinge sind und ihr Gesang die Menschen erfreut. Amseln, Stare und Spatzen können allerdings dem Gartenbesitzer lästig werden, wenn sie das reifende Obst anfressen. Die nützlichen Gartenvögel sind in strengen Wintern durch Hunger und Kälte gefährdet. Es ist daher ratsam, einen Futterplatz anzulegen. Der Futterplatz soll vor Regen, Schnee, Wind und auch vor Katzen geschützt sein. Außerdem soll sich in seiner Nähe ein Strauch oder ein herabhängender Baumast befinden, damit die Vögel den Futterplatz gut anfliegen können.

Wir sprachen von den Grundsätzen, die bei dem Anlegen eines Gartens zu beachten sind. Im anschließenden Bildteil gehen wir mehr auf Einzelheiten ein. Wir besprechen darin die einzelnen Pflanzengruppen, wobei wir uns in Bezug auf die Reihenfolge nicht an das botanische System, sondern an die gärtnerische Praxis halten. In jedem Kapitel werden zuerst die hochwüchsigen Pflanzen behandelt, danach die kleinwüchsigen; weiterhin werden die problemlosen vorangestellt, die schwieriger zu haltenden folgen am Schluß. Hinweise über die Ansprüche, die geeignete Unterbringung im Garten, Kombinationsmöglichkeiten mit anderen Arten und Besonderheiten der Pflege und Verwendung sind nützlich sowohl für den Anfänger wie auch für den erfahrenen Gartenfreund. Immer bleibt die Übertragung der Theorie in die Praxis dem Talent, dem Fleiß, der Phantasie und dem Geschmack des Gartenbesitzers überlassen.

ZIERGEHÖLZE

Die Ziergehölze bilden eine große Gruppe der Gartenpflanzen mit vielseitigen Verwendungsmöglichkeiten. In den meisten Fällen stellen sie keine besonderen Ansprüche an die Pflege. Wichtig ist ihre umweltfreundliche Funktion – sie sanieren die Umwelt, vermindern den Staubgehalt der Luft, reichern sie mit Sauerstoff an und bilden eine Abschirmung gegen den Verkehrslärm und die Einsicht von den Nachbargrundstücken.

Zu den Ziergehölzen werden die Nadelbräume, die laubabwerfenden Bäume und Sträucher sowie die immergrünen gerechnet; außerdem gibt es unter ihnen noch die Gruppen: Heidekrautgewächse, Kletterpflanzen sowie die Rosen.
Einige Gehölze, besonders Bäume, wachsen zu beträchtlicher Größe heran – diese werden wir begreiflicherweise in kleinen Gärten nicht verwenden. Die Auswahl an Sträuchern ist sehr groß.
Welche Gesichtspunkte haben wir bei der Auswahl von Ziergehölzen für den Garten zu berücksichtigen?

1. Größe und Form der Gehölze.
Einige Sträucher werden nur 30–40 cm hoch aber mehrere Meter breit, also niederliegend; andere können 6 m hoch und schlank werden. Es gibt Kugel- oder Pyramidenwuchsformen sowie überhängende oder rankende Arten. Einige wachsen schnell, sind in drei bis vier Jahren voll entwickelt und bleiben dann lange Zeit hindurch gleich groß; andere wachsen ständig weiter. Die Stammarten werden immer seltener im Handel angeboten, dafür werden in den Gärten atypische Formen, besonders kleinere, niedrigere Sorten, bevorzugt.
Bei den Ziergehölzen werden diese atypischen Formen in der Regel durch ein lateinisches Beiwort bezeichnet: Die säulenförmigen Gehölze mit dem Attribut 'Columnaris' oder 'Fastigiata', pyramidale Formen als 'Pyramidalis' oder 'Monumentalis', überhängende Gehölze (sog. Trauerbäume) meist als 'Pendula' oder auch 'Inversa', kugel- oder schirmförmige Arten als 'Globosa', 'Compacta', Gehölze mit verkrümmten Ästen erhalten das Beiwort 'Monstrosa' oder 'Turtuosa', zwergwüchsige, niedrige Formen werden mit 'Nana', 'Compacta', 'Nidiformis', 'Tabulaeformis', 'Prostrata' gekennzeichnet. Dasselbe gilt für die von der Stammart abweichende Färbung, rote Formen heißen 'Rubra', 'Purpurea', 'Atropurpurea', gelbe 'Aurea' oder 'Lutea', silbrige oder bläuliche (bei Nadelgehölzen) 'Argentea', 'Glauca', 'Violacea', dreifarbige 'Tricolor' u.ä.

2. Standort.
Da viele Gehölze aus abweichenden klimatischen Verhältnissen kommen, ist es besonders wichtig, für sie die geeigneten Boden-, Klima- und Lichtbedingungen zu wählen. Einige Gehölze sind sehr anpassungsfähig, andere vegetieren jedoch in Bedingungen, die ihnen nicht völlig zusagen.

3. Zweckmäßigkeit.
Die Zweckmäßigkeit ist im Garten stets mit dem Eindruck verbunden, den wir durch die Anpflanzung schaffen. Einige Gehölze kommen am besten solitär zur Geltung, andere eignen sich als lebende Hecke, andere als Einfassungen, Beete oder für den Steingarten, viele zur Tarnung unschöner Stellen. Einige Gehölze erhellen den Gesamteindruck, andere wirken ernst, manche warm, andere wieder kühl, einzelne bilden strenge geometrische Formen, andere wachsen frei.

Die **Nadelgehölze** gedeihen am besten in feuchteren Böden, in reiner Luft. Sie wirken sehr ausdrucksvoll, beeinflussen das Aussehen der Gesamtanlage, vor allem, weil sie auch im Winter grün sind. Im Sommer machen sie einen kühlen Eindruck, doch im Winter sind sie oft das einzige belebende Naturele-

ment und erwecken dann ein Gefühl der Wärme. Reizvoll sehen verschneite oder bereifte Nadelgehölze aus. Am schönsten sind sie, wenn ihr Geäst bis auf den Boden reicht. Bei zu dichter Anpflanzung vertrocknen die untere Äste.

Die **immergrünen Laubgehölze** stellen eine große Gruppe dar. Für sie ist die Wahl des Standorts am wichtigsten. Es handelt

sich durchweg um Gehölze aus wärmeren und feuchteren Gegenden oder aus arktischen- und Hochgebirgsregionen. Am besten sagen ihnen leicht schattige Plätze zu. Sie brauchen das ganze Jahr über ausreichende Bodenfeuchtigkeit, weil ihr immergrünen Blätter auch im Winter Wasser verdunsten. Wir pflanzen sie nicht an zugige Stellen, denn der Wind trocknet den Boden aus. Sie werden wenig geschnitten, praktisch nur dann, wenn der Strauch eine bessere Form erhalten soll.
Immergrüne Sträucher sind ausdrucksvolle Gehölze, so daß wir sie entweder solitär oder als selbständige Gruppen pflanzen. Wir kombinieren sie nicht mit laubabwerfenden Gehölzen, eher mit Nadelgehölzen. Man pflanzt sie gern in die Nähe von Gebäuden, auch an der Nordseite. Einige eignen sich als lebende Hecken.

Die **laubabwerfenden Laubgehölze** bilden die am häufigsten angepflanzte Gruppe der Ziergehölze. Aus der großen Menge der Gattungen, Arten und Sorten geben wir den blühenden Sträuchern den Vorzug.
Viele laubabwerfende Sträucher breiten sich so stark aus, daß der Garten ohne ständige Pflege in wenigen Jahren verwildern würde. Es ist daher nötig, die Sträucher von Zeit zu Zeit auszulichten und zu verjüngen. Wenn ein Strauch blühen und gedeihen soll, muß er in guten Boden gepflanzt, ausreichend gedüngt und gewässert werden. Der Boden muß gelockert und unkrautfrei gehalten werden.
Der Schnitt der laubabwerfenden Ziersträucher unterscheidet sich nicht vom Schnitt der Obststräucher. Die ältesten Triebe werden bis zum Boden ausgeschnitten und auch die jungen, unausgereiften Triebe werden beseitigt. Die jungen starken Triebe lassen wir am Strauch. Einige Arten müssen alljährich geschnitten werden, andere fast gar nicht, manche werden im Winter geschnitten, andere nach der Blüte. In jedem Fall sollen die verblühten Blüten oder Blütenstände entfernt werden. Auch der Habitus des Strauches ist beim Schnitt zu berücksichtigen.

Die **Heidekrautgewächse** stellen spezifische Ansprüche, woraus sich ihre abweichende Verwendung ergibt. Es sind größtenteils immergrüne Gehölze, doch finden sich unter ihnen auch laubabwerfende und halblaubabwerfende Arten. Die Vorbedingung für die erfolgreiche Anpflanzung von Heidekrautgewächsen ist saurer und luftiger Waldboden sowie Bodenfeuchtigkeit und Halbschatten. Sie sollten im Garten eine Gruppe bilden, die durch Nadelgehölze und Farne ergänzt werden kann.
Die Mehrzahl der Heidekrautgewächse, die in Baumschulen gezogen werden, ist abgehärtet und verträgt auch die verunreinigte Luft der Industriestädte. Sie verlangen insgesamt stark mit Humus gedüngte Böden und ein öfteres Gießen mit kalkfreiem Wasser. Sie dürfen zusätzlich nur mit sauren Düngemitteln (Schwefelpräparaten, Superphosphat) gedüngt werden.

Die **rankenden Gehölze** sind besonders ausdrucksvolle Gartenpflanzen. Sie dienen nicht nur der Verschönerung, sondern auch praktischen Zwecken. So verdecken sie Mauern, unschöne Ecken, schadhafte Zäune, schirmen gegen den eindringenden Straßenstaub ab und unterteilen den Garten. In Ziergärten haben sie vor allem schmückende Bedeutung – sie begrünen Zäune, Lauben, Ziegel- oder Betonmauern, Tore, Ziergitter und Säulen. Mit rankenden Gehölzen lassen sich künstlerische Wirkungen erzielen – der Bestand braucht nicht das ganze Objekt zu verdecken, er kann es einrahmen, verzieren oder durch sein Grün Architekturteile hervorheben.

Nach der Art des Festhaltens an der Stütze unterscheiden wir windende Gehölze, die sich in der Mehrzahl befinden, Gehölze mit Ranken, selbstrankende mit Haftwurzeln und Klettergehölze ohne eigene Befestigungsorgane. Die selbstrankenden halten sich an einer rauhen Unterlage fest, Gehölze ohne eigene Befestigungsorgane müssen an einer Stütze aufgebunden werden, andere ranken sich allein an Drähten oder Latten, die für windende Gehölze senkrecht, für die übrigen waagerecht angebracht werden, hoch. Einige rankende Gehölze wachsen schnell und breiten sich zu stark aus. Die Ansprüche der rankenden Gehölze an Standort und Pflege sind sehr unterschiedlich. Bei der Auswahl müssen wir daher sowohl den Verwendungszweck als auch die ihnen zusagenden Bedingungen in Betracht ziehen. Dies gilt allerdings für sämtliche Ziergehölze. Wir beginnen mit einer grundlegenden Auswahl der Nadelgehölze.

Die **Scheinzypressen** – *Chamaecyparis* – sind Bäume mit einer dichten kegeligen Krone. Es handelt sich um fremdländische Arten – ihre Heimat ist Nordamerika und Japan. Die Stammarten sind große, mächtige Bäume, die in ihrer Heimat 20–50 m hoch werden: für die Verwendung im Garten kommen nur die kleinen Formen in Betracht. In bezug auf die Häufigkeit der Anpflanzung werden sie nur von den Wacholdern übertroffen. Sie vertragen verschmutzte Luft gut.

Die *Ch. pisifera* stammt aus Japan. Die Stammart erreicht in unseren Breiten eine Höhe von 20 m. Es werden nur Sorten gezogen, die breiter und lichter sind. Sie brauchen zu einem guten Wachstum einen leichten, nährstoffreichen und feuchten Boden. *Ch. pisifera* 'Filifera Aurea' ist die goldblättrige (gelbblättrige) Form der Sorte *Ch. pisifera* 'Filifera', ein auffallend breitkegeliger Baum, der bis 5 m Höhe erreicht, mit langen Ästen und dünnen, seilartig überhängenden Zweigen.

Ch. pisifera 'Squarrosa Dumosa' ist die zwergwüchsige Form der Sorte *Ch. pisifera* 'Squarrosa'. Sie wird bis 3 m hoch, wächst langsam und im Umriß unregelmäßig, struppig, ihre nadelförmigen Blätter sind von silbrig blaugrüner Farbe. Die jungen Pflanzen sind sehr schön, nach einigen Jahren verlieren sie jedoch die unteren Äste. Der Baum eignet sich für einen schattigen Standort, der allerdings vor austrocknenden oder eisigen Winden geschützt sein muß, andernfalls werden die Nadeln an der Windseite rostrot und fallen ab.

Die **Säulenzypresse** – *Chamaecyparis lawsoniana* – stammt aus Kalifornien und Oregan/USA. Die Stammart erreicht in der Heimat Höhen bis zu 50 m, unter europäischen Bedingungen weit niedrigere – bis 20 m. Ihr Wuchs ist schmal kegelig, sie ist dicht verzweigt, hat blaugrüne Nadeln. Der Wipfel ist meist geneigt, die Äste sind waagerecht ausgebreitet und nicht streng regelmäßig gewachsen. Beim Zerreiben duften sie. Von allen

Chamaecyparis pisifera 'Filifera Aurea'

Chamaecyparis pisifera 'Squarrosa Dumosa'

Chamaecyparis obtusa 'Nana Gracilis'

Scheinzypressenarten ist diese am wenigsten abgehärtet. In strengen Wintern oder an ungeeigneten Standorten verfriert oder erfriert sie ganz. Am besten widerstehen den Frösten leicht beschattete Bäume mit graubereiften Nadeln. Die gelbblättrigen Formen sind weniger abgehärtet. Die abgebildete *Ch. lawsoniana* 'Ellwoodii' (S. 18) ist eirundkegelig, bis 4 m hoch und 2 m breit, bläulich und ziemlich abgehärtet.

Chamaecyparis obtusa – stammt aus Japan. In ihrer Heimat erreicht sie 40 m Höhe, unter europäischen Bedingungen wächst sie sehr langsam und wird bis zu 10 m hoch. Die Stammart ist in Europa wenig bekannt, meist werden ihre zwergwüchsigen Sorten gezogen, die sich für Schalen, wie in Japan, gut eignen. Sie können an geschützten Stellen, wie auch in Steingärten, gesetzt werden. Die meistgezogene ist die breitkegelige, bis höchstens 2 m hohe *Ch. obtusa* 'Nana Gracilis', mit fächerförmigen, schönen, zarten Zweigen. Sie verlangt einen nährstoffreichen und feuchten Boden und einen gegen Frost, Wind und pralle Sonne geschützten Standort.

Die **Lebensbäume** – *Thuja* – sind durch eine kegelige, dichte Krone und flache Zweige gekennzeichnet. Ihre Heimat ist Nordamerika und Ortasien. Von den sechs in europäischen Gärten und Parks angepflanzten Arten wird vorwiegend nur die aus Nordamerika stammende – *Thuja occidentalis* –, ein bis 20 m hoher Baum, gezogen. Vollkommen abgehärtet und anspruchslos ist sie von den fremdländischen Nadelgehölzen die widerstandsfähigste. Sie verträgt Trockenheit und verschmutzte Luft gut. Am besten sagen ihr jedoch mittelwarme und feuchte Böden zu, bei zu großer Trockenheit wird sie schütter und verdorrt. In Schattenlagen wächst sie weniger dicht. Von den vielen hohen, schlanken kegeligen und kugeligen Sorten gehört *Th. occidentalis* 'Ellwangeriana Rheingold' zu den dankbarsten. Sie erreicht eine Höhe von 3–4 m, ist auffallend breitkegelig und hat eine schöne goldgelbe Farbe, die sie das ganze Jahr unverändert behält. Die Zweige sind dünn, zart und gekräuselt. Im Winter spreitzt sie sich unter der Last des nassen Schnees, daher wirken ältere Pflanzen, von denen der Schnee nicht abgeklopft wird, meist unschön. Sie ist daher auch nicht für lebende Hecken verwendbar. Die übrigen Lebensbäume sind insgesamt – die Eibe mit eingeschlossen – für geschnittene lebende Hecken und Wände sehr geeignet.

Chamaecyparis lawsoniana 'Ellwoodii'

Thuja accidentalis 'Ellwangeriana Rheingold'

Die **Wacholder** – *Juniperus* – sind Bäume und Sträucher von verschiedenem Aussehen. Ihre Heimat ist die nördliche Halbkugel, viele von den 60 Arten wachsen wild in den Berg- und Hügellandschaften Mittel- u. Westeuropas. Sie werden in den europäischen Gärten und Parks am meisten angepflanzt. Die zahlreichen Arten, Sorten und Formen sind alle anspruchslos. Sie lieben das Licht, gedeihen nahezu in jedem Boden, vertragen verschmutzte Luft und sind winterhart.

Wir führen sechs für Ziergärten empfohlene Sorten an: *J. chinensis* 'Plumosa Aurea' ist eine schöne, weniger bekannte Sorte des chinesischen Wacholders, die abgehärtet ist und auch Kalkböden verträgt. Vorsicht, sie leidet sehr unter dem Benagen von Hasen und Kaninchen. Sie ist breit ausladend, erreicht 2–3 m Höhe, hat goldgelbe Färbung und verlangt einen sonnigen Standort. Als Gartengehölz ist sie wertvoll, sehr dekorativ, winterhart, von sehr langsamem Wuchs.

J. chinensis 'Pfitzeriana' ist der meistgezüchtete chinesische Wacholder. Er ist sehr dicht, breit, unregelmäßig ausladend, wird bis 2 m hoch, hat lange und starke, an den Enden überhängende Äste und ist leicht gräulich gefärbt. Er ist völlig anspruchslos, leidet jedoch unter Schneebruch, oft auch durch Schildlausbefall. Er eignet sich zur Pflanzung an Treppenaufgängen und Terrassen, in Gruppen und als Solitärpflanze.

Juniperus chinensis 'Plumosa Aurea'

Juniperus chinensis 'Pfitzeriana'

Der **Kriechwacholder** – *J. horizontalis* – ist ein niedriger bis kriechender Strauch mit langen Ästen und zahlreichen kurzen Zweigen von blaugrüner Farbe. Er ist völlig anspruchslos und abgehärtet, unentbehrlich für Steingärten und an Trockenmauern. Er eignet sich auch als Deckstrauch für Hänge, vor allem als Rasenersatz. Mehrere Sorten sind im Handel, eine davon ist die abgebildete *J. horizontalis* 'Prostrata'.

Der **Juniperus** – *J. virginiana* – stammt aus Nordamerika. Die Stammart ist schlank, 10 m hoch. Sie ähnelt dem chinesischen Wacholder, ist völlig abgehärtet, verträgt aber keine rauchige Luft. Zu einem guten Wachstum braucht der Juniperus gute, feuchte Böden. Er kann eine vorübergehende Trockenheit gut überstehen, leidet unter Wildverbiß. Er eignet sich nur als Solitärbaum, da er Anschluß schlecht verträgt und verdorrt. Von dieser Art gibt es mehrere Sorten, am interessantesten ist *J. virginiana* 'Skyrocket', der bis 3 m hoch wird und sehr schlank ist.

Juniperus 3virgiana 'Skyrocket'

Der **Gemeine Wacholder** – *J. communis* – ist ein in Europa heimisches Gehölz. Wir kennen ihn als hohen, schlanken Baum mit spitzen, stechenden Nadeln. Er ist äußerst anspruchslos, doch gehört er zu den wenigen Nadelgehölzen, die die verschmutzte Luft der Industriegebiete nicht gut vertragen. Diese Art hat auch niedrige, kriechende Formen: die niedrigste, die knapp 30 cm hoch wird, dabei eine Breite von 1,5 m erreicht, ist *J. communis* 'Repanda', mit dunkelgrünen Nadeln.

Juniperus squamata 'Meyeri'

Juniperus communis 'Repanda'

Der **Blauzederwacholder** – *J. squamata* – ist in Asien zu Hause. In Europa wird meistens die Sorte *J. squammata* 'Meyeri' gezüchtet, ein breit ausladender, bis 3 m hoher, etwas schütterer Baum mit kurzen, kräftigen Zweigen. Die Nadeln sind dicht, weißlichblau, silbrig bereift. Er ist schön und abgehärtet, verträgt auch rauchige Luft; im Flachland leidet er jedoch unter Schädlingen.

Die **Fichten** – *Picea* – sind kegelige Bäume mit spitz zulaufenden Wipfeln. Dadurch unterscheiden sie sich im Aussehen von den Tannen – *Abies*. In der gemäßigten und kalten Zone der nördlichen Halbkugel sind etwa 40 Arten verbreitet. In den Gärten werden nur die Gartenformen angepflanzt. Obwohl sie aus Europa stammen, sind sie ziemlich anspruchsvoll. Am besten wachsen sie in feuchteren Böden und in reiner Luft, auch wenn einzelne Arten sehr widerstandsfähig sind. Unter schlechten Bedingungen sterben ihre unteren Äste ab.

Die **Blaufichte** – *Picea pungens* – stammt aus Nordamerika und ist die meistgezogene fremdländische Fichte. Sie zeichnet sich durch eine regelmäßige Form aus. Es gibt Sorten von mattgrüner bis weißlichgrauer und blaugrauer Färbung. Sie ist völlig abgehärtet und ziemlich anspruchslos, verträgt Trockenheit und verschmutzte Luft. Wir verwenden sie als Solitärpflanze. Zu dicht an andere gesetzt, verliert sie rasch die unteren Äste. Von den vielen Wuchs- und Farbsorten führen wir die langsam wachsende, kugelförmige *P. pungens* 'Glauca Globosa' an.

Die **Gemeine Fichte** oder **Rotfichte** – *P. abies* – ist in den Gebirgen zu Hause. Das bedeutet, daß sie keine großen Ansprüche an Licht und Wärme stellt, doch braucht sie Boden- und Luftfeuchtigkeit. In warmen und trockenen Gegenden trocknet sie aus und leidet an Krankheiten; sie verträgt auch keine verschmutzte Luft. Die Gartenformen sind kleinwüchsig und weisen die verschiedensten Formen auf – polsterbildend, kugelig, breitkegelig, überhängend, unregelmäßig. Wir führen die Sorte *P. abies* 'Dumosa' an.

Picea pungens 'Glauca Globosa'

Picea abies 'Dumosa'

FICHTEN

Die **Schimmelfichte** – *P. glauca* – häufig auch Kanadische Fichte genannt, hat ihre Heimat im Westteil Nordamerikas. In Europa wird gern die **Zuckerhutfichte** – *P. glauca* 'Conica' – geplanzt. Besonders beliebt ist sie wegen ihres regelmäßigen, sehr dichten, langsamen Wuchses. Im Alter erreicht sie höchstens eine Höhe von 2 m. Sie ist abgehärtet, liebt einen leicht feuchten Boden und verträgt verschmutzte Luft ganz gut. Solitär gepflanzt kommt die Schönheit dieser wertvollen Gartenfichte am besten zur Geltung.

Picea glauca 'Conica'

KIEFERN

Die **Kiefern** – *Pinus* – sind Bäume, die sich in Form und Anordnung der Krone von den übrigen Nadelgehölzen unterscheiden. Sie stellen in ihrem Erscheinungsbild einen Übergang zu den Laubbäumen her. In der gemäßigten Zone der nördlichen Halbkugel sind etwa 115 Arten verbreitet, als Garten- und Parkbäume werden nur einige verwendet, vor allem die niedrigen und zwergwüchsigen Arten und Sorten.

Pinus mugo 'Mughus'

Die Kiefer ist, mit Ausnahme der Latschen und einiger fremdländischer Arten, ein Gehölz des Tieflandes. Alle Kiefern sind ausgesprochen lichtliebend. Wenn sie genügend freien Raum und Licht haben, bleiben ihre unteren Äste für lange Zeit erhalten. Die meisten Arten sind anspruchslos, begnügen sich mit kargen, sandigen und steinigen Böden und vertragen Trokkenheit.

Die **Berg-** oder **Krummholzkiefer** – *P. mugo* (syn. *P. montana*) – weicht in ihrem Aussehen von den typischen Kiefern stark ab. Wir begegnen ihren langsamwachsenden, niederliegenden Exemplaren in den Gebirgen und Torfmooren fast ganz Europas. Besondere Bedeutung kommt ihr an Berghängen zu, da sie mit ihren Wurzeln den Boden befestigt. Sie ist sehr variabel, am häufigsten wird in Gärten und Parks *P. mugo* ssp. *pumilio* angeplanzt. Sie ist sehr bescheiden, veträgt trockene wie nasse Böden, erreicht eine Höhe von 1 m und eine Breite von 4 m. Im Flachland sind die strauchartigen Formen lichter, einen dichteren und verzweigteren Wuchs erzielen wir durch wiederholte Beseitigung der Terminaltriebe. Wir pflanzen sie in größeren Steingärten oder zur Befestigung von Hängen kombiniert mit Birken und Heide an. Sie eignet sich auch zu freiwachsenden lebenden Hecken.

Die **Gemeine Kiefer** oder **Föhre** – *P. sylvestris* – bildet lichte luftige Bäume, die sich durch eine schön gefärbte, dicke und geborstene Rinde auszeichnen. Auf felsiger und weicher Unterlage krümmt sich der Stamm. Sie ist anspruchslos und sehr anpassungsfähig, wächst schlecht in schweren Böden und auf Torfmooren. In Gärten und Parks werden besonders die kleineren Sorten angepflanzt. Eine der beliebtesten und meistverwendeten ist *P. sylvestris* 'Watereri'. Sie wächst langsam bis in eine Höhe von 3 m, bildet eine dichte kegel- bis eiförmige Krone. Ihre Färbung ist grauer als die der normalen Kiefer.

Die **Weymouthskiefer** – *P. strobus* – auch Seidenkiefer genannt, stammt aus Nordamerika. Sie ist ein hoher, schöner Baum mit dünnen Nadeln. In den Gärten wird die zwergwüchsige Sorte *P. strobus* 'Nana' gepflanzt, die unter europäischen Bedingungen bis etwa 5 m hoch wird. Sie ist völlig abgehärtet. In ihren Ansprüchen kommt sie der Fichte nahe; braucht viel Boden- und Luftfeuchtigkeit. Wir pflanzen sie solitär, damit das untere Astwerk lange erhalten bleibt.

Pinus strobus 'Nana'

Pinus sylvestris 'Watereri'

Die **Eiben** – *Taxus* – sind Gehölze für Halbschatten und Schatten, sie gedeihen auch als Unterholz. Vorsicht, alles, mit Ausnahme des roten Fruchtfleisches, ist giftig. Auf der nördlichen Halbkugel sind acht Arten verbreitet, die einander ziemlich ähnlich sehen. Es sind dunkelgrüne Nadelgehölze und als Garten- und Parkbäume sehr wertvoll. Sie eignen sich gut als lebende Hecken, weil sie Schnitt und Verjüngung sehr gut vertragen und sich auch aus dem Stumpf erneuern. Am besten gedeihen sie im Halbschatten, in feuchter Luft und tiefem, nährstoffreichem Boden. Sie sind jedoch sehr anpassungsfähig. Wenn sie von Jugend an im Licht gezogen werden, gewöhnen sie sich daran. Im Schatten vertragen sie auch Trockenheit

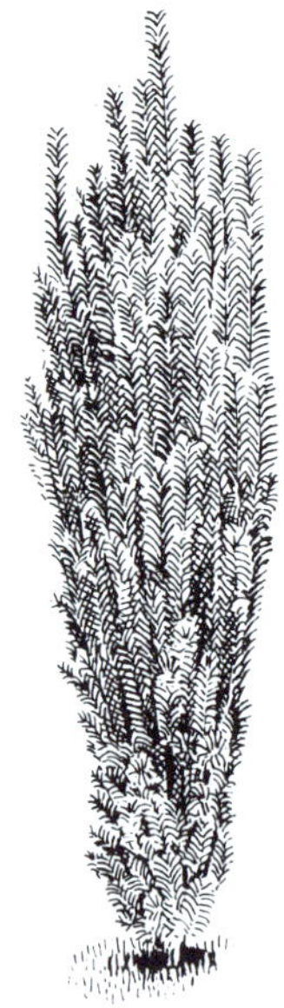

Taxus baccata
'Fastigiata Aurea'

Taxus x *media*
'Hicksii'

und arme Böden. Sie gedeihen auch in der verschmutzten Luft der Industriegebiete. Wir pflanzen sie in Gruppen oder solitär, ihre Verwendungsmöglichkeiten sind sehr vielfältig.

Die **Eibe** – *T. baccata* – ist in Europa zu Hause, in der freien Natur kommt sie heute nur noch selten vor. Die breitkegeligen, langsam wachsenden Bäume erreichen eine Höhe von 10–12 m. Sehr häufig bildet sie mehrere kleine Stämme und entwickelt sich zu einem mächtigen, breit ausladenden Baum. Es gibt viele wertvolle Sorten für Gärten und Parks, z.B. *T. baccata* 'Fastigiata Aurea', eine gelbblättrige Form der säulenförmigen, dichten, häufig unregelmäßigen Eibe mit aufrechten Zweigen, die eine Höhe von 3–5 m erreicht. Sie ist empfindlich gegen Kahlröste, treibt aber wieder aus.

Ein hervorragender Gartenbaum ist *T.* x *media* 'Hicksii'. Sie gehört in die Gruppe der aufrechtwachsenden Eiben, von denen sie die widerstandsfähigste ist. Sie erreicht eine Höhe von 3–4 m, bei älteren Exemplaren spreizen sich allerdings die Äste sehr. Ihre Nadeln sind dunkelgtrün und glänzend. Sie ist eine Kreuzung zwischen *T. baccata* und *T. cuspidata* und wird in Gärten und Parks gern angepflanzt.

Die **Japanische Eibe** – *T. cuspidata* – unterscheidet sich von der europäischen Eibe durch die niedrigere Krone und den ausladenderen Wuchs. Sie ist wenig anspruchsvoll und verträgt windige Standorte besser. Am häufigsten wird *T. cuspidata* 'Nana' gezogen, die sehr dicht wird und eine Breite von 2–3 m erreicht.

Taxus cuspidata 'Nana'

Die **Hemlockstanne** (Schierlingstanne) – *Tsuga* – wird in Europa immer häufiger angepflanzt. In Nordamerika und Ostasien wachsen 14 Arten. Von dieser Gattung wird als Gartenbaum *T. canadensis* mit einigen Sorten angeboten, die aus den kühleren Regionen Nordamerikas stammt. Sie ist ein schöner, malerisch verzweigter Baum, der eine Höhe von 15 m erreicht. Sie eignet sich für höhere wie niedrigere Lagen. Zu einem guten Wachstum braucht sie jedoch feuchtere Luft und nährstoffreiche, tiefe und feuchte Böden. Auch eine leichte Beschattung schadet ihr nicht.

Tsuga canadensis

MAHONIE

Aus der breiten Auswahl der Laubgehölze stellen wir einige der meistgezogenen, immergrünen Arten vor:
Die **Mahonie** – *Mahonia aquifolium* – stammt aus Nordamerika. Der Strauch erreicht eine Höhe von 1 m und hat stachelige, glänzende Blätter. Sie ist völlig abgehärtet und anspruchslos, am besten wächst sie im Halbschatten in einem nährstoffreichen, feuchten Boden. Ein Winterschutz ist unnötig. Wir verwenden sie als Unterholz unter lichten Baumgruppen, zwischen zeitig im Frühjahr blühenden Sträuchern, für niedrige, freiwachsende, lebende Hecken und im Steingarten.

STECHPALME

Die **Stechpalme** – *Ilex aquifolium* – ein herrlicher Strauch mit interessant geformten Blättern, stammt aus dem Mittelmeerraum, wo sie eine Höhe bis zu 15 m erreicht. In unserer gemäßigten Zone wird sie nur etwa 5 m hoch, aber nur unter günstigen Bedingungen, an geschützten Plätzen. Sie ist nicht sehr abgehärtet und leidet unter Frostschäden. Zur vollen Geltung kommt die Stechpalme nur als Solitärpflanze.

Mahonia aquifolium

Ilex aquifolium

RHODODENDRON

Der **Rhododendron** – ist ein gern verwendetes hervorragendes Gartengehölz. Aus den botanischen Arten wurden durch Kreuzung abgehärtete Hybriden-Sorten von verschiedener Größe und Farbe der Blüten herangezüchtet. Sie erfordern Halbschatten, sauren, feuchten Boden und gute Ernährung. Im Garten bereiten wir ihnen vor dem Einpflanzen ein Substrat aus Torf, Nadelstreu und Sand.

Die **Japanische Azalee** – *Rhododendron japonicum* – ist bekannt unter dem Synonym *Azalea mollis*. Sie ist ein halblaubabwerfender Strauch, der eine Höhe von 1 m erreicht und zeitig im Frühjahr – Mitte Mai – in Pastellfarben blüht. Sie verlangt dieselben Waldbedingungen wie die Rhododendron-Hybriden, ist jedoch im ganzen weniger anspruchsvoll. Wir pflanzen sie in Gruppen.

Rhododendeon-Hybride

JAPANISCHE AZALEE

Rhododendron japonicum

BERBERITZE

Die **Berberitze** – *Berberis julianae* – ist ein immergrüner Strauch aus der großen Gattung *Berberis*, in die die Mehrzahl der laubabwerfenden Arten gehören. *B. julianae* stammt aus China. Der Strauch erreicht eine Höhe von etwa 1,5 m, hat einen festen Bau und eine schöne Belaubung. Er hat, wie alle Berberitzen, Stacheln. Von Mai bis Juni blüht sie gelb bis orange, im Herbst bekommt sie dunkle, bläulich bereifte Beeren und die Blätter färben sich rot. Die Berberitze verlangt durchlässige, nicht allzu feuchte Böden und Halbschatten. In strengen Wintern erfriert sie, erneuert sich jedoch nach dem Rückschnitt von der Wurzel her. Sie wird in Gruppen oder als freiwachsende lebende Hecke sowie als Solitärpflanze verwendet.

Berberis julianae

BUCHSBAUM

Der **Buchsbaum** - *Buxus sempervirens* – stammt aus dem Mittelmeerraum. In seiner Heimat erreicht er eine Höhe bis zu 8 m, in der gemäßigten Zone Europas wird er, selbst unter den besten Bedingungen, höchstens 3 m hoch. Er bildet dichte, regelmäßige, ledrige, nur 1–2 cm große Blätter. Die unscheinbaren Blüten sitzen in kleinen Büscheln in den Blattwinkeln. Der Buchsbaum ist im ganzen anspruchslos, er verträgt Trockenheit, volle Sonne, Beschattung sowie verschmutzte Luft. Am besten gedeiht er im Halbschatten in guten, nährstoffreichen Böden. Er braucht keinen Winterschutz. In strengen Wintern kann er durch Frost, besonders aber durch eisigen Wind beschädigt werden. Mehrere Sorten mit weiß- oder gelbbunten Blättern sind im Handel. Die Anpflanzung eines Buchsbaumes im Garten muß wohl erwogen werden. Da sein Habitus hart und starr wirkt, muß er mit ähnlich aussehenden Gehölzen kombiniert werden – z.B. mit Zypressen, Eiben u. ä. Er eignet sich auch als Unterholz und, da er den Schnitt ausgezeichnet verträgt, als lebende Hecken. In Barockgärten kann man Buchsbäume, zu Figuren und Ornamenten geschnitten, bewundern.

Buxus sempervirens

KIRSCHLORBEER

Der **Kirschlorbeer** – *Prunus laurocerasus* – einer der wertvollsten immergrünen Sträucher, stammt aus Südosteuropa und Kleinasien. In seiner Heimat bildet er mächtige Sträucher, in der gemäßigten Zone Europas wird er nur 2 m hoch. Er hat eine schöne Belaubung und ist während der Blütezeit übersät mit dichten weißen Blütentrauben. Im Herbst bekommt er schwarze Steinfrüchte. Der Kirschlorbeer ist giftig. Er verlangt Halbschatten, durchlässigen, nährstoffreichen, kalkhaltigen Boden, angemessene Feuchtigkeit und, zumindest in der Jugend, einen Winterschutz über die Wurzeln. Trockenheit und verschmutzte Luft verträgt er gut. Er wächst verhältnismäßig rasch. In strengen Wintern erfriert er teilweise, erneuert sich jedoch von den älteren Ästen her. Es werden mehrere Sorten angeboten, die sich in der Größe der Pflanzen und der Blätter unterscheiden. Die großblättrigen Sorten sind empfindlicher. Der Kirschlorbeer ist vielseitig verwendbar, in Gruppen oder solitär, auch als Kübelpflanze in Gebäuden und Wintergärten.

Prunus laurocerasus

BESENHEIDE

Die **Besenheide** – *Calluna vulgaris* – ist in ganz Europa und Kleinasien verbreitet. Ihre rutig verzweigten, 20–40 cm hohen Sträucher blühen im August und bilden große, zusammenhängende Bestände. Die Heide liebt Sonne, karge, sandige, saure Böden und trockene Standorte; Kalk- und Gartenböden verträgt sie nicht. Alte Pflanzen sind unschön, sie haben verholzte Triebe, daher verjüngen wir sie im Frühjahr. Besenheide pflanzen wir dort, wo wir die natürlichen Bedingungen nachahmen und eine Heidelandschaft herstellen können. Es sind zahlreiche Sorten im Handel mit weißen, rosa oder roten Blüten, einfach oder gefüllt sowie zwergwüchsige.

Calluna vulgaris

SCHNEEBALL

Der **Schneeball** – *Viburnum* – gehört zu den meistgezüchteten Gartenziersträuchern. In der nördlichen gemäßigten Zone wachsen viele laubabwerfende sowie immergrüne Arten. *Viburnum rhytidophyllum* – ist die immergrüne Art einer Gattung, die ihr Laub abwerfen. Der Immergrüne Schneeball ist eine Pflanze, die nicht sehr abgehärtet ist. Er stammt aus China. Der Schneeball wird 2–3 m hoch und blüht von Mai bis Juni. Die herbstlichen Steinfrüchte sind erst rot, später schwarz. Im Winter decken wir die Wurzeln mit Laub ab. Wenn er in einem strengen Winter erfriert, erneuert er sich nach dem Rückschnitt schnell von unten her. Er verlangt Halbschatten, verträgt auch Trockenheit und wächst ziemlich rasch. Wir pflanzen ihn solitär oder in Gruppen zwischen laubabwerfende Gehölze.

In Europa beheimatet ist eine der verbreitetsten Arten – *V. lantana* – der Wollige Schneeball, der eine Höhe von 3 m und darüber erreicht. Er blüht von Mai bis Juni weißlich, die Früchte sind anfangs rot, später schwarz. Er ist ein anspruchsloser Strauch, der tiefe, nährstoffreiche Böden verlangt, kalkhaltige jedoch bevorzugt. Er liebt die Sonne, verträgt aber auch Halbschatten und Trockenheit. Er ist nur in großen Gärten verwendbar, da diese Sträucher sehr groß werden.

Viburnum lantana

Viburnum rhytidophyllum

LIGUSTER

Der **Liguster** – *Ligustrum vulgare* – wächst in ganz Europa in den Hainen der wärmeren Gebiete als dichter, etwa 3 m hoher Strauch. Er ist völlig anspruchslos, verträgt Trockenheit, verschmutzte Luft, gedeiht in der Sonne wie im Halbschatten. Er ist gut für lebende Hecken geeignet, besonders die Sorten, deren Laub bis zum Frühjahr am Strauch bleibt (*L. vulgare* 'Atrovirens', *L. v.* 'Lodense' – sehr niedrig). Der Liguster muß regelmäßig geschnitten werden.

Ligustrum vulgare

SCHNEEBEERE

Die **Schneebeere** – *Symphoricarpos albus* – stammt aus Nordamerika. Sie ist ein Strauch, der viele Ausläufer treibt. Sie erreicht eine Höhe von etwa 1,5 m und bildet zusammenhängende Bestände. Sie blüht von Juni–August und bekommt weiße Beeren. Sehr anspruchslos, wächst sie überall, auch in mageren Böden und im Schatten sowie in verschmutzter Luft. Die Ausläufer müssen reduziert und einmal in fünf Jahren alle älteren Zweige beseitigt werden.

Symphoricarpos albus

GOLDREGEN

Der **Goldregen** – *Laburnum anagyroides* – stammt aus Südeuropa und Kleinasien. Dieser hohe, schlange Strauch oder strauchartige Baum, der eine Höhe bis zu 6 m erreicht, ist besonders im Mai, wenn er mit hängenden, goldgelben, bis 20 cm langen Blütentrauben übersät ist, sehr schön. Der Goldregen verlangt warme Lagen, viel Sonne oder eine leichte Beschattung. Am besten gedeiht er in mittelschwerem, durchlässigem, kalkhaltigem Boden. Trockenheit und verschmutzte Luft verträgt er gut. In zu strengen Wintern kann er teilweise erfrieren, erneuert sich nach dem Rückschnitt jedoch von unten her. Er leidet sehr unter Wildverbiß und Blattlausbefall. Geschnitten wird er nur in der Jugend. Besonders schön wirkt er als Solitärpflanze, wird auch in Gruppen angepflanzt, besonders mit Flieder (*Syringa*) und Forsythien (*Forsythia*).

KORNELKIRSCHE

Die **Kornelkirsche** – *Cornus mas* – ist in Europa heimisch, wo sie als auslandender Strauch von 3–7 m Höhe in den Wäldern und an den strauchbewachsenen Hängen der wärmeren Gegenden vorkommt. Schön ist sie besonders von März–April, wenn sie noch vor der Belaubung blüht und im Herbst mit roten Steinfrüchten. Sie ist anspruchslos, gedeiht in der Sonne und im Halbschatten, verträgt auch kalkhaltige Böden, Trokkenheit sowie verschmutzte Luft. Wir pflanzen sie in Strauchgruppen, auch zur Befestigung von Hängen.

Laburnum anagyroides

Cornus mas

BUDDLEIE

Die **Buddleie** oder **Schmetterlingsstrauch** – *Buddleia davidii* – stammt aus Westchina. In Europa wird sie höchstens 2 m hoch, weil sie leicht erfriert. Die elastischen Jungtriebe dieses regelmäßig ausladenden Strauches enden in schönen langen Blütenähren, die von Juli–August blühen. Sie braucht eine warme und sonnige Lage, nährstoffreichen, durchlässigen Boden und einen Winterschutz über die Wurzeln. Wir pflanzen sie solitär oder in kleineren Gruppen. Es gibt zahlreiche Gartensorten in verschiedenen Blütenfarben.

ROSENEIBISCH

Der **Roseneibisch** – *Hibiscus syriacus* – stammt aus China und Indien. Er ist ein aufrechter, schlanker, 2–3 m hoher Strauch mit herrlichen Blüten. Er treibt spät aus und blüht daher erst im August, dafür aber lange Zeit, bis in den Oktober hinein. Die Blüten sind einfach und gefüllt, ein- und zweifarbig, in verschiedenen intensiven Tönen. Er verlangt warme, sonnige Standorte, guten, nährstoffreichen, durchlässigen Boden und einen Winterschutz. Den Schnitt verträgt er gut, doch wird nur das Notwendigste zurückgeschnitten. In normalen europäischen Wintern erleidet er Frostschäden, in strengeren Wintern erfriert er. Daher pflanzen wir ihn nur in wärmeren Lagen und an geschützten Stellen. Prachtvoll wirkt er als Solitärpflanze oder in einer Gruppe verschiedenfarbiger Sorten. Die Zeichnung zeigt die beliebte Sorte 'Rubin'.

Buddleia davidii

Hibiscus syriacus 'Rubin'

PFEIFENSTRAUCH

Der **Pfeifenstrauch** – *Philadelphus coronarius* – stammt aus Südeuropa, erreicht eine Höhe bis zu 3 m und seine Blüten strömen einen betäubenden Duft aus. Er stellt keine großen Ansprüche an den Standort und ist sehr ausdauernd. Als Gartenstrauch ist er für gemischte Gruppen sehr beliebt. In den letzten Jahren wurden viele Hybriden herangezogen, niedrige bis 1,5 m und höheren, mit einfachen, halbgefüllten und gefüllten Blüten. Diese Hybriden sind abgehärtet, verlangen jedoch einen guten Gartenboden, einen sonnigen oder nur leicht beschatteten Platz und vertragen verschmutzte Luft. Die niedrigen Sorten eignen sich auch für freiwachsende lebende Hekken und Einfassungen.

FLIEDER

Die **Flieder** – *Syringa vulgaris* – stammt aus Südosteuropa und ist neben den Rosen das meistverbreitete Ziergehölz. Seine im Mai reichblühenden Sträucher oder niedrigen Bäume erreichen eine Höhe von 4–5 m. Er ist nicht anspruchsvoll, gedeiht in der Sonne wie im Halbschatten, wo er allerdings weniger blüht. Verschmutzte Luft verträgt er gut, auch leidet er nicht durch Wildverbiß. Die veredelten Hybriden-Sorten verlangen gute Böden und zusätzliche Düngergaben. Der Flieder – der wildwachsende wie der veredelte – ist stark ausläufertreibend. Die wilden Wurzelsprossen müssen ständig beseitig werden. Heute werden nur die Hybriden angeboten, einfache oder gefüllte, in breiter Farbskala, die in gemischten Gruppen gepflanzt werden.

Philadelphus coronarius

Syringa vulgaris-Hybride

FORSYTHIE

Die **Forsythie** (Goldglöckchen) – *Forsytha suspensa* – ist ein aus China stammender Zierstrauch mit langen, geneigten Zweigen, der zeitig im Frühjahr blüht. Wenn die herabhängenden Zweige den Boden berühren, verwurzeln sie. Die Forsythie braucht Sonne und nährstoffreichen, durchlässigen Boden. Große Trockenheit oder Nässe sagen ihr nicht zu. Ihre frühe, oft überreiche Blüte ist für jeden Garten oder Parkanlage ein Blickfang. Sie sollte daher in keinem Garten fehlen. Es gibt viele Sorten, die sich durch Größe und verschiedene Gelbfarbtöne der Blüten unterscheiden sowie eine zwergwüchsige Form für Steingärten.

STRAUCHPÄONIE

Die **Strauchpäonie** – *Paeonia suffruticosa* – stammt aus Nordwestchina, erreicht eine Höhe von etwa 1,5 m und zeichnet sich durch riesige, einfache wie gefüllte Blüten von 10–30 cm Durchmesser aus, die in verschiedenen Farben von Mai–Juli blühen. Sie verlangt eine warme, geschützte Lage, Sonne oder noch lieber leichten Halbschatten, durchlässigen, nährstoffreichen Boden mit einem ständigen Feuchtigkeitsgehalt. Im Winter müssen die Wurzeln bedeckt werden, sonst erfriert sie und blüht im kommenden Jahr nicht. Vermehrung kann durch Aufpfropfung auf die Wurzeln von *P. lactiflora* vorgenommen werden. Wir pflanzen sie solitär oder in kleineren Gruppen, damit sie zur Blütezeit gut zur Geltung kommt.

Forsythia suspensa

Paeonia suffruticosa

BESENGINSTER

Der **Besenginster** – *Cytisus scoparius* (syn. *Sarothamnus scoparius*), volkstümlich „Hasenheide", gehört in die breite Gattung Geißklee – *Cytisus*. Dieses in Europa heimische Gehölz wächst als Rutenstrauch bis in eine Höhe von 1–2 m. Er blüht im Mai und Juni, im Winter trägt er schwarze Schoten und grüne Zweige. Er gedeiht überall, besonders in sandigen und trockenen, saueren Böden. An Hängen bildet er zusammenhängende Bestände. In strengen Wintern bekommt er Frostschäden, auch wird er gern von Hasen bis zum Boden abgenagt, regeneriert sich jedoch leicht von unten her oder aus Samen. Er darf nur mit einem Wurzelballen umgepflanzt werden.

Cytisus scoparius

KERRIE

Die **Kerrie** – *Kerria japonica* – stammt aus China. Sie ist ein dichter Strauch, der eine Höhe von etwa 1,5 m erreicht und von Mai bis Juni in Blüte steht. Während dieser Zeit bietet er einen herrlichen Anblick, da er mit unzähligen Blüten übersät ist. Er gedeiht am besten in der Sonne, aber auch im Halbschatten, in gutem durchlässigem Gartenboden und verträgt auch Trockenheit gut. In strengen Wintern bekommt er Frostschäden, erneuert sich jedoch wieder. Es empfiehlt sich eine häufigere Auslichtung, doch treibt er dann in verstärktem Maße Ausläufer. Er wird einzeln, in Gruppen, als Einfassung oder als freiwachsende lebende Hecke gepflanzt.

Kerria japonica

APFELJOHANNISBEERE

Die **Alpenjohannisbeere** – *Ribes alpinum* – wächst in ganz Europa als dichter, zeitig im Frühjahr austreibender Strauch von etwa 1,5 m Höhe. Seine Blüten sind unscheinbar, erblühen im April, die Früchte fallen spät ab. Er ist völlig anspruchslos, verträgt Trockenheit, Sonne wie auch starke Beschattung, verschmutzte Luft und leidet nicht unter Wildverbiß. Wir treffen ihn häufig in Gärten und Parks an. Er eignet sich für Gruppenpflanzungen, als Unterholz unter hohen Bäumen und als Deckstrauch für Hänge sowie als freiwachsende, lebende Hekken.

Ribes alpinum 'Pumilum'

SCHEINQUITTE

Die **Scheinquitte** (Zierquitte) – *Chaenomeles speciosa* – ist ein in Ostasien beheimateter aufrechter, etwas dorniger, bis 2 m hoher Strauch, der von April bis Mai blüht. Die Blüten ähneln den Apfelblüten, die Früchte den Mispeln. Sie ist ziemlich anspruchslos, verträgt Trockenheit, braucht aber Sonne. Da sie an den Seitenzweigen blüht, soll sie nicht geschnitten, sondern nur ausgelichtet werden. Wir pflanzen diesen schön blühenden Strauch solitär oder in gleichartigen Gruppen, können ihn aber auch in freiwachsende lebende Hecken eingliedern. Im Handel werden viele Hybriden-Sorten in den Farben Weiß, Dunkelrot, Lachsorange und Karminrot angeboten. Die verwandte Art *Ch. japonica* wird nur 1 m hoch und eignet sich für den Steingarten.

Chaenomeles speciosa

SANDDORN

Der **Sanddorn** – *Hippophae rhamnoides* – dessen Verbreitungsgebiet von Südwesteuropa bis zum Himalaja reicht, ist ein lichter, dorniger Strauch oder Baum, der bis 6 m hoch und 3 m breit wird. Seine unscheinbaren Blüten öffnen sich im April, die männlichen Sträucher tragen im Herbst Früchte, die reichlich Vitamin C enthalten. Der Sanddorn ist ein wärmeliebender Strauch, der eine sonnige Lage und einen leichten, sandigen, trockenen Boden mit reichem Kalkgehalt verlangt. Er verträgt auch salzige Böden und verschmutzte Luft. In strengen Wintern kann er Frostschäden bekommen. Seine Schönheit beruht in der silbrigen Färbung der Blätter und den orangeroten Früchten. Er eignet sich wegen seiner Größe nicht für kleinere Gärten. Er treibt viele Ausläufer, die sehr unangenehm werden können.

Hippophae rhamnoides

SEIDELBAST

Der **Seidelbast** – *Daphne mezereum* – ist ein in Europa heimisches Gehölz. Der lichte Strauch erreicht nur eine Höhe von etwa 1 m und blüht von Februar–März, mitunter sogar schon im Dezember, noch vor dem Austreiben der Blätter. Im Sommer bekommt er Früchte, die giftig sind. Er verlangt Halbschatten, humose, leichte Böden und darf nur mit dem Wurzelballen umgepflanzt werden. Dieses sehr wertvolle Gehölz eignet sich für den Steingarten oder zwischen niedrige, immergrüne Sträucher.

Daphne mezereum

ZWERGMISPEL

Die **Zwergmispel** – *Cotoneaster horizontalis* – ist eine niederliegende Art der großen Gattung *Cotoneaster*. Ihre Heimat ist China. Sie erreicht eine Höhe von 1 m und eine Breite von mindestens 2 m. Sie blüht im Mai mit vielen kleinen Blüten, dekorativ sind jedoch vor allem die roten Früchte. Dieses wenig anspruchsvolle Gehölz verlangt Sonne und durchlässige, eher trockenere Böden. Die Zwergmispel verträgt verschmutzte Luft. In zu strengen Wintern erfriert sie teilweise. Sie ist ein unentbehrlicher Strauch für den Steingarten, an Trockenmauern und zur verschiedensten Verwendung im Garten.

HORTENSIE

Die **Hortensie** – *Hydrangea arborescens* – ein dichter, Strauch von 1–1,5 m Höhe, stammt aus Nordamerika. Ihre Dolden blühen von Juni bis August. Gezüchtet wird die Sorte *H. arborescens* 'Grandiflora', mit einer bis 20 cm breiten, lange blühenden Dolde. Am besten gedeiht sie an einem geschützten Standort im Halbschatten, in feuchtem, saurem, nährstoffreichem Boden. Sie verträgt verrauchte Luft. Über den Winter empfiehlt es sich, die Wurzeln zu bedecken. Wir pflanzen sie solitär oder als breite Einfassung.

Cotoneaster horizontalis

Hydrangea arborescens 'Grandiflora'

HECKENKIRSCHE

Die **Heckenkirsche** – *Lonicera* – ist eine breite Gattung von Sträuchern, Bäumen und Schlingpflanzen, die über die ganze nördliche Halbkugel verbreitet sind. Die laubabwerfenden Straucharten sind abgehärtet, anspruchslos, vertragen trokkene und sandige Böden, Sonne wie Halbschatten sowie verrauchte Luft. Der meistverbreitete Strauch in den europäischen Parks und Gärten ist das aus Mittelasien stammende Geißblatt – *L. tatarica* – von dichtem, aufrechtem Wuchs und etwa 3 m Höhe. Im Frühjahr treibt es frühzeitig aus. Im Mai blüht es rosa oder weiß, die roten Beeren reifen im Juli. Es sind viele schöne Sorten im Handel mit roten, weißen und rosa Blüten.

ROTE HECKENKIRSCHE

L. xylosteum – die **Rote Heckenkirsche** – ist in der gemäßigten Zone Europas beheimatet, wo sie vornehmlich an Hängen und in den Wäldern der wärmeren, trockeneren Regionen wächst. Der ausladende, dichte Strauch erreicht eine Höhe von 2–3 m, hat gelbweiße Blüten und dunkelrote Beeren. Die Heckenkirschen sind unentbehrliche Sträucher für Parks und größere Gärten. Besonders eignen sie sich als Unterholz oder vorübergehende Ausführung von Lücken. In kleineren Gärten werden sie weniger angeplanzt.

Lonicera tatarica

Euonymus europaeus

SPINDELSTRAUCH

Der **Spindelstrauch** – *Euonymus* – gehört zu einer sehr breiten Gattung, die in Europa, Asien und Nordamerika beheimatet ist. In den Gärten und Parks ist *E. europaeus* – das **Pfaffenhütchen** – häufig anzutreffen, aber auch wild in ganz Europa, vom Tiefland bis zu den Hügelländern, an Waldrändern, Berghängen und in Uferbeständen. Es ist ein 2–4 m hoher Strauch. Die Blüten sind klein, grünlich, unscheinbar, die Blätter färben sich im Herbst purpurrot. Die Früchte sind vierkantige Springkapseln in orangeroter Farbe. Am besten gedeiht das Pfaffenhütchen im Halbschatten und in feuchteren Böden, doch wächst er auch unter anderen Bedingungen gut. Häufig wird es von Blattläusen und der Pfaffenhutgespinstmotte (*Hyponomenta cognatella*) befallen.

Lonicera xylosteum

KREUZDORN

Die Gattung **Kreuzdorn** – *Rhamnus* – ist über die ganze nördliche Halbkugel verbreitet. Im Garten werden zwei Arten gezogen: *Rh. catharticus* – der **Echte Kreuzdorn**, der in trockenen Gegenden wächst und die abgebildete Art *Rh. frangula* – der **Faulbaum**, der einen nassen Standort bevorzugt. Dieser 6 m hohe Strauch blüht von Mai bis August, die Steinfrüchte sind zunächst rot, später schwarz. Er eignet sich nur für große Gärten und Parks.

Rhamnus frangula

ESSIGBAUM

Der **Essigbaum** – *Rhus typhina* – ist ein interessanter, aus Nordamerika stammender Strauch. In Europa wird er viel gezogen und verwildert stellenweise. Er erreicht eine Höhe von 3–5 m und wächst sehr schnell, hat kräftige Zweige, blüht von Juni bis Juli mit eigenartigen Kolben grünlicher Blüten, die schon im August samtig rot ausreifen. Am besten gedeiht er an der Sonne in leichten, durchlässigen Böden, verträgt Trockenheit wie Feuchtigkeit, leichte Beschattung wie verschmutzte Luft und ist völlig abgehärtet. Er wird solitär oder in Strauchgruppen gepflanzt. Da er zahlreiche Wurzelausläufer bildet, entsteht bald ein mehr oder weniger zusammenhängender Bestand. In großen Gärten, namentlich an Hängen, ist dies willkommen, in kleineren Gärten unerwünscht und muß durch die Entfernung der Ausläufer verhindert werden.

DEUTZIE

Die **Deutzie** – *Deutzia* – ist ein beliebter europäischer Gartenstrauch. Er stammt aus Ostasien – China und Japan. Eine der meistgezogenen Arten dieser Gattung – *D. scabra* – die **Rauhe Deutzie** – erreicht eine Höhe von 2–3 m. Sie blüht im Juni und Juli, braucht zu einem guten Wachstum leuchte, durchlässige, nährstoffreiche Böden. Sie gedeiht weder in allzugroßer Trokkenheit noch in allzugroßer Nässe. In strengen Wintern erfriert sie, erneuert sich jedoch nach dem Rückschnitt von unten her. Sie wird in gleichartigen und gemischten Gruppen gepflanzt, eignet sich auch für freiwachsende lebende Hecken. Es gibt mehrere Sorten mit weißen und rosa Blüten, ungefüllt und gefüllt.

Rhus typhina

Deutzia scabra

WALDREBE

Von der Gattung *Clematus* – **Waldrebe** – werden in den Gärten sowohl die Stammarten als auch die großblumigen Hybriden gezogen. Die *C. vitalba*, die in Europa beheimatet ist, wächst schnell und wird bis 20 m hoch. Sie blüht von Juli bis September mit kleinen weißen Blüten, deren Größe mit denen einer großblumigen Hybride verglichen wird. Sie ist völlig anspruchslos und überwuchert alles. Sie eignet sich vor allem zur Berankung von Mauern, Pergolen und Säulen.

C. alpina, C. tangutica, C. montana, C. viticella sind weitere Arten, die kleinere Blüten haben und nur 2–4 m hoch werden.

Die großblumigen Waldreben-Hybriden gehören zu den schönsten Pflanzen im Garten, doch sind sie anspruchsvoller. Sie verlangen einen sonnigen Platz, nährstoffreiche, durchlässige Böden, einen alljährlichen Schnitt und ab und zu Dunggüsse. Der Fuß der Pflanze muß im Schatten liegen. Diese Hybriden erreichen eine Höhe von 2–2,5 m und blühen sehr reich. Es werden folgende Sorten angeboten: die agebildete C. Hybride 'Jackmanii', dunkelviolett, die Sorte 'The President', dunkelblau, 'Ville de Lyon', dunkelrot, 'Nelly Moser', lilarosa. Wir pflanzen sie an Eingängen, Pergolen und Mauern.

Clematis-Hybride 'Jackmanii'

SPIERSTRAUCH

Der **Spierstrauch** – *Spiraea* – ist eine umfangreiche Gattung niedriger bis mittelhoher Sträucher, die in Gärten viel verwendet werden und über die gesamte nördliche gemäßigte Zone verbreitet sind. Eine verbreitete Art ist *Spiraea* x *arguta* – auch Prachtspiere genannt. Sie ist 1,5–2 m hoch, hat bogenförmig herabhängende Zweige und macht während der Blütezeit im Mai den Eindruck, als wäre sie mit Schnee bedeckt. Im Herbst färbt sie sich orange bis rot. Sie liebt die Sonne, verträgt auch eine leichte Beschattung, im Schatten blüht sie spärlich. Im ganzen anspruchslos, entwickelt sie sich allerdings am besten in nährstoffreichen Böden. Sie findet allseitig Verwendung und gehört zu den gut geeigneten Sträuchern für freiwachsende lebende Hecken und Einfassungen. In Europa heimisch ist *S. salicifolia,* ein 1–2 m hoher, aufrecht wachsender Strauch. Er blüht im Sommer, von Juni bis August, verlangt feuchten Boden und feuchte Luft sowie gute nährstoffreiche Erde. Da er verhältnismäßig viele Ausläufer treibt, empfiehlt es sich, seine Ausbreitung einzudämmen. Er eignet sich vor allem für freiwachsende lebende Hecken.

TAMARISKE

Die **Tamariske** – *Tamarix* – ist ein effektvoller graziler Strauch mit langen rutig geneigten Zweigen. Die Gattung umfaßt etwa 75 Arten, die in den wärmeren Gebieten Westeuropas, dem Mittelmeerraum bis nach Ostasien verbreitet sind. Die in Europa gezogenen Arten erreichen eine Höhe von 3–5 m. Ihre Zweige mit den schuppigen Blättchen erinnern an Heidekraut. Im Frühjahr blühende Arten sind *Tamarix tetrandra* (April–Mai) und *T. parviflora* (Mai). Im Sommer blüht *T. pentandra* (August–September), die Sommertamariske und *T. gallica* (Juni–August) – die ziemlich empfindlich ist. Die Tamarisken sind anspruchsvolle Sträucher; sie verlangen durchlässige Böden und warme Standorte. Gut vertragen sie Trokkenheit, volle Sonne und verschmutzte Luft. In strengen Wintern können sie Frostschäden bekommen oder erfrieren. Nach dem Rückschnitt treiben sie jedoch aus den unteren Ästen wieder aus. Im Aussehen unterscheiden sie sich erheblich von anderen Sträuchern und Bäumen. Sie werden allein gepflanzt.

WEIGELIE

Die **Weigelie** – *Weigela florida* – ein wertvoller, blühender Gartenstrauch, stammt aus Nordchina und Korea, erreicht eine Höhe von 2–3 m und blüht sehr reich im Mai und Juni, oft ein zweites Mal im August. Die Weigelie verlangt nährstoffreiche, durchlässige, nicht schwere, nicht feuchte, aber auch nicht allzu trockene Böden, liebt die Sonne, verträgt aber auch eine leichte Beschattung. In strengen Wintern erfriert sie bis zum Boden, erneuert sich jedoch wieder. In den Gärten werden meistens die schönen Kreuzungen der Stammarten gepflanzt, die unter der Artenbezeichnung W.-Hybriden zusammengefaßt sind. Es gibt weiße, rosa und rote Sorten. Sie sind solitär, wie in Gruppen verwendbar.

Weigela florida

Tamarix tetrandra

JAPANISCHER AHORN

Der **Japanische Ahorn** – *Acer palmatum* – ist ein strauchiger Baum, der für moderne Ziergärten von großer Bedeutung ist. Er stammt aus Japan, wo er eine Höhe bis zu 8 m erreicht. In Europa bleibt er viel niedriger. Er wird vor allem wegen seines schön gefärbten Laubes gepflanzt. Von seinen vielen Sorten ist vor allem der rotblättrige *A. p.* 'Atropurpureum' sehr beliebt. Er ist ein besonders schöner, doch anspruchsvoller Baum. Pralle Sonne, allzugroße Trockenheit oder Feuchtigkeit sagen ihm nicht zu. Am besten gedeiht er in guten Böden, an von Süden her beschatteten Stellen. Besonders in der Jugend ist er empfindlich. Übersteht er die ersten Jahre, kann er weiterhin auch mit weniger Pflege auskommen. Er wird solitär oder in kleinen Gruppen gepflanzt. Ausgezeichnet nimmt er sich an einer Trockenmauer oder an einem Wasserbecken aus.

Acer palmatum 'Atropurpureum'

MAGNOLIE

Die **Magnolie** – *Magnolia* – stammt aus Nordamerika und Asien, wo in der freien Natur etwa 30 Arten wachsen. In den Gärten wird am häufigsten *Magnolia* x *soulangiana* – gepflanzt, ein Strauch, der bis 8 m hoch wird und im Mai herrliche weißrosa Blüten entfaltet. Die Magnolie ist eine Solitärpflanze, sie ist anspruchsvoll, verlangt sonnigen, geschützten Standort und einen nährstoffreichen, sauren, humosen Boden. In der Jugend muß die Magnolie durch Abdecken der Wurzeln mit Laub und Nadeln vor Frost geschützt werden. Schön ist auch die schon im April blühende, strauchige *Magnolia kobus* – (syn. *M. kobus* var. *stellata*) mit schalenförmigen weißen Blüten. Sie wird nur 3 m hoch. Die Magnolien läßt man frei wachsen ohne sie zu beschneiden. Bei Frostgefahr muß man eine Folie über den Strauch hängen, da sonst die Knospen oder Blüten verfrieren.

Magnolia kokus

GEISSBLATT

Das **Geißblatt, Jelängerjelieber** – *Lonicera caprifolium* – ist eine der vielen in Europa heimischen Arten der Gattung *Lonicera*. Sie ist rankend, mittelwüchsig, blüht im Mai–Juni. Die Blüten verbreiten einen herrlichen Duft, besonders bei Einbruch der Dämmerung. Jelängerjelieber verträgt Sonne und Halbschatten, aber keine Trockenheit. Von Zeit zu Zeit muß eine Auslichtung vorgenommen werden. Es eignet sich zur Berankung von Pergolen, Lauben, Mauern und Säulen.

Lonicera caprifolium

JUNGFERNREBE

Die **Jungfernrebe** – *Parthenocissus* – ist ein vielfach verwendbarer Kletterstrauch. Der Wilde Wein – *P. quinquefolia* – stammt aus dem östlichen Nordamerika und wird bis 10 m hoch. Er ist völlig anspruchslos und abgehärtet. In der Jugend müssen die Ranken aufgebunden und das überschüssige Holz entfernt werden. *P. tricuspidata* – stammt aus Ostasien und erreicht ebenfalls eine Höhe bis 20 m. Er braucht nicht aufgebunden zu werden, da er Haftscheiben besitzt. Er wird zur Begrünung von Mauern und Wänden verwendet. An Nordwänden gedeiht er nicht. Er ist winterhart. Seine Blätter leuchten im Herbst in allen Tönen der Farbskala.

Parthenocissus tricuspidata

TROMPETENBLUME

GLYCINE

Die **Trompetenblume** – *Campsis radicans* – ist ein, besonders während der Blütezeit von Juli bis September, schöner Kletterstrauch. Sie stammt aus Nordamerika, wird 10 m hoch, ist mit Haftwurzeln ausgestattet, muß jedoch eine Stütze bekommen. Man pflanzt sie nur in wärmeren Gegenden, an sonnigen, geschützten Stellen und in durchlässige gute Böden. In strengen Wintern frieren die Triebe ab. Sie verlangt alljährlich Schnitt – im Frühjahr werden die trockenen, überschüssigen und verfrorenen Triebe beseitigt und die kräftigen um ein Drittel oder mehr gekürzt. Durch den Schnitt wird die Kraft der Blüte nicht geschwächt, da sie an den neugebildeten Trieben blüht. Wir verwenden die Trompetenblume zur Bekleidung hoher Säulen, Mauern und Pergolen.

Die **Glycine** – *Wisteria sinensis* – ist ein besonders schöner Kletterstrauch. Sie wird 8–10 m hoch, blüht von Mai bis Juni, die Blütentrauben werden 30 cm lang. Sie verlangt einen warmen, sonnigen, geschützten Standort sowie einen durchlässigen Boden mit genügend Kalkgehalt. Im Sommer muß sie reichlich gegossen werden, im Winter verfriert sie häufig, erneuert sich jedoch wieder von unten. Sie braucht nicht geschnitten zu werden. Wir verwenden sie vor allem zur Bekleidung von Hausfassaden, Balkonen, Mauern, Säulen, Pergolen und Lauben. Es gibt noch die Art *W. floribunda*, die aus Japan stammt. Von beiden Arten gibt es mehrere Sorten mit weißen oder rosa Blüten.

Campsis radicans

Wisteria sinensis

ROSEN

Die Rose wird die Königin der Blumen genannt. Diesen Namen verdankt sie ihrer Noblesse, ihrer Schönheit und ihrer reichen Blütenpracht, der Vielfalt ihrer Formen und Farben. Keine andere Blume der Welt wird in so großer Zahl gezogen und verkauft.

Durch ständige Veredelung und Einkreuzung von Wildarten ist eine genaue botanische Klassifizierung nicht möglich. Der Gartenfreund hält sich daher am besten an die gärtnerische Einteilung, die nach dem Verwendungszweck in 5 Gruppen untergliedert ist.

1. Die „Gartenrosen" (Teehybrid-Rosen) werden auch „Edelrosen" oder „Großblumige Rosen" genannt. Da auch in den anderen Gruppen großblumige Rosensorten entstanden sind, kann dieser Name irreführen, ebenso wie Edelrosen, denn veredelt sind alle Sorten.

Man zählt zu dieser Gruppe Tee- und Teehybridrosen sowie die Pernatiana- und Remontanrosen. Die Blüten der Gartenrosen sind groß, edelgeformt und gefüllt.

2. Zu den „Beetrosen" gehören Polyantharosen, Polyanthahybriden und Floribundarosen, ohne die höher wachsenden Sorten, die, je nach Verwendung, in die Gruppen Strauch- oder Kletterrosen eingeordnet werden.

Die Beetrosen zeichnen sich durch Vielblütigkeit, rispenförmigen Blütenstand, kräftige Belaubung, dadurch bessere Beschattung des Bodens, aus. Polyantharosen sind niedrig, buschig und vielblütig. Es sind Kreuzungen auf *R. multiflora*. Polyanthahybriden, Kreuzungen von Polyantharosen mit Teehybriden und anderen Gartenrosen, haben größere Blüten. Floribundarosen sind den Polyanthahybriden sehr ähnlich in Wuchs, Blühwilligkeit und Belaubung. Ihr großer Vorteil ist jedoch, daß sie weniger anfällig, ja immun, gegen Sternrußtau, Mehltau und Rost sind.

Die großblumigen Floribundarosen (*Floribunda grandiflora*) ähneln in Form und Größe den Gartenrosen, haben aber die Vielblumigkeit und Gesundheit der Floribundarosen. Sie werden heute oft nicht extra in den Katalogen aufgeführt, sondern unter der allgemeinen Bezeichnung Floribundarosen.

3. Die „Kletterrosen" werden bis 5 m hoch und blühen, je nach Sorte, einmal oder mehrmals im Jahr. Auch die Frostempfindlichkeit ist unterschiedlich. *Multiflora* blühen einmal im Jahr von Juni–Juli. Sie sind krankheitsempfindlich und müssen im Winter abgedeckt werden.

Wichuraiana-Kletterrosen blühen einmal im Jahr, ranken sehr stark und sind nicht sehr frostempfindlich.

Climbing verlangen ein milderes Klima, da sonst die Blühwilligkeit nachläßt. Auch sind sie nicht frostfest. Eine Abdeckung ist unbedingt notwendig.

Die *Kordesii*-Hybriden zeichnen sich durch Blühwilligkeit und Frosthärte aus. Sie blühen von Juni bis zum einsetzenden Frost.

4. Zu den „Strauchrosen" zählen wir alle strauchförmig wachsenden Rosen und die Wildrosen. Die Strauchrosen werden 1 m hoch, haben einen aufrechten Wuchs, sind anspruchslos und winterhart. Da man sie jetzt auch in kleineren Gärten viel antrifft, ist die alte Bezeichnung „Parkrose" überholt. Sie eignen sich für Beete, einzeln oder in Gruppen und als lebende Hecke. Strauchrosen bieten gute Nistplätze für die Vögel. Im Herbst tragen sie einen schönen Fruchtschmuck (Hagebutten).

5. „Zwergrosen" erreichen eine Höhe bis 30 cm. Zu dieser Gruppe werden die Miniatur- oder Zwergbengalrosen gerechnet. Eine alte Bezeichnung ist „Kußröschen".

Zwergrosen sind kleinblütig, blüten aber sehr reich während des ganzen Sommers.

Grundsätzlich kombinieren wir die verschiedenen Rosengruppen nicht miteinander, nur Kletter- und Strauchrosen lassen sich nebeneinander pflanzen, weil sie einen ähnlichen Charakter haben. Auf einem Beet sollten Garten- und Beetrosen nicht gepflanzt werden.

Gartenrosen werden sowohl zum Schnitt als auch als Farbeffekt im Garten gesetzt. Auf ein Beet pflanzen wir mehrere Reihen verschiedener Sorten, denn ein solches Beet soll bunt sein. Beetrosen werden in größeren Partien von einer Sorte und Farbe auf ein Beet gesetzt, da so ein besonders schöner Effekt erzielt wird. Die Floribundarosen sind größer als die Polyantharosen und auch gesünder. Die großblumigen Floribunda werden die Rosen der Zukunft sein, da sie den Gartenrosen in Größe und Form ähneln, aber die Vielblumigkeit und Gesundheit der Floribundarosen besitzen.

Die nidrigen Zwergrosen werden für den Steingarten und als Grabbepflanzung genommen. Sie sind besonders für die Topfkultur geeignet.

Die Kletterrosen werden an Mauern, Eingängen, Hauswänden oder Pergolen gezogen. Zur Blütezeit sind sie außerordentlich effektvoll. An eine Pergola pflanzen wir gleiche

Sorten, da dann der Farbeffekt größer ist. *Wichuraiana*-Kletterrosen eignen sich durch ihren Wuchs für Hängerosenstämme, sogenannte Trauerrosen.
Strauchrosen wachsen, wie ihr Name sagt, strauchförmig. Sie werden mindestens 1 m hoch und eignen sich durchaus für kleinere Gärten zur Bedeckung einer Gartenecke, von Zäunen oder auch als lebende Hecke. Besonders schön sind sie in Bauerngärten, wo sie ausgezeichnet mit ihrer Umgebung harmonieren. Im Herbst zieren sie den Garten durch ihre Früchte, die Hagebutten. Sehr schön sind auch einige Wildrosen. Wir pflanzen sie einzeln und kombinieren sie mit Rasenflächen oder auch Nadelbäumen und anderen, unauffällig blühenden Gehölzen, deren Zierde das Laub ist.
Rosen verlangen viel Sonne, Wärme, Feuchtigkeit und Nährstoffe im Boden. Windige Lagen sind ihnen nicht zuträglich. Viel Sonne verlangen die Strauchrosen, während die Gartenrosen besser an Plätzen gedeihen, die zumindest einen Teil des Tages leicht beschattet sind. In vollem Schatten gedeihen Rosen nicht. Gut wachsen sie in leichteren, nicht zu trockenen Böden von neutraler Reaktion.
Rosen können wir ab Mitte Oktober bis zum Frost oder im Frühjahr, März und April, pflanzen. Im Herbst gepflanzte Rosen wachsen in den meisten Fällen besser. Vor der Auspflanzung beschneiden wir die Wurzeln so wenig wie möglich. Wir entfernen lediglich die verletzten und vertrockneten Teile bis zum gesunden Holz und kürzen nur die allzulangen Wurzeln. Die Veredelungsstelle am Wurzelhals soll auch nachdem sich der Boden gesetzt hat, etwa 2–3 cm unter der Oberfläche liegen. Nach dem Auspflanzen gießen wir den Setzling ausgiebig. Bei der Auspflanzung im Herbst häufeln wir den Setzling vor Eintritt der Fröste mindestens 20 cm hoch an. Bei der Auspflanzung von Strauchrosen rammen wir einen Pfahl in die Erde, der bis in die Krone reichen soll. Den Hauptschnitt der Rosen führen wir im Frühjahr nach dem Abhäufeln des Erdreichs durch. Wir richten uns dabei nach den Regeln, die für alle Gehölze gelten. Wenn wir einen Trieb tief abschneiden, sprießt ein neuer kräftiger Trieb. Beschneiden wir ihn nur wenig, ist der nachwachsende Trieb kleiner und schwächer. Weil wir bei den Gartenrosen einen langen Stiel haben wollen, schneiden wir sie im Frühjahr stark zurück, etwa auf 2–3 Augen. Bei den Beetrosen ist das anders. Sie sollen niedrig bleiben, deshalb scheiden wir sie im Frühjahr so wenig wie möglich. Da sie kein neues Holz für die Stiele bilden müssen, blühen sie früher. An jedem Strauch bildet sich nach einigen Jahren älteres Holz, das nicht besonders schön ist. Deshalb ist es notwendig, die Rosen von Zeit zu Zeit zu verjüngen, das bedeutet, das alte Holz auszuschneiden, höchstens jedoch ein Drittel des Strauches. Auf ähnliche Weise schneiden wir auch die Kronen der Strauchrosen.

Für eine gesunde Entwicklung der Kletterrosen sind die gesunden Triebe am wichtigsten, bei denen wir nur die schwachen und abgefrorenen Enden kürzen, sonst beschränken wir uns auf eine Durchlichtung, die Beseitigung der alten Triebe bis zum Boden. Auch die Strauchrosen lichten wir nur aus und kürzen die Triebenden. Bei den Wildrosen entfernen wir nur das trockene und kranke Holz, denn sie sollen uneingeschränkt wachsen. Abgeschnittene Teile der Rosen sollten verbrannt werden, denn so wird das Auftreten von Krankheiten und Schädlingen eingedämmt.
Während der Vegetationsperiode lockern wir den Boden, jäten, düngen und gießen. Gut ist es, das Beet mit Torf zu bedekken, da sich so die Feuchtigkeit besser im Boden hält. Von den Gartenrosen wollen wir die Blüten für die Vase schneiden. Damit der Strauch nicht geschwächt wird, sollten wir nur etwa ein Drittel der langstieligen Blüten abschneiden und die übrigen am Strauch verblühen lassen und erst dann entfernen. Bei den Beetrosen schneiden wir die ganze Dolde nach dem Verblühen aller Blütchen oberhalb des ersten Blattes ab. Auch die verblühten Blüten an Kletter- und Strauchrosen schneiden wir auf diese Weise, soweit es sich nicht um Sorten handelt, die Hagebutten bilden.
Die aus den Wurzeln sprießenden wilden Triebe, Wölfe genannt, entfernen wir sofort mit dem Messer bis zur Wurzel. Wir erkennen sie leicht an dem kleinen hellen Blatt.
Die nicht winterharten Rosen, vor allem die Garten- und Beetrosen, müssen wir vor starkem Frost schützen. Über die Okulationsstellen am Wurzelhals müssen wir mindestens 15 cm Erde anhäufeln. Gegen zu starke Sonneneinstrahlung empfielt sich eine Abdeckung mit Fichtenreisig.

Die Zwergrosen eignen sich gut für Steingärten oder, in Schalen oder Töpfe gepflanzt, für Terrassen, Dachgärten und Balkone. Im Handel werden etwa 100 Sorten angeboten. Ihre Robustheit geht auf die *R. multiflora* zurück.

Rosa roulettii ist eine Wildrose, 20–25 cm hoch, mit etwa 2 cm großen Blättchen und Blütchen. An die Pflege stellt sie ziemlich hohe Ansprüche. Sie verlangt eine ständig leicht feuchte Erde und laufende Beseitigung der verblühten Blütchen. Die Blätter werden oft von Schwarzfleckigkeit (*Marssonina*) befallen. Am häufigsten verwendet man diese Sorte als Bepflanzung von Gräbern, die nicht völlig im Schatten liegen. Als Topfblume eignet sie sich weniger.

'Baby Maskerade' wurde von der Firma Tantau im Jahre 1956 herangezüchtet. Sie ist eine Kreuzung der Floribundarose 'Maskerade' mit *R. peon* (Tom Thumb). Einige Länder und einige Baumschulen führen sie unter dem Namen 'Baby Carnaval'. Sie wird 25 cm hoch, die Blüten sind 2,5 cm breit; von Juni bis zum Frost steht sie in reicher Blüte. Sie wächst gut und hat ein glänzendes, sattgrünes Laub. Als Einfassung von bepflanzten Beeten oder als flächige Bepflanzung findet sie Verwendung. Hervorragend bewährt sie sich als Topfpflanze, bei entsprechender Pflege blüht sie bis Weihnachten.

Rosa roulettii

Baby Maskerade

'Coralin' wurde von der spanischen Firma P. Dot im Jahre 1955 veredelt. Es ist eine Kreuzung der Sorten 'Mephisto' × 'Perla de Alcanada'. Sie ist etwa 25 cm hoch, die Blütchen sind bis 4 cm breit. Sie blüht sehr reich bis in den Spätherbst. Jeder Stiel trägt nur eine Blüte und eignet sich daher auch zum Schnitt. Sie ist vital, wüchsig, mit glänzend dunkelgrünem Laub. Sie blüht korallenrot mit einem Schuß orange. Sie leidet nicht unter Kahlrösten. Besonders gut für den Steingarten und auch als Zimmerpflanze geeignet. 'Pour Toi' wurde im Jahre 1946 herangezüchtet. Sie ist eine Kreuzung der Sorten 'Eduardo Toda' 3 'Pompon de Paris' (*R. roulettii*). Auf den britischen Inseln kennt man sie unter der Bezeichnung 'Wendy'. Sie ist 25–30 cm hoch, die einzeln am Stiel sitzenden Blüten sind hellgelb und 2–3 cm groß. Sie wächst langsam, blüht jedoch gut. Verhältnismaßig leicht wird sie durch Stecklinge in einem Substrat aus Sand und Torf im Verhältnis 1:1 vermehrt. Sie eignet sich sehr gut zur Beetbepflanzung, weniger für den Steingarten.

Coralin

Pour Toi

'Rosmarin' ist ein Zuchtprodukt der Firma Kordes aus dem Jahre 1965. Diese Kreuzung der Sorten *R. peon* (Tom Thumb) × 'Dacapo' erreicht eine Höhe von 20–30 cm und blüht hellrosa mit hellroter Unterseite. Sie wächst gut, die verblühten Blüten müssen abgezwickt werden, damit ständig neue nachwachsen, dann blüht sie lange, bis in den Herbst hinein. Sie ist abgehärtet, eignet sich gut als Einfassung von Beeten.

'The Fairy' (Sweet Fairy) wurde von der Firma Bentall bereits im Jahre 1932 veredelt. Sie ist ein Sport der Sorte 'Lady Godiva' und eine wertvolle Miniaturrose für den Steingarten. Ein Sport entsteht, wenn aus einer Knospe ein Trieb mit abweichenden Eigenschaften hervorwächst und nach der Okulation auf eine Unterlage diese Eigenschaften beibehält. Die Triebe sind bis 40 cm hoch, die einzelnen Blüten bis 4 cm breit. Die Farbe der Blüten ändert sich, im Frühsommer ist sie hellrosa, im Herbst dunkler. Sie wächst gut und blüht unermüdlich bis in den Herbst hinein. Gegen Frost ist sie empfindlich und bedarf daher eines Winterschutzes aus Fichtenreisig. Sie eignet sich für den Steingarten. Man kann sie auch als Bepflanzung schattenfreier Gräber verwenden.

Rosmarin

The Fairy

'Doc' wurde von der Firma de Ruiter im Jahre 1959 als Kreuzung der Sorten 'Robin Hood' × Sämling einer unbekannten Polyanthrose herangezüchtet. Sie wird bis 30 cm hoch, die Blüten sind 2–3,5 cm breit. Sie blüht unermüdlich und ist gegen Kranheiten und strenge Winter widerstandsfähig. Sie läßt sich leicht durch Stecklinge vermehren. Verwendung findet sie hauptsächlich im Steingarten und als Grabbepflanzung sowie als Topfpflanze.

'Yellow Doll' wurde von der Firma R. S. Moore im Jahre 1962 als Kreuzung der Sorten 'Golden Glow' × 'Zee' herangezüchtet. Sie gehört zu den schönsten gelben Miniaturrosen; sie wird nur 25 cm hoch, die meist einzeln am Stiel sitzenden Blütchen sind nur 2,5 cm breit und duften schwach. Sie hat einen gesunden Wuchs und wird für den Steingarten sowie als Topfblume verwendet.

Yellow Doll

Doc

Die Beetrosen umfassen eine große Gruppe von Rosen, die sich besonders für Beetbepflanzungen eignen. Sie werden in größeren Partien von einer Sorte und Farbe gesetzt, da so der Effekt am größten ist. Sie sind wegen ihrer Vielblütigkeit und Blühwilligkeit sehr beliebt, außerdem sind sie anspruchsloser und winterharter als die Gartenrosen, Bezeichnungen wie 'Garnetterosen', 'Compactarosen' und 'Zwergchinarosen' sind kaum noch anzutreffen. Sie werden in den Katalogen den Floribundarosen zugerodnet. 'Zorina' wurde im Jahre 1963 von der Firma Boerner durch Kreuzung eines Sämlings von 'Pinocchio' × 'Spartan' herangezüchtet. Der Strauch erreicht eine Höhe von etwa 50 cm und hat einen gesunden, kompakten Wuchs. Die Knospen sind sehr elegant, 3–4 cm lang, sie wachsen zu je 1–5 an einem festen Stiel. Sie ist die meistgezüchtete Sorte aus der Gruppe der Garnetterosen, hervorragend zum Schnitt und für Beete. Bei starker Sonne verblaßt ihre Farbe, bei Regenwetter treten auf den Blüten dunkle, unschöne Flecken auf.

'Junior Miss' wurde im Jahre 1964 von der Firma Boerner durch Kreuzung der Sorte 'Seventeen' × 'Demure'-Sämling veredelt. Sie erreicht eine Höhe von etwa 45 cm. An dem kräftigen Stiel wächst eine Unmenge von Blüten, unter deren Last sie zu Boden sinkt, besonders in stickstoffhaltige Böden. Sie wächst gut, blüht reich und lange, die Blüten verbreiten einen zarten Duft. Gegen Wetterschwankungen ist sie widerstandsfähig. Aus ihr entstand der weiße Sport 'White Junior Miss'.

Zorina

Junior Miss

'Carol' entstand 1953 bei der Firma Amling als Sport der Sorte 'Garnette'. Sie erreicht eine Höhe von etwa 45 cm, hat einen kompakten und gesunden Wuchs und sehr wenig Dornen. 3–5 angenehm duftende Blüten wachsen an einem kräftigen Stiel. Bei Regenwetter verlieren sie ihre Schönheit. Es ist eine schöne Topfrosensorte.

Die Sorte 'Garnette', die von der Firma Tantau im Jahre 1947 durch Kreuzung der Sorten ('Rosenelfe' × 'Eva') × 'Heros' herangezüchtet wurde, erreicht eine Höhe von 40 bis 60 cm, ist sehr gesund und remontiert sehr schön mit den dunkelroten, gefüllten Blüten. Besonders für Gewächshäuser und als Topfpflanzen geeignet.

Garnette

Carol

'Orange Sensation' wurde von der Firma Ruiter im Jahre 1906 durch Kreuzung der Sorten 'Amor' × 'Fashion' veredelt. Der etwa 50 cm hohe Strauch entwickelt ein gesundes Wachstum. Sein dunkelgrünes Laub bildet einen schönen Kontrast zu den orangeroten, halbgefüllten Blüten. Diese sind widerstandsfähig gegen die Unbilden der Witterung, blühen lange und unermüdlich, remontieren schnell.

'Paprika' wurde von der Firma Tantau im Jahre 1957 durch Kreuzung der Sorten 'Märchenland' × 'Schweizer Gruß' herangezüchtet. Sie wird etwa 60 cm hoch, hat olivgrünes Laub und blüht paprikarot. In feuchten Jahren ist sie anfällig gegen Sternrußtau (*Marssonina rosae*). Es empfhielt sich vorbeugendes Spritzen. Sie blüht unermüdlich den ganzen Sommer hindurch.

Orange Sensation

Paprika

'Concerto' wurde von der Firma Meilland im Jahre 1953 durch Kreuzung der Sorten 'Alain' × 'Floradora' herangezüchtet. Sie hat einen ausgezeichneten Wuchs, wird 60 cm hoch und blüht leuchtend rot. Die Blüten bilden große Büschel. Sie wurde 1953 mit der President's Trophy ausgezeichnet.

'Lilli Marleen' ist ein Zuchtprodukt der Firma Kordes. Sie entstand im Jahre 1959 durch kombinierte Kreuzung der Sorten ('Our Princess' × 'Rudolf Timm') × 'Ama'. Sie ist eine herrliche Rose für Gruppenpflanzungen. Ihre Sträucher erreichen eine Höhe von 50 cm und bilden einen kompakten einheitlichen Bestand. Die dunkelgrünen Blätter sind widerstandsfähig gegen Krankheiten. Blüte wie Blatt sind gegen ungünstige Witterungseinflüsse abgehärtet. Sie blüht scharlachrot mit einem samtigen Schimmer, wenn die Sonne darauf scheint. Sie blüht, wie alle Floribundarosen, ausdauernd und reichlich.

Concerto

Lilli Marleen

'Nordia' entstand im Jahre 1967 als Zuchtprodukt der Firma Poulsen durch Kreuzung der Sorten ('Pinocchio' × 'Pinocchio') × 'Elsinore'. Ihre Sträucher sind etwa 70 cm hoch und zeichnen sich durch ein üppiges, gesundes Wachstum bis in den Herbst hinein aus. Das Blatt ist dunkelgrün, glänzend und widerstandsfähig gegen Krankheiten. Die Blüten sitzen zu 1–5 an einem langen Stiel. Die Sträucher sind besonders winterhart und wetterfest. Sie eignen sich gut als Beet- und Schnittrosen und zur Kultur unter Glas.

Scania

Nordia

'Scania' ist gleichfalls ein Produkt des Züchters de Ruiter. Sie entstand im Jahre 1965 aus einer Kreuzung der Sorte 'Concordia' mit einem unbekannten Sämling. Die Sträucher sind von regelmäßigem Wuchs und erreichen eine Höhe von etwa 50–60 cm. Die Blätter sind groß, mattgrün, die Blütte ist samtig, sehr effektvoll. Sie sind widerstandsfähig gegen Krankheiten, in windigen Lagen und bei schlechtem Wetter biegen sich die Stiele herab, was ein Nachteil ist. 'Scania' eignet sich vor allem zu Einfassungen oder für flächige Bepflanzung von Beeten an einer geschützten Stelle des Gartens.

'Europeana' ist ein Zuchtprodukt der Firma de Ruiter aus dem Jahre 1963, eine Kreuzung der Sorten 'Ruth Leuwerik' × 'Rosemary Rose'. Der Strauch hat einen regelmäßigen Wuchs und wird 60–90 cm hoch, das Blatt ist bronzegrün, glänzend und gesund. Die Blüten sind groß und duften angenehm. 1963 wurde sie mit einer Goldmedaille ausgezeichnet. Der ganze Bestand ist widerstandsfähig gegen Krankheiten. 'Europeana' eignet sich vor allem für Gruppenanpflanzungen, die sehr effektvoll sind.

'Orange Triumph' ist eine ältere bewährte Sorte, ein Zuchtergebnis der Firma Kordes aus dem Jahre 1938. Sie entstand durch Kreuzung der Sorten 'Eva' × 'Solarium'. Die Sträucher wachsen üppig und erreichen eine Höhe von 60–80 cm. Sie blüht reich, ausdauernd, leuchtend orange. Im Herbst steht sie besonders reich in Blüte. Die verblühten Blüten müssen entfernt werden. Wir pflanzen sie dicht, damit das Beet gut ausgefüllt ist. Sie eignet sich auch wegen ihrer Zartheit als Grabbepflanzung.

Europeana

Orange Triumph

'Zambra' wurde im Jahre 1961 von der Firma Meilland gezüchtet. Sie entstand durch kombinierte Kreuzung der Sorten ('Goldilocks' × 'Fashion') × ('Goldilocks' × 'Fashion'). Sie hat einen kompakten Wuchs. Die Blätter sind dunkelgrün und groß. Sie blüht reich. Die Blüten erreichen einen Durchmesser von 8–10 cm und sind kapuzinerrot mit gelber Unterseite. Die 'Zambra' ist anfällig gegen Sternrußtau.

'Elisabeth of Glamis', auch 'Irish Beauty', ist ein Zuchtergebnis der Firma McGredy aus dem Jahre 1963. Sie ist eine Kreuzung der Sorten 'Spartan' × 'Highlight'. Der kompakte, gesunde Strauch erreicht 90 cm Höhe. Das Blatt ist hell, ausdrucksvoll, glänzend. Die Knospen sind länglich, 3–4 cm lang und sitzen zu 1–7 am Stiel. Die Farbe ist lachsrot mit goldenem Schimmer. Sie läßt sich sehr gut verjüngen und blüht reich. Wir verwenden sie für Gruppenanpflanzungen, einzeln wachsende Blüten auch zum Schnitt.

Zambra

Elizabeth of Glamis

'Rudolph Timm' wurde im Jahre 1951 von der Firma J. Kordes herangezüchtet. Sie entstand durch kombinierte Kreuzung der Sorten ('Johannes Boettner' × *R. rubiginosa magnifica*) × ('Baby Chateau' × 'Else Poulsen'). Der Strauch erreicht eine Höhe von 40–50 cm. Die Blätter sind hellgrün und glänzend. Die Blüten gleichen Apfelblüten. Die Knospen entfalten sich schnell, die geöffnete Blüte bleibt lange frisch und verbreitet einen angenehmen Duft. Diese Sorte eignet sich zur Bepflanzung größerer Beete.

'Prominent' wurde von der Firma Kordes im Jahre 1970 veredelt und entstammt einer Kreuzung der Sorten 'Königin der Rosen' × 'Zorina'. Diese Floribundarose wird 60–100 cm hoch. Neben der edlen Form und der herrlichen Farbe der Blüte ist diese Sorte auch wetterfest, gesund, blüht unermüdlich und duftet herrlich. Da die Blüten an langen Stielen sitzen, ist sie, wenn wir die Seitenknospen abzwicken, auch hervorragend zum Schnitt geeignet. Unabgezwickt kommt sie in bunten Rosenbeeten wirkungsvoll zur Geltung.

Rudolph Timm

Prominent

'Schneewittchen' (Iceberg), die schönste, reinweiße Sorte, ist ein Zuchtergebnis dir Firma Kordes aus dem Jahre 1956. Sie entstand durch Kreuzung der Sorten 'Robin Hood' × 'Virgo'. Sie zeichnet sich durch einen üppigen, ausladenden Wuchs und reiche Belaubung aus und erreicht eine Höhe von 100–120 cm. Die schwach duftenden Blüten erinnern in ihrer Form an Seerosen und ändern ihre Farbe nicht. Sie ist verhältnismäßig widerstandsfähig gegen Krankheiten und eignet sich für kleinere, selbständige Beete.

'Jan Spek' – diese Kreuzung der Sorten 'Cläre Grammerstorf' × 'Faust' ging im Jahre 1966 aus der Züchterei der Firma McGredy hervor. Sie hat einen breiten, buschigen Wuchs, ein dunkelgrünes Laub und wird etwa 60 cm hoch. Die schwach duftenden Blüten halten lange am Strauch. Sie braucht sehr wenig Pflege, da sie die Blütenblätter selbst abwirft.

Schneewittchen

Jan Spek

'Rimosa' wurde von der Firma Meilland im Jahre 1958 aus den Sorten 'Goldilocks' × 'Perla de Montserrat' herangezüchtet. Der dichte Strauch, der nur 40 cm hoch wird, trägt viele Blüten. Sie sind anfangs sattgelb, später verblassen sie und werden zitronengelb. 'Rimosa' gehört zu den gegen Krankheit widerstandsföhigen Sorten. Sie reinigt sich gut, das bedeutet, daß die Blütenblätter nach dem Verblühen von selbst abfallen und den Strauch nicht verunzieren. An warmen, sonnigen Tagen verblühen die Blüten schnell. Sie wird zur Bepflanzung niedriger Beete, vor allem an halbschattigen Stellen verwendet.

'Rumba' wurde im Jahre 1958 von der Firma Poulsen veredelt. Sie entstand durch kombinierte Kreuzung der Sorten 'Maskerade' × ('Poulsen's Bedder' × 'Floradora'). Sie hat einen kompakten Wuchs, wird 50 cm hoch und hat glänzendes Laub. Sie blüht sehr lange, von Juni bis zum Frost, goldgelb. Sie eignet sich zur Bepflanzung bunter Beete oder als Einfassung.

Rimosa

Rumba

'Duftwolke' wurde im Jahre 1963 von der Firma Tantau durch Kreuzung eines unbekannten Sämlings mit der Sorte 'Primaballerina' veredelt. Es ist ein kompakter Strauch mit aufrechtem Wuchs und dunkelgrünem, glänzendem Laub. Sie bringt an einem Stiel 1–4 geranienrote Blüten mit einem starken Duft hervor. Besonders gut blüht sie im Herbst. Sie widersteht allen Krankheiten. Es ist eine gute Gruppen- und Schnittrose.

'Queen of Bermuda' wurde im Jahre 1956 von der Firma Bowie aus einer kombinierten Kreuzung der Sorten ('Kordes Sondermeldung' × 'Orange Triumph') × 'Bettina' herangezüchtet. Von üppigem, aufrechtem Wuchs, erreicht sie eine Höhe von 110 cm. An einem Trieb wachsen 1–3 Knospen an langen Stielen. Sie remontiert ausgezeichnet, wächst gut, ist eine herrliche Sorte zum Schnitt. Ihre Blüten bleiben in der Vase lange frisch. Sie wird viel zum Vortreiben in Gärtnereien verwendet.

Queen of Bermuda

Duftwolke

'The Queen Elizabeth Rose' wurde im Jahre 1955 von der Firma Lammerts veredelt. Sie entstand durch Kreuzung der Sorten 'Charlotte Armstrong' × 'Florida'. Sie hat einen stattlichen Wuchs mit charakteristischen sattroten Trieben. Sie kann 180 cm erreichen. Die herrlich duftenden Blüten wachsen zu 1–7 an einem Stiel und blühen unermüdlich bis zum Herbst. Sie ist widerstandsfähig gegen Krankheiten und winterhart. Am besten kommt sie in einer Gruppe von 3–5 Pflanzen in einem kleineren Garten zur Geltung. Aus ihr entstand die herrliche scharlachrote 'Scarlet Queen Elizabeth'.

'Milena' ist ein Zuchtprodukt des Rosenzüchters L. Večeřa aus dem Jahre 1964. Sie entstand als Radiomutant der Sorte 'Queen Elizabeth'. Ein Radiomutant entsteht, wenn die Pfropfstellen derselben Sorte mit einer bestimmten Dosis Gammastrahlen bestrahlt werden, was eine Veränderung der Form und Farbe der Blüten bewirkt. Diese starke, aufrechte Sorte, die eine Höhe bis zu 110 cm erreicht, trägt 3–7 Blüten an festen, langen rötlichen Stielen. Sie blüht bis zum Frost, ist verhältnismäßig widerstandsfähig gegen sämtliche Krankheiten. Wir pflanzen sie solitär oder in kleinen Gruppen von 3–5 Sträuchern.

The Queen Elizabeth Rose

Milena

'King's Ransom' ist eine von der Firma D. Morey im Jahre 1961 durch Kreuzung der Sorten 'Golden Masterpiece' × 'Lydia' veredelte Teehybride. Der Strauch hat einen buschigen Wuchs, wird ca. 90 cm hoch. Das Blatt ist dunkelgrün und glänzend. Die Blüten sitzen größtenteils einzeln, bei der zweiten Blüte bis zu fünf an einem Stiel. Diese Sorte ist gesund und winterhart. Sie wird für Rosenbeete verwendet, in einer Kombination mit anderen Gartenrosen kommt sie besonders effektvoll zur Geltung.

'Bettina' wurde im Jahre 1953 von der Firma Meilland durch kombinierte Kreuzung der Sorten 'Gloria Dei' × ('Madame Joseph Perrand' × 'Demain') herangezüchtet. Diese beliebte Sorte wird bis 80 cm hoch. Die langen, eleganten Knospen strömen einen zarten Duft aus. Sie blüht gut, den ganzen Sommer hindurch. An einem Stiel bildet sie in den meisten Fällen nur eine Knospe aus. Der Strauch ist anfällig gegen Sternrußtau und nicht winterhart. Er braucht daher einen guten Winterschutz. Es ist eine hervorragende Sorte zum Schnitt.

King's Ransom

Bettina

'Gloria Dei' (Synonym in den USA 'Peace', in Frankreich 'Madame A. Meilland', in Italien 'Gioia') wurde im Jahre 1945 von der Firma Meilland herangezüchtet. In ihrem Stammbaum sind 'Joanna Hill', 'Charles P. Kilham', 'Margaret McGredy' und *R. lutea bicolor* vertreten. Der Strauch hat einen üppigen Wuchs, wird 150 cm hoch, ist sehr gesund und wetterfest. Die langen, festen Stiele tragen je 1–5 Blüten, die einen zarten Duft ausströmen. Diese Rose blüht bis lange in den Herbst hinein. Sie eignet sich ausgezeichnet zum Schnitt, als Solitärpflanze sowie für Gruppen. Sie ist eine der beliebtesten Sorten in der ganzen Welt.

'Sutter's Gold' entstand im Jahre 1950 bei der Firma Swim durch Kreuzung der Sorten 'Charlotte Armstrong' × 'Signora'. Der Strauch wächst aufrecht, etwas rutig, bis in eine Höhe von etwa 90 cm. An den dünnen Stielen sitzt oft nur eine sehr elegante Blüte mit intensivem, herrlichem Duft. Sie blüht lange, von Juni bis in den Herbst hinein. Ihre Widerstandskraft gegen Krankheiten und Frost ist gut. Sie eignet sich sehr gut zum Schnitt. Sie gehört zu den grundlegenden Sorten des Sortiments der Gärtnereien.

Gloria Dei

Sutter's Gold

'Wiener Charme' ist ein Zuchtergebnis der Firma Kordes aus dem Jahre 1963. Sie entstand durch Kreuzung der Sorten 'Goldene Sonne' × 'Chantré'. Der stark wachsende Strauch erreicht eine Höhe von 110 cm und zeichnet sich durch kräftige, lange Triebe und schöne große Blätter aus. Sie blüht in Kupferrot mit Goldton, einer neuen Farbe, die viel Aufsehen erregte. Diese Teehybride ist anfällig gegen Krankheiten und auch nicht winterhart, bedarf daher eines guten Winterschutzes. Sie muß im Frühjahr reichlich gedüngt werden. Dennoch wird diese Sorte wegen der ungewöhnlichen Blütenfarbe viel gezogen. Es ist eine gute Schnittrose.

'Piccadilly' ist ein Zuchtergebnis der Firma McGredy aus dem Jahre 1959. Sie entstand durch Kreuzung der Sorten 'McGredy's Yellow' × 'Karl Herbst'. Der Strauch ist ausladend, erreicht eine Höhe von 80 cm, blüht sehr früh reich und hat sattgrüne, glänzende Blätter. An den festen Stielen wachsen je 1–5 Knospen, die mit dem Laub schön kontrastieren. Es ist eine besonders reich blühende, farblich ins Auge fallende Sorte. Am schönsten nimmt sie sich in einer Gruppe von 3–5 Sträuchern oder in einer Kombination mit ähnlichen, zweifarbigen Sorten aus.

Wiener Charme

Piccadilly

'Brasilia' wurde im Jahre 1968 von der Firma McGredy durch Kreuzung der Sorten 'Kordes Perfecta' × 'Piccadilly' herangezüchtet. Der Strauch erreicht eine Höhe von 100 cm und zeichnet sich durch eine reiche, frischgrüne, gesunde Belaubung aus. Die scharlachroten Blüten haben eingerollte Kronblätter. Diese interessante Sorte eignet sich vor allem zum Schnitt oder für bunte Rosenbeete.

'Mitsouko' wurde im Jahre 1970 von der Firma Delbard veredelt. Diese Sorte wird etwa 70 cm hoch und hat ein sattgrünes Laub. Sie ist gesund, widerstandsfähig gegen Krankheiten, die Stiele haben sehr wenige Dornen. Sie blüht lange und reich. Die zart duftenden, eleganten Blüten stehen meist einzeln am Stiel, bei der zweiten Blüte auch zu mehreren. Sie eignet sich vor allem zum Schnitt, aber auch für bunte Rosenbeete, in denen sie durch die leuchtende Farbe und den schönen Kontrast der Blüten mit den Blättern hervorsticht.

Mitsouko

Brasilia

'Super Star' (in den USA 'Tropicana' genannt) ist ein Zuchtergebnis der Firma Tantau. Sie entstand im Jahre 1960 durch kombinierte Kreuzung (unbekannter Sämling × 'Gloria Dei') × (unbekannter Sämling × 'Alpenglühen'). Der Strauch wächst üppig, aufrecht, bis 100 cm hoch. Die einzigartige neue Farbe dieser Rose hat eine Weltsensation hervorgerufen. Der Stiel trägt manchmal nur eine Blüte, meist jedoch ganze Rispen an 30–40 cm langen Seitenstielen. Sie duftet leicht und ist sehr blühwillig. Ihre Widerstandskraft gegen ungünstige Bedingungen ist größer als bei anderen Sorten. Sie gehört zum grundlegenden Sortiment der Gartenrosen. Sie eignet sich für bunte Beete und besonders zum Schnitt.

'Herzog von Windsor' ('Duke of Windsor') wurde gleichfalls von der Firma Tantau herangezüchtet. Sie entstand durch Kreuzung der Sorten 'Spartan' × 'Montezuma' im Jahre 1969. Der etwa 80 cm hohe Strauch hat einen gesunden Wuchs, das Blatt ist dunkelgrün. Sie blüht reich mit je einer oder auch mehreren Blüten an einem Stiel. Die Blüten sind wetterfest und verbreiten einen herrlichen Duft. Die Sorte eignet sich für Gruppenanpflanzungen, kommt jedoch als Solitärpflanze gut zur Geltung.

Super Star

Herzog von Windsor

'Granada', in einigen Ländern unter dem Synonym 'Donatella' bekannt, wurde im Jahre 1963 von der Firma Lindquist herangezüchtet. Sie entstand aus einer Kreuzung der Sorten 'Tiffany' × 'Cavalcade'. Der niedrige Strauch erreicht eine Höhe von 65 cm. Das Blatt ist dunkelgrün, glänzend und bildet einen wirkungsvollen Kontrast zu den Blüten von kapuzinerroter und außen gelber Farbe. Strauch wie Blüte sind widerstandsfähig gegen Krankheiten und Witterung. Die Sorte ist sehr dekorativ für Gruppenanpflanzungen und eignet sich gut zum Schnitt.

'Tapestry' wurde im Jahre 1958 von der Firma Fisher als Kreuzung der Sorten 'Gloria Dei' × 'Mission Bells' herangezüchtet. Der ebenmäßige Strauch erreicht nur eine mittlere Höhe von 60 cm, hat eine dekorative, starke Belaubung. Die Blüten sind päonienähnlich, gold-kupfer-samtrotfarbig. An einem Stiel sitzen 1–3 Blüten, die einen angenehmen würzigen Duft verbreiten. Die Blüten sind groß und farblich besonders effektvoll. Die Sorte muß gegen Krankheiten gespritzt werden. Sie eignet sich besonders als Beetrose.

Granada

Tapestry

'Kordes Perfekta' ist eine Züchtung der Firma Kordes aus dem Jahre 1957. Sie entstand durch Kreuzung der Sorten 'Spek's Yellow' × 'Karl Herbst'. Der Strauch hat einen üppigen Wuchs, er erreicht eine Höhe von 100 cm. Die sprießenden Triebe sind rot, die Dornen rötlich und auch das Blatt ist schwach rot überlaufen. An festem, kräftigem Stiel wachsen drei bis fünf große Blüten. Diese schöne, aber empfindliche Rose duftet angenehm. Sie leidet unter feuchtem Wetter, die Blüte wird dann braun. Sie eignet sich daher nur für wärmere, regenarme Gegenden.

'Pink Peace' wurde im Jahre 1959 von der Firma Meilland veredelt. Sie ist ein hervorragender Abkömmling der berühmten 'Gloria Dei' – entstanden durch kombinierte Kreuzung von ('Gloria Dei' × 'Monique') × ('Gloria Dei' × 'Mrs. John Laing'). Der Strauch hat einen robusten, aufrechten Wuchs und erreicht eine Höhe von 100 cm. Das Blatt ist groß und bronzegrün. Der lange Stiel trägt meist nur eine Knospe, beim zweiten Blühen auch einen zweiten sekundären Trieb. Die Blüte duftet angenehm. Die Sorte blüht bis in den Herbst hinein und ist widerstandsfähig gegen Krankheiten, dagegen leidet sie unter ungünstiger Witterung.

Pink Peace

Kordes Perfekta

'Königliche Hoheit' ist ein Zuchtergebnis der Firma Swim & Weeks aus dem Jahre 1962. Sie entstand durch Kreuzung der Sorten 'Virgo' × 'Gloria Dei'. Der Strauch hat einen schlanken, gesunden Wuchs und dunkelgrüne Blätter. Sie hat klassisch schöne Blüten in Pastellrosa, lachsfarbig übertönt, die stark duften. Die Sorte ist widerstandsfähig, blüht lange und eignet sich zum Schnitt. Im Garten können wir sie auf ein im Halbschatten liegendes Beet pflanzen, da sie dort genauso gut blüht wie in der Sonne.

'Primaballerina' ist ein Zuchtergebnis der Firma Tantau aus dem Jahre 1958. Sie entstand durch Kreuzung eines unbekannten Sämlings mit der Sorte 'Gloria Dei'. Der Strauch hat einen kräftigen, aufrechten Wuchs und wird bis 90 cm hoch. Die elegant geformten Knospen wachsen an kräftigen Stielen. Die Kronblätter entfalten sich langsam und verändern ihre Farbe nicht. Die Blüten duften außerordentlich stark. Es ist eine gesunde, wetterfeste, sehr reich blühende Sorte. Die geeignetste Verwendung findet sie in einer Gruppe von drei bis fünf Sträuchern. Auch zum Schnitt eignet sie sich gut.

Königliche Hoheit

Primaballerina

'Mainzer Fastnacht' ist ein Zuchtergebnis der Firma Tantau aus dem Jahre 1965. Der leicht ausladende Strauch erreicht 70–80 cm Höhe. An dem kräftigen Stiel wächst eine große Blüte, die herrlich duftet – schon deshalb lohnt sich die Anpflanzung dieser Sorte. Sie ist widerstandsfähig gegen Krankheit, bei Regen bekommt sie unschöne Flecken. Für den Garten stellt sie eine gewisse Besonderheit dar. Sie wird auch zum Schnitt verwendet.

'Pascali' ist eine von Louis Lens im Jahre 1963 veredelte Rose. Sie entstammt einer Kreuzung der Sorten 'Queen Elizabeth' × 'White Butterfly'. Der Strauch wächst kompakt und erreicht eine Höhe von 100 cm, ist reich belaubt mit dunklem Blatt, das zu der Blütenfarbe gut kontrastiert. An einem Stiel wachsen 1–7 stark duftende, reinweiße Blüten. Es ist eine gesunde, wetterharte Sorte. Sie ist sehr blühfreudig. Sie eignet sich für bunte Rosenbeete, aber auch zum Schnitt.

Mainzer Fastnacht

Pascali

'Chrysler Imperial' ist ein Zuchtergebnis der Firma Lammerts aus dem Jahre 1952. Sie entstand durch Kreuzung der Sorten 'Charlotte Armstrong' × 'Mirandy'. Der Strauch hat einen kompakten, aufrechten Wuchs, erreicht eine Höhe von etwa 60–70 cm. Die dunklen, ledrigen Blätter weisen eine auffallend hellere Nervatur auf. An dem festen Blütenstiel, der große rote Dornen trägt, sitzen ein oder zwei stark duftende Blüten. Sie blüht reich, die Herbstblüten sind genauso schön wie die Juniblüten. Sie ist besonders wetterfest.

'John S. Armstrong' ist ein Zuchtergebnis der Firma Swim aus dem Jahre 1961. Sie entstand durch Kreuzung der Sorte 'Charlotte Armstrong' mit einem unbekannten Sämling. Diese Rose ist eine Floribundarose, wird aber wegen ihrer großen Blüten oft zu den Gartenrosen gerechnet. Sie hat einen üppigen Wuchs und wird 150 cm hoch. Sie bekommt samtig hellrote Blüten, die in Büscheln an langen Stielen wachsen. Sie eignet sich für bunte Rosenbeete oder als Gruppe von drei bis fünf Sträuchern.

Chrysler Imperial

John S. Armstrong

Kletterrosen sind eine effektvolle Zierde des Gartens und ziehen während der Blütezeit die Blicke der Vorübergehenden auf sich. Damit Kletterrosen einen schönen Wuchs bekommen, müssen wir eine Pergola oder ein geeignetes Stützgerüst anbringen. Der alljährliche Schnitt wird im Winter vorgenommen, indem die ältesten Ruten bis zum Boden abgeschnitten werden. Das junge Holz wird dann am Stützgerüst angebunden.

'Flammentanz' ist ein Zuchtergebnis der Firma Kordes aus dem Jahre 1955, eine Hybride der *Rosa rubiginosa* (*eglanteria*) × *Rosa kordesii.* Sie gehört zu den üppig wachsenden Kletterrosen, erreicht eine Höhe bis 5 m, wächst aber auch in die Breite. Der Strauch ist absolut winterhart, das sattgrüne, gesunde Blatt kontrastiert ausgezeichnet zu den feurigroten Blüten. Die Sorte blüht überreich in der zweiten Junihälfte. Die Blüten sind groß, gefüllt und duften schwach. Nach dem Verblühen bilden sie große Hagebutten. Die Triebe müssen angebunden und über die Terrasse oder Pergola gezogen werden, damit sie nicht verwildern.

'Paul's Scarlet Climber' wurde im Jahre 1916 von W. Paul durch Kreuzung der Sorten 'Paul's Carmine Pillar' × 'Soleil d'Or' herangezüchtet. Es ist eine ältere Sorte. Der Strauch hat einen sehr gesunden Wuchs, ist wetterfest und erreicht eine Höhe von 3–4 m, reichblühend, zweimal im Jahr. Die Blüten verbreiten einen starken Duft. Die Sorte wird für höhere Pergolen, Lauben, zur Berankung von Mauern sowie als Solitärpflanze für Parks und große Gärten verwendet.

Flammentanz

Paul's Scarlet Climber

'Gruß an Heidelberg', eine der schönsten Kletterrosen, ist ein Zuchtergebnis der Firma Kordes aus dem Jahre 1959. Sie entstand aus einer Kreuzung der Sorten 'Minna Kordes' × 'Floradora'. Der Strauch ist gesund, wetterfest, wird 2–3 m hoch und blüht bis in den Herbst hinein. Die Blüten sind groß, gefüllt, von edler Form, wie bei den Gartenrosen und duften angenehm. Die Sorte wird gern als freiwachsende Solitärpflanze an Rasenflächen oder in Gruppen an Zäunen, Gittern u.ä. verwendet. Die Blüten eignen sich zum Schnitt, auch wenn sie keinen allzu langen Stiel haben.

'Sympathie' ist als Spitzensorte der roten Kletterrose bisher unübertroffen, auch wenn sie bereits im Jahre 1964 von der Firma Kordes veredelt wurde. Sie gehört in die durch Kreuzung der Sorten 'Wilhelm Hausmann' × 'Don Juan' entstandene Kordesii-Gruppe. Der 3–4 m hohe Strauch wächst üppig. Das sattgrüne Blatt ist gesund, widerstandsfähig gegen Krankheiten und wetterfest. Diese Kletterrose blüht reich von Juni bis spät in den Herbst hinein. Sie duftet wie eine Wildrose. Die Herbstblüte ist besonders üppig. Wir verwenden sie als Solitärpflanze, entsprechend aufgebunden an gut sichtbaren Stellen – beim Eingang, zwischen den Fenstern u.ä. Sie ist die beste rote Rose des heutigen Sortiments.

Gruß an Heidelberg

Sympathie

'Danse des Sylphes' entstand im Jahre 1959 bei der Firma Ch. Mallerin aus einer kombinierten Kreuzung der Sorten 'Danse du Feu' × ('Gloria Dei' × 'Kordes Sondermeldung'). Der Strauch, der sich durch einen gesunden Wuchs auszeichnet, wird etwa 3 m hoch. Das Blatt ist dunkelgrün, die Blüte groß, sie steht in kugeligen Büscheln. Die erste Blütezeit ist der Juni. Die verblühten Blüten müssen abgeschnitten werden, dann blüht sie noch ein zweites Mal, aber nicht so voll. Die Blüten sind scharlachrot, im Vergleich zu anderen roten Kletterrosen blüht diese Sorte weniger. Am besten eignet sie sich als Solitärpflanze für einen Park oder einen größeren Garten. Die Triebe neigen sich im Bogen bis zur Erde. Als aufgebundener Strauch wirkt sie nicht so schön, weil sie nach allen Seiten wächst. Die Blüten eignen sich zum Schnitt sowie für Blumenarrangements.

'Golden Climber' (syn. 'Mrs. Arthur Curtis James') wurde im Jahre 1933 von der Firma Brownwell veredelt. Sie entstand aus einer Kreuzung der Sorte 'Mary Wallace' mit einem unbekannten Sämling. Sie hat einen üppigen Wuchs und wird 3–4 m hoch. Die eleganten Knospen blühen nacheinander auf, so daß der Strauch bis in den Herbst hinein ständig in Blüte steht. Die Blüten duften zart. Die Sorte ist gesund und widerstandsfähig. Sie wird zum Beranken von Pergolen, Zäunen, Laubengängen verwendet. Der Strach muß nach 5–8 Jahren verjüngt werden, dann wächst und blüht er noch viele Jahre.

Danse des Sylphes

Golden Climber

'Veilchenblau', auch unter dem Namen 'Violet Blue' bekannt, ist eine alte, wahrscheinlich sogar die erste „blaue" Rose. Sie wurde im Jahre 1909 von G. C. Schmidt durch Kreuzung der Sorten 'Crimson Rambler' × 'Souvenir de Brod' herangezüchtet. Diese wüchsige Rose wird bis 6 m hoch. Sie hat kleine, blauviolette Blüten von etwa 3 cm Durchmesser, die in dichten Dolden stehen. Sie wächst gut, ist wetterfest, leidet jedoch – wie alle kleinblütigen Kletterrosen – unter Mehltaubefall. Sie eignet sich zur Berankung von Zäunen und Pergolen, besonders aber für historische Rosarien.

'New Dawn' ist eine bekannte, wüchsige Kletterrose, die im Jahre 1930 bei der Firma Somerset Rose Nursery als Sport der Sorte 'Dr. W. van Fleet' entstand. Sie erreicht eine Höhe von 6 m und bildet einen dichten, gesunden Strauch, der reich und bis spät in den Herbst hinein blüht; nach der ersten Blüte tritt nur eine kurze Pause ein. Sie eignet sich zur Bekleidung von Wochenendhäusern, Pergolen, Zäunen oder als überhängende Rose an Terrassen, Hängen. Sie kann auch unaufgebunden solitär gepflanzt werden, beansprucht jedoch viel Raum. Schön ist sie auch als „Trauerrose"

Veilchenblau

New Dawn

Die Strauchrosen bilden mächtige Sträucher mit edlen Blüten und eignen sich als Solitärpflanzen für größere Gärten oder als blühende Naturhecken. Im Wuchs sind sie den Kletterrosen ähnlich, brauchen jedoch nicht an einem Stützgerüst aufgebunden zu werden, meist genügt es, den Strauch zusammenzubinden, damit sich die Zweige nicht unter der Blütenlast zur Erde neigen.

Eine der ältesten und berühmtesten Strauchrosen ist die Sorte 'Conrad Ferdinand Meyer'. Sie wurde im Jahre 1899 von Dr. F. Müller durch Kreuzung der *R. rugosa* x ('Gloire de Dijon' × 'Duc de Rohan') veredelt. Es ist ein außerordentlich wüchsiger, aufrechter Strauch, der eine Höhe von 2–2,50 m erreicht. Die Blüten duften herrlich, sind edelrosenförmig und stehen in festen Dolden. Sie gehört zu den öfter blühenden Sorten. Die Blütenfarbe ist reinrosa. In strengen Wintern erfriert sie. Sie eignet sich für Parks oder lebende Hecken.

'Průhonice' ist eine Strauchrose, die im Jahre 1972 in Průhonice von L. Večeřa veredelt wurde. Es ist eine Kreuzung der Sorten 'Message' × 'Eva'. Der Strauch hat einen leicht überhängenden Wuchs und erreicht eine Höhe von 180 cm. Das Blatt ist sehr gesund, die Blüten sind groß und blühen reich während der ganzen Saison. Sie stehen zu viert bis sechst in einem Blütenstand und duften angenehm. Es ist eine typische Solitärrose. Im Rasen nimmt sie sich herrlich aus. Sie eignet sich auch für lebende Hecken sowie zum Schnitt. Geschnitten werden die ganzen Blütenstände.

Conrad Ferdinand Meyer

Průhonice

'Bonn' ist eine winterharte Strauchrose der Firma Kordes. Sie entstand im Jahre 1950 durch Kreuzung der Sorten 'Hamburg' × 'Kordes Sondermeldung'. Der ebenmäßige Strauch erreicht eine Höhe von 150 cm. Die halbgefüllten, scharlachorangeroten Blüten stehen in großen Dolden, duften nur schwach und blühen von Juni bis zum Frost. Sie wird vor allem solitär, aber auch für Naturhecken verwendet.

'Cocktail' wurde im Jahre 1957 von der Firma Meilland durch Kreuzung der Sorten ('Kordes Sondermeldung' × 'Orange Triumph') × 'Phyllis Bide' herangezüchtet. Der Strauch erreicht eine Höhe von 2 m. Die einfache Blüte ist 5 cm breit. Die erste Blüte ist reich, die zweite schwächer. Sie hat einen gesunden Wuchs, leidet aber unter Mehltaubefall. Wir verwenden sie für Naturhecken oder als solitäre, kleine Gruppe.

Bonn

Cocktail

'Maigold' ist das Zuchtergebnis der Firma Kordes aus dem Jahre 1953. Sie entstand durch Kreuzung der Sorten 'Poulsen's Pink' × 'Frühlingstag'. Der sehr gesunde, ausladende Strauch erreicht eine Höhe von 2–2,5 m und eine Breite von 3 m. Die Rose blüht reich, leuchtend goldgelb mit Kupferton und duftet stark. Sie blüht sehr früh und im Herbst erneut. Sie eignet sich für Parks, in Gärten vor allem als Solitärrose inmitten einer Rasenfläche. Ihr besonderer Effekt beruht auf der bei Strauchrosen ungewöhnlichen Färbung der Blüten.

'Frühlingsmorgen' wurde gleichfalls von der Firma Kordes veredelt. Sie entstand im Jahre 1942 durch Kreuzung der Sorten 'E. G. Hill'-Sämling × *Rosa spinosissima altaica*. Der etwa 1,5 m hohe Strauch ist wetterfest, jedoch anfällig gegen Mehltau. Die Blüte ist karminrosa, einfach. Sie blüht in der Regel einmal, nur in besonders günstigen Sommern ein zweites Mal weniger reich Anfang September. Es ist eine interessante, unter Liebhabern gefragte Sorte.

Maigold

Frühlingsmorgen

'Nevada' wurde im Jahre 1927 von der Firma P. Dot durch Kreuzung von *R. moyesii*-Sämling × 'Frau Karl Druschki'-Sämling 'La Girala' herangezüchtet. Der Strauch hat einen kräftigen Wuchs, erreicht eine Höhe von 2 m. Die langen Triebe sind von hellgrünem Laub und Blüten eingehüllt, die Knospen sind rosa getönt, die duftlosen einfachen, großen Blüten nach der Entfaltung cremeweiß. Die erste Blüte ist reich, am Ende des Sommers blüht sie noch einmal, allerdings weniger. Diese Sorte eignet sich als Solitär auf Parkrasenflächen und als Naturhecke.

'Händel' ist ein Zuchtergebnis der Firma McGredy IV aus dem Jahre 1965 und entstand durch Kreuzung der Sorten 'Columbine' × 'Gruß an Heidelberg'. Der Strauch hat einen üppigen Wuchs, erreicht eine Höhe von 2–3 m und verzweigt sich reich. Das Laub ist glänzend, olivgrün und steht in schönem Kontrast zu den aparten, edel geformten Blüten, deren kaum duftende Dolden an 20–30 cm langen Trieben sitzen. Bei der Blüte ist der Strauch mit cremefarbenen, an den Rändern kirschroten Blüten übersät. Diese wetterfeste Sorte ist widerstandsfähig gegen Krankheiten. Sie eignet sich vor allem zur solitären Anpflanzung im Garten. Der Strauch muß zusammengebunden werden, da sich die langen Triebe sonst bis zum Boden neigen. Er eignet sich für lebende Hecken und auch zum Schnitt.

Nevada

Händel

Unter den Rosen gibt es einige alte Sorten, die bis heute nicht vergessen sind. Sie waren zu ihrer Zeit hervorragend und spielten in der Entwicklung der Rosenzucht eine bedeutende Rolle. Wir wollen hier vier von ihnen nennen.

'Maréchal Niel' züchtete der Gärtner Pradel im Jahre 1864. Ihre Herkunft is unklar. Alle Sämlinge dieser Kreuzung blühten im folgenden Jahre auf, nur einer war blütenlos und hatte einen kletternden Wuchs. Er wurde ins Treibhaus gebracht, wo er viele herrliche Blüten trieb. Es handelt sich also um eine Kletterrose, die 3–8 m Höhe erreicht und nur für Gewächshäuser geeignet ist. Im Freiland erfriert sie. Besonders reich blüht sie im Herbst. Sie hat Teerosenduft. Die Triebe sind schwach und zart, die Dornen scharf und gekrümmt. Diese Rose ist bis zum heutigen Tag eine Zierde und der Stolz der Gewächshäuser vieler Rosenliebhaber.

'Frau Karl Druschki' züchtete P. Lambert im Jahre 1901 durch Kreuzung der Sorten 'Merveille de Lyon' × 'Mme. Caroline Testout'. Damals war sie viele Jahre die populärste Rose. Sie ist die erste, reinweiße, remontante, von einigen Autoren bereits als Teehybride angeführte Rose. Der Strauch hat einen üppigen Wuchs, wird 1,5–3 m hoch, ist sehr gesund und widerstandsfähig. Die geruchslosen Blüten sind bis 15 cm breit, die schlanken Knospen an der Spitze leicht rosa getönt. Sie wird bis heute in den größeren Gärten und Parks der ganzen Welt, auch zum Schnitt, gezüchtet.

Frau Karl Druschki

Maréchal Niel

'Mrs. John Laing' wurde im Jahre 1887 von H. Bennett veredelt. Es handelt sich um einen Sämling der Sorte 'François Michelon'. Der Strauch wächst üppig, ausladend, erreicht eine Höhe von 2 m, die rosaroten Blüten stehen einzeln an dünnen, überhängenden Trieben; sie duften stark. Die Pflanze leidet unter Mehltaubefall. Sie wird heute nur noch vereinzelt in älteren Parks gezüchtet.

'Souvenir de la Malmaison' wurde im Jahre 1834 von J. Béluze veredelt. Ihre Abkunft ist nicht ganz geklärt, man weiß lediglich, daß die Sorte 'Madame Deprez' ihre Mutter war. In dieser Rose ist immer noch die Erinnerung an den Garten der Kaiserin Josephine, der ersten Gemahlin Napoleons I., in Malmaison lebendig, wo der Meistergärtner Dupont 167 verschiedene Sorten der *Rosa gallica* züchtete. Die großen, zartrosa Blüten stehen zu 1–4 an fast dornenlosen Stielen. Diese Rose duftet stark und behält ihre Farbe unverändert. Sie blüht besonders reich im Herbst. Sie wird heute nur noch sehr selten gepflanzt.

Mrs. John Laing

Souvenir de la Malmaison

BOTANISCHE ROSEN

Am Schluß des Kapitels Rosen führen wir sechs bekannte botanische Rosen an, die in Parks und großen Gärten noch immer gezogen werden und als interessante Beispiele auch die Hagebutten einiger botanischer Arten.

Rosa centifolia muscosa, die Moosrose, ist eine bis heute beliebte und gefragte botanische Rose. Sie ist seit dem Jahre 1757 bekannt und entstand wahrscheinlich als Sport von *Rosa centifolia*. Es ist ein etwa 1,5 m hoher Strauch, der anfangs aufrecht wächst und später auseinanderfällt. Die Triebe sind dünn, elastisch. Die Blüten wachsen in kleinen Dolden an kurzen, aus dem vorjährigen Holz sprießenden Schoßreisern. Die duftende Blüte entfaltet sich Anfang Juni, sie blüht nur einmal. Kelchblätter, Stiele sowie ein Teil der Blätter sind bemoost, daher der Name. Sie ist abgehärtet, eignet sich für Naturparks und wird viel bei Wochenendhäusern und in Bäuernhäusern gepflanzt. Sie läßt sich gut mit Kletterrosen kombinieren.

Rosa foetida bicolor (*R. lutea bicolor*), die Kapuzinerrose Frankreichs, in England als 'Austrian Copper' bekannt, ist eine uralte, aus den Ländern des Nahen Ostens stammende Rose, die schon im 13. Jahrhundert nach Europa kam, aber erst seit 1590 in England gezüchtet wurde. Sie ist ein Sport der *Rosa foetida*. Die Triebe des 1,5–2 m hohen Strauches sind zart, mit dunkelkastanienbrauner Rinde und helleren Dornen. Die duftenden zweifarbigen Blüten entfalten sich in der letzten Maiwoche, sie remontiert nicht. Sehr abgehärtet, wird sie schon jahrhundertelang als Parkrose gezogen und fehlt selbst in modernen Parkanlagen nicht. Während der Blütezeit ist sie sehr effektvoll, besonders in Gruppen von drei bis fünf Sträuchern in einer Rasenfläche.

Rosa centifolia muscosa

Rosa foetida bicolor

Rosa gallica, die Essigrose, eine niedrige Rose, gehört zu den ältesten Rosen; ihre Heimat ist Mittel- und Südeuropa und Westasien, wo sie noch heute wild wächst, besonders an warmen Kalksteinhängen. In Gärten wird sie etwa seit dem Jahre 1500 gezüchtet. Der Strauch wird nur 1 m hoch und treibt selbst Ausläufer. Die Triebe sind rötlich, die Blätter dunkelgrün, die Blüte ist groß, karminrot und reich gefüllt. Sie erblüht einzeln Ende Mai und remontiert nicht. Später trägt sie hellrote Hagebutten. Sie ist abgehärtet.

Rosa moyesii stammt aus Mittel- und Westchina und wurde 1903 nach Europa gebracht. Sie wird bis 3 m hoch, hat elastische Triebe und spärliche Dornen. Die geruchlosen, einfachen Blüten entfalten sich in der ersten Junihälfte und sitzen einzeln am Strauch. Sie remontiert nicht. Es ist eine sehr abgehärtete, mehr für Parkanlagen geeignete Wildrose; für den Garten ist sie zu robust.

Rosa gallica

Rosa moyesii

Rosa hugonis stammt aus China und wurde 1899 in Europa eingeführt. Sie ist ein 2,5–3 m hoher ausladender Strauch, der auf den ersten Blick gar nicht wie ein Rosenstrauch aussieht. Sie blüht schon Anfang Mai. Die durchschnittliche Blütengröße beträgt etwa 5 cm; sie ist geruchlos. Während der Blütezeit ist der Strauch mit gelben Blüten übersät und wird von Hunderten von Bienen umsummt. Gesund und winterhart, ist sie eine für Parks und größere Gärten geeignete Wildrose, am besten als Solitärpflanze.

Rosa omeiensis pteracantha stammt aus Mittelchina und wurde im Jahre 1890 in Europa eingeführt. Das interessanteste an diesem ausladenden, 2,50 m hohen Strauch sind die schönen breitflügeligen Dornen. Er ist gesund, allerdings weniger abgehärtet. Die Blüten sind klein, nur 2,5–3 cm breit und duften nicht. Im Herbst häufeln wir den Strauch an; wenn er erfriert, wachsen von unten neue Triebe nach. Wir finden ihn hauptsächlich solitär gepflanzt in größeren Parks, auch für höhere Naturhecken verwendbar.

Rosa hugonis

Rosa omeiensis pleracantha

Abschließend wollen wir uns noch mit den Hagebutten einiger häufig gezogener Wildrosen bekannt machen, die sich bei den verschiedenen Arten und Sorten der Rosen in Größe, Form und Farbe unterscheiden und daher ein wichtiges Bestimmungsmerkmal, besonders bei den botanischen Rosen, abgeben.

Rosa rugosa, die Kartoffelrose, auch unter der Bezeichnung Japanische Apfelrose bekannt, bringt große runde Hagebutten hervor. Der Strauch erreicht eine Höhe von 60–150 cm, die Blätter ähneln der Kartoffel, die Blüte ist 9 cm breit, purpurrot oder weiß. Sie ist abgehärtet, verträgt auch sauren Boden. Von dieser Rose wurden zahlreiche Sorten veredelt.

Rosa multiflora hat kleine, zu korallenähnlichen Trauben zusammensitzende Hagebutten. Der Strauch erreicht eine Höhe bis zu 2 m.

Rosa canina, die Hundsrose, ist die meistverbreitete Veredelungsunterlage für Edelrosen. Es gibt viele Formen, daher unterscheiden sich auch die Hagebutten. Der Strauch erreicht eine Höhe von 2–3 m, wächst in ganz Europa wild und ist sehr abgehärtet. Die Blüte ist hellrosa bis weißlich.

Rosa villosa (syn. *R. pomifera*), die sogenannte Apfelrose, besitzt borstige Hagebutten, die zum Einmachen verwendet werden. Der nahezu dornenlose Strauch wird 2 m hoch. Die Blüte ist rosa.

Rosa pimpinellifolia (syn. *R. spinosissima*) ist durch besonders eigenartige, in Vollreife schwarze Hagebutten gekennzeichnet. Ihr niedriger, kleiner, nur 0,5 bis 1 m hoher, sehr dorniger Strauch wächst in zusammenhängenden Beständen, da er sich durch unterirdische Triebe ausbreitet. Die Blüten sind etwa 6 cm breit, weißlichgelb bis weiß.

Rosa moyesii, die wir auf der vorhergehenden Doppelseite näher beschrieben haben, hat längliche, birnenförmige Hagebutten.

Rosa rugosa (a), *Rosa multiflora* (b), *Rosa canina* (c)

Rosa villosa (a), *Rosa pimpinellifolia* (b), *Rosa moyesii* (c)

ZWIEBELBLUMEN

Die Zwiebelpflanzen stammen aus Regionen, wo der Sommer zu heiß und trocken oder die Vegetationsperiode zu kurz ist. Ein klassisches Beispiel für das Verhalten der Zwiebelblumen ist das Schneeglöckchen, das in der freien Natur unter Bäumen und Sträuchern wächst. Es blüht zu einer Zeit, da diese noch unbelaubt sind, und zieht ein, wenn sie grün werden und die Sonnenstrahlen nicht mehr durchlassen. Auch alle anderen Zwiebelblumen verschwinden nach kurzer Vegetationsperiode. Die Zwiebel ruht in der Erde aus, um im nächsten Frühjahr neue Blüten zu treiben.
Zwiebelblumen sind farbige Boten des Frühlings. Ihre Schönheit bleibt jedoch nicht nur auf das Frühjahr beschränkt. Bei einer umsichtigen Auswahl des Sortiments blühen sie fast das ganze Jahr, wenn wir die im Winter blühenden, vorgetriebenen Narzissen und Tulpen dazurechnen. In den Garten setzen wir nur Zwiebeln aus, da eine Vermehrung aus Samen zu kompliziert und langwierig ist. Die vegetative Vermehrung (Stecklinge, Ausläufer usw.) wird fast nicht praktiziert, nur einige Lilien werden durch Zwiebelschuppen vermehrt. Die Blüte entzieht während der Vegetationsperiode der Zwiebel sämtliche Vorratsstoffe, so daß die ursprünglich ausgepflanzte Zwiebel bei der Mehrzahl der Arten fast ganz verschwindet und an ihrer Statt eine neue wächst, die im nächsten Jahr ausgepflanzt werden kann. Wenn sie im Boden bleibt, wächst eine neue Pflanze aus ihr. Neben ihr wachsen einige kleine sog. Tochterzwiebeln, die sich zur weiteren Vermehrung verwenden lassen. Blühfähig werden diese Zwiebeln erst nach einigen Jahren. Der Blütenkeim wird schon nach der Ernte, zur Zeit der Vegetationsruhe, in der Zwiebel ausgebildet. Aus jeder gesunden Zwiebel sprießt eine neue Pflanze, jedoch nur große und kräftige Zwiebeln bilden eine Blüte aus.
Die Zucht der Zwiebelblumen ist einfach. Tulpen werden von September bis Oktober gepflanzt und sollten nach einigen Jahren umgesetzt werden.
Narzissen werden im August gepflanzt, soweit möglich mit den Wurzeln, und drei bis fünf Jahre am selben Ort belassen, damit sie schöne Büsche bilden.
Lilien pflanzen wir im Herbst und lassen sie mehrere Jahre im Boden, sie müssen sich in der Erde „eingewöhnen". Die kleinen Zwiebelblumen lassen wir länger im Boden. Wir jäten, gießen, düngen die Blumen und lassen die Zwiebel nach dem Verblühen ruhen.
Da beinahe alle im Frühjahr blühenden Zwiebelpflanzen nach der Blüte ihre Blätter einziehen, müssen die leeren Plätze oder Beete durch eine Nachpflanzung mit Sommerblumen gefüllt werden. Dieses sollte man im Herbst, beim Setzen der Zwiebeln, berücksichtigen. Kleinere Zwiebelpflanzen, wie Schneeglöckchen, Scilla und Traubenhyazinthen, pflanzt man unter Bäume oder Sträucher und läßt sie im Boden. Dort können sie ungestört ausruhen.
Nur robuste Zwiebelblumen können wir in Steingärten pflanzen, wenn die Polster nicht zu dicht sind und mit ihrem Wurzelwerk alle Niederschläge abfangen und für sich nutzen. Wenn diese Polster dann noch an einem sonnigen, trockenen Standort stehen, der ihnen besonders zusagt, dann werden die dort gesteckten Zwiebelblumen nicht gedeihen. In den anderen Beeten setzen wir zwischen die verblühten Zwiebelblumen vorgezogene oder gekaufte Sommerblumen. Die Pflanzen können dann heranwachsen und die Zwiebelblumen die Blätter einziehen.
Krokusse sehen im Rasen herrlich aus, aber sie halten sich nicht sehr lange, da ein gut gepflegter Rasen sehr dicht ist und die Zwiebelblumen ganz einfach verhungern. Sie müssen daher ständig erneuert werden. Ein weiterer Nachteil ist, daß wir den Rasen erst nach dem Absterben der Blätter der Zwiebelblumen mähen können. Die Blätter sind sehr wichtige Organe der Pflanzen und dürfen nicht vorzeitig beseitigt werden, da sonst die Pflanze stark geschwächt wird.
Tulpen, Narzissen und Hyazinthen pflanzen wir in Rabatten, wobei oft mit Stiefmütterchen, Vergißmeinnicht oder Tausendschön kombiniert wird. So schaffen wir wunderbare Farbkombinationen, die sehr effektvoll sind. Nach dem Verblühen müssen wir die Blätter verwelken lassen, damit die Kraft in die Zwiebeln einziehen kann. Nur so kommt im nächsten Jahr eine neue Blüte, gleich ob wir sie umsetzen oder im Boden lassen. Wenn wir die Blätter vorzeitig entfernen, werden die Zwiebeln wertlos.
Tulpen und andere Zwiebelblumen sollte man nicht zwischen Rosen setzen, da es die Arbeit erschwert. Beim Umgraben der Rosen werden die Zwiebeln beschädigt, und wenn wir die Rosen vor dem Winter mit Erdreich anhäufeln, kommen die Zwiebeln zu tief in die Erde. Auch das Jäten eines solchen Beetes ist beschwerlich und die verwelkenden Blätter sehen nicht gut aus.
Wir beginnen mit der wichtigsten Gattung der Zwiebelblumen – den **Tulpen** – *Tulipa*.
Das Angebot der Gartentulpen ist riesengroß. Es sind einige tausend Sorten auf dem Markt, die nach Eigenschaften und Verwendungsmöglichkeiten in Gruppen eingeteilt werden. Diese sind: 1. Einfache frühe Tulpen, 2. Gefüllte frühe Tulpen, 3. Mendeltulpen, 4. Triumph-Tulpen, 5. Darwintulpen, 6. Darwin-Hybriden, 7. Einfache späte Tulpen (sog. 'Cottage'-Tulpen), 8. Gefüllte späte Tulpen, 9. Lilienblütige Tulpen, 10. Papagei-Tulpen, 11. Breeder-Tulpen. 12. Rembrandttulpen.

Die **Gefüllten frühen Tulpen** erreichen, ebenso wie die Einfachen frühen Tulpen, eine Höhe bis zu 30 cm, sie blühen schon Mitte April. Sie eignen sich für einfarbige wie bunte Rabatten. Die Blüten sind gefüllt, unregelmäßig angeordnet und sitzen an kräftigen Stengeln. Die Sorten haben verschiedene Farben, z.B. 'Elektra' – rosa, 'Mr. van der Hoef' – gelb, 'Boule de Neige' – weiß, 'Bonanza' – rot mit gelbem Saum. Schön ist auch die abgebildete Sorte 'Red Blossom', die, wie die meisten Sorten dieser Gruppe, von der alten Sorte 'Murillo' abstammt.

Die **Triumph-Tulpen** sind aus Kreuzungen von Einfachen frühen Tulpen mit Einfachen späten Tulpen hervorgegangen. Sie sind sehr gut zum Schnitt und zum Vortreiben geeignet. Sie erreichen eine Höhe von 30–50 cm, blühen Ende April und Anfang Mai und haben kräftige, unbiegsame Stengel und feste, große Blüten in einer breiten Farbskala. Die meistgezüchteten Sorten sind: 'Bandoeng' – mahagonirot, 'Pax' – weiß, 'Niagara' – gelb, 'Olaf' – scharlachrot, 'Edith Eddy' – karminrot mit weißem Saum, 'Princess Beatrix' – rot mit Goldsaum. Die abgebildete Sorte gehört in das neuere Sortiment, sie heißt 'Klipfontein'.

Gruppe Triumph, Sorte 'Klipfontein'

Tulipa – Gruppe Frühe Gefüllte, Sorte 'Red Blossom'

Die **Darwintulpen** sind sehr beliebt und werden viel gepflanzt. Sie erreichen eine Höhe von 50–70 cm und blühen in der ersten Maihälfte. Sie haben große Blüten und kräftige Stengel und werden deshalb gern zum Schnitt verwendet. Sehr schön wirken sie auf einem Beet in größeren oder kleineren Gruppen von einer Farbe. Diese Gruppe umfaßt viele schöne Sorten, wie z.B. 'Allard Pierson' – rotbraun, 'Demeter' – violettblau, 'Mamasa' – gelb, 'Clara Butt' – lachsrosa, 'Rose Copland' – lilarosa, 'Zwanenburg' – weiß, 'Niphetos' – gelb. Abgebildet sind die Sorten: 'Abe Lenstra' – sattrosa, 'Queen of Bartigons' – zartrosa, 'Queen of Night' – dunkelsamtbraun.

Die **Darwin-Hybriden** sind, ebenso wie die Darwintulpen, eine moderne Gruppe. Sie blühen jedoch früher – in der zweiten Aprilhälfte, haben kräftige Stengel und sehr große Blüten. Sie erreichen eine Höhe bis 100 cm. Am schönsten sehen größere Gruppen von einer Sorte aus. Sie eignen sich ausgezeichnet zum Schnitt. Interessante Sorten sind: 'Apeldoorn' – hellrot, 'Golden Apeldoorn' – gelb, 'Deutschland' – rot, 'Oxford' – purpurrot, 'Red Matador' – karminrot, 'Holland Glory' – orange-scharlachrot.
Eine schöne Vertreterin dieser Gruppe ist die Sorte 'Chudoshnik' mit großen, breiten, ovalen Blüten.

Gruppe Darwin, Sorten 'Abe Lenstra' (sattrosa), 'Queen of Bartigons' (zartrosa), 'Queen of Night' (dunkelbraun)

Tulipa – Gruppe Darwin Hybriden, Sorte 'Chudoshnik'

Die sehr interessanten gefransten Tulpen zeichnen sich durch schöngefärbte Blüten mit gefranstem Rand aus. Es gibt davon nur einige Sorten, so daß sie keine selbständige Gruppe bilden und meist den Darwintulpen oder den Einfachen späten 'Cottage' Tulpen zugezählt werden. Sie eignen sich besonders gut zum Schnitt, da sie ungemein dekorativ sind und sich in der Vase lange halten. Auf der Abbildung sehen wir die Sorten: 'Swan Wings' – reinweiß, mit länglichen, leicht geöffneten Blüten und zart gefranstem Rand, die in die Gruppe der Darwintulpen eingereiht wird, 'Burns' – rosa mit dicht gefranstem Rand, die der Gruppe der Einfachen späten Tulpen zugerechnet wird, 'Blue Heron' ist eine neue Sorte aus der Gruppe der Darwintulpen. Die Farbe der Blüte ist violett, die gefransten Ränder der breiten Blütenblätter sind heller.

Die **Papageitulpen** sind 35–60 cm hoch. Sie blühen von Anfang bis Ende Mai. Bei den Gartenfreunden sind sie wegen ihrer großen, bizarr gefransten und gefärbten Blüten beliebt. Ihr Nachteil sind die schwachen Stengel. Sie eignen sich zum Schnitt. Ein schöner Vertreter dieser Gruppe ist die abgebildete Sorte 'Fantasy', die aus der Darwintulpensorte 'Clara Butt' entstanden ist. Sie ist 55 cm hoch und hat einen festen Stengel und 12 cm große Blüten mit länglichen, gekerbten, stellenweise eingschnittenen Kronblättern. Interessant sind ferner die Sorten 'Black Parrot' – mit fast schwarzer Blüte, 'Blue Parrot' – violett, 'Miss Kay' – braunrot, 'Orange Favorite' – orange, 'Texas Gold' – dunkelgelb.

Tulipa – Gefranste Tulpen, Sorten 'Swan Wings' (weiß), 'Burns' (rosa), 'Blue Heron' (violett)

Papagaitulpen, Sorte 'Fantasy'

Zu den **Gefüllten späten Tulpen** gehören auch die päonienblütigen. Sie sind 40–60 cm hoch und blühen in der zweiten Maihälfte. Sie haben große, dichtgefüllte Blüten, eignen sich ausgezeichnet zum Schnitt und für Gruppenanpflanzungen auf Beeten. Von den Sorten sind interessant: 'Porthos' – hellrot, 'Gerbrandt Kieft' – karminrot mit weißem Rand, 'Coxa' – orangerot mit gelbem Rand, 'Eros' – altrosa, 'Gold Medal' – gelb, 'Orange Triumph' – orangerot mit gelbem Saum, 'Mount Tacoma' – weiß mit grüner Äderung.

Die **Lilienblütigen Tulpen** sind 40–60 cm hoch und blühen erst Ende Mai. Diese moderne Gruppe erfreut sich wegen ihrer schlanken Knospen und eleganten Blüten mit den schmalen, zurückgebogenen Blütenblättern großer Beliebtheit. Sie eignen sich für bunte Blumenbeete, aber auch zum Schnitt.
Die Abbildung zeigt die Sorten 'Burgundy' und 'West Point'. Weitere interessante Sorten sind: 'Aladin' – rote Blüte mit gelbem Rand, 'Red Shine' – karminrot, 'Chine Pink' – hellrosa, 'White Triumphator' – weiß, 'Alaska' – goldgelbe Blüte.

Gruppe Lilienblütige, Sorten 'Burgundy' (violett), 'West Point' (gelb)

Tulipa – Gruppe Späte Gefüllte, Sorte 'Lilac Perfektion'

Tulipa fosteriana ist die wichtigste der botanischen Tulpen, die an Schönheit viele Gartenformen übertrifft. Die Blüten der Stammart sind feuerrot, sehr breit, die Scheibe im Innern ist schwarz, gelbgesäumt. Die Art ist 35–40 cm hoch und blüht bereits Mitte April. Die *Fosteriana*-Hybriden werden in vielen Farben im Handel angeboten. Die bekanntesten Sorten sind: 'Red Emperor', bis 50 cm hoch, zinoberrot, die Blüten sind größer als bei der Stammart. Für den Steingarten eignet sich die Sorte 'Princeps', 20–25 cm hoch, die eine Woche später aufblüht. Zu den beliebtesten Sorten gehören: 'Albas', 'Cantata', 'Feu Superbe', 'Pinkeen', 'Purissima', 'Rockery Beauty'.

Tulipa greigii gehört in die Gruppe der botanischen Tulpen, eine umfangreiche Gruppe von Arten, die größtenteils aus den Steppen Mittelasiens stammen. *T. greigii* wird in ihrer ursprünglichen Form nicht im Garten genommen. Die durch Kreuzung entstandenen Hybriden haben auch die breiten, gewellten, in Längsrichtung mit braunen Flecken überzogenen Blätter. Sie sind 15–30 cm hoch und blühen Anfang Mai.
Die Blüten der Stammart sind groß, elegant, purpur-scharlachrot, mit einer schwarzen, gelbgesäumten Scheibe am Kelchgrund. In den letzten Jahren wurden viele schöne *Greigii*-Hybriden-Sorten gezüchtet, die in zahlreichen Schattierungen von Gelb, Orange, Scharlachrot bis Rosa und Lachsrosa angeboten werden. Die bedeutendsten von ihnen sind: 'Cape Cod', 'Jessica', 'Margaret Herbst', 'Oratorie', 'Oriental Splendour', 'Pandour', 'Perlina', 'Plaisir', 'Red Riding Hood', 'Yellow Dawn' und 'Zampa'. Während der Reifezeit der Zwiebel brauchen sie Trockenheit und Wärme.

Tulipa fosteriana, Sorten 'Albas' (weiß), 'Cantata' (rot)

Tulipa greigii, Sorte 'Jessica'

Tulipa eichleri hat einen 30–40 cm hohen Stengel, eine große, breite hellrote Blüte mit schwarzer, gelbgesäumter Scheibe. Sie blüht in der zweiten Aprilhälfte. Ihre schmalen Blätter sind häufig länger als der Stengel. Sie verlangt einen sonnigen, warmen Standort und verträgt im Winter keinen durchnäßten Boden. Die Zwiebeln sind verhältnismäßig groß. Meist wird noch die botanische Stammart gezüchtet, immer größere Verbreitung finden jedoch die veredelten Sorten, die sie an Schönheit übertreffen.

Tulipa kaufmanniana und ihre Hybriden ist eine weitere wichtige Gruppe der botanischen Tulpen. Sie ist niedrig – bis 25 cm hoch und die Außenblätter haben eine graugrüne Farbe, bei einigen Hybriden mit braunpurpurner Zeichnung. Sie blüht schon Ende März. Die Stammart blüht mit rosa und gelben Schattierungen an der Außenseite. Von ihr wurden die Kaufmanniana-Hybriden in den Farbtönen Gelb, Orange und Rot gezüchtet, wie die Sorten: 'Alfred Cortot', 'Berlioz', 'Brilliant', 'César Franck', 'Fritz Kreisler', 'Heart's Delight', 'Johann Strauß', 'Josef Kafka', 'Scarlet Elegance', 'Solanus', 'Stresa', 'The First', 'Vivaldi', 'Shakespeare', 'Corona' und 'Ancilla'.

Tulipa eichleri

Tulipa kaufmanniana, Sorten 'Shakespeare' (orange), 'Corona' (gelb), 'Ancilla' (rotweiß)

TULPEN

Tulipa tarda (*T. dasystemon*) ist die bekannteste, niedrige, botanische Tulpe. Sie wird nur 10–15 cm hoch. Aus der bodennahen Blattrosette wachsen 3–8 schneeweiße, sternförmige Blüten mit gelben Streifen hervor. An der Außenseite sind die Blütenblätter graugrün gefärbt. Sie blüht in der zweiten Aprilhälfte und eignet sich besonders für den Steingarten.

Die **Traubenhyazinthe** – *Muscari armeniacum* – ist eine sehr bekannte und beliebte kleine Zweibelblume, die in keinem Garten fehlen darf. In einer Kombination mit gelben Narzissen wirken die blauen Bestände der Traubenhyazinthen im Frühjahr zauberhaft. Es ist eine anspruchslose Blume, die in jedem Garten gedeiht; sie vermehrt sich größtenteils selbst, trotzdem ist es gut, die Zwiebeln von Zeit zu Zeit zu versetzen. Es gibt viele Arten, niedrige und höhere, in verschiedenen Blauschattierungen; einige blühen auch weiß. *Muscari comosum* wird wesentlich höher, bis 50 cm. Im Handel ist vorwiegend die Sorte 'Plumosum'. Sie blüht von Mai–Juni. Diese Pflanze bildet eigenartige, federbuschähnliche, lila Blütenstände aus.

Tulipa tarda

TRAUBENHYAZINTHE

Brimeura amethystina (syn. *Hyacinthus amethystinus*) ist 25 cm hoch, mit schmalen, linealischen Blättern und blauen Blüten. Sie ist eine der schönsten, im zeitigen Frühjahr blühenden Zwiebelblumen. Es gibt auch eine weiße Form. Sie kommt in den Pyrenäen vor.

Brimeura amethystina

Muscari armeniacum

HYAZINTHE

Die **Hyazinthe** – *Hyacinthus orientalis* – ist eine herrliche Frühjahrsblume. Verwendung findet sie in Beeten oder im Steingarten, besonders in kleinen Gruppen einer Sorte oder Farbe. Sie eignet sich auch zur Bepflanzung von Schalen sowie zum Schnitt. Oft verwendet man die Hyazinthen auch zum Vortreiben. Die Freilandpflanzung und die Bedingungen sind im wesentlichen die gleichen wie bei den Tulpen: leichter Boden, sonniger Standort, Auspflanzung im Oktober, Blütezeit April. Eine Besonderheit der Hyazinthen ist es, daß sich die Zwiebeln, zum Unterschied von den Tulpen, nicht jedes Jahr erneuern, sondern durch Ausbildung weiterer Schalen wachsen. Entweder man läßt die Zwiebeln nach dem Verblühen im Boden, dann blühen sie im folgenden Jahr von neuem, mit Blüten, die von Jahr zu Jahr kleiner werden, bis sie nach 4–5 Jahren ausbleiben. Eine große Blüte und eine möglichst lange Blütezeit erzielen wir nur durch hohe Düngung. Man setzt sie tiefer als die Tulpen, 18–25 cm, je nach der Bodenart. Im 18. Jahrhundert wurden in Holland gefüllte Formen von Hyazinthen veredelt, deren Zucht im 19. Jahrhundert große Mode war. Heute hat ihre Beliebtheit nachgelassen. Abgebildet sind drei alte, immer noch viel gezüchtete Sorten: 'Lady Derby' (rosa), 'Jan Bos' (rot) und 'Preadnought' (blau).

Hyacinthus orientalis, Sorte 'Preadnought'

Hyacinthus orientalis, Sorten 'Lady Derby' (rosa), 'Jan Bos' (rot)

NARZISSEN

Die **Narzisse** – *Narcissus* – ist mit ihren leuchtenden Farben ein Symbol des Frühlings. Wir pflanzen Narzissen in kleineren Gruppen, um so einen besonderen Farbeffekt zu erzielen, besonders vor dunklen Nadelgehölzen, mit denen sie farblich sehr schön kontrastieren. Man kann sie aber auch in ein buntes Blumenbeet setzen. Herrlich sind niedrige Narzissensorten im Steingarten, in Gesellschaft niedriger, flachwurzelnder Steingartenpflanzen. Narzissen gehören zu den dankbarsten Schnittblumen; sie eignen sich auch zum Vortreiben. Die Zwiebeln sind frostempfindlich, deshalb decken wir sie im ersten Jahr nach der Auspflanzung mit Fichtenreisig oder einer 5 cm hohen Torfschicht ab. Die Gartennarzissen werden nach der Blütenform in 10 Gruppen unterschieden, von denen einige – nach der Blütenfarbe – noch in Untergruppen geteilt sind.

Die erste Gruppe bilden die **Trompeten-Narzissen**. Sie umfassen die Sorten mit einer Blüte am Hohlschaft und einer Nebenkrone, die ebenso lang oder länger ist als die Blütenblätter. Sie sind etwa 40 cm hoch. Von den zahlreichen Sorten sind auf der Seite 96 abgebildet: 'Beersheba' – reinweiß mit langer Nebenkrone und Blütenblättern, 'Content' – mit hellgelber Nebenkrone und weißen Blütenblättern, 'Preamble' – mit langer zitronengelber Nebenkrone und reinweißen Blütenblättern.

Die zweite Gruppe sind die **Langkronigen Narzissen**, die eine Höhe von 40 cm erreichen, auch Bechernarzissen mit großem Becher genannt. Von den vielen Sorten haben wir 'Easter Bonner' mit geringfügig gewellten Blütenblättern und einer Nebenkrone mit ausdrucksvollem, gefranstem Rand abgebildet. Die Blütenblätter sind weiß, die Nebenkrone blaß orange, mit lachsrosa Rand. 'Polindra' hat glatte weiße Blütenblätter und eine gelbe Nebenkrone mit einem unwesentlich dunkleren Rand.

Langkronige Narzissen, Sorten 'Easter Bonnet' (weiß und orange), 'Polindra' (weiß und gelb)

Gefüllte Narzissen, Sorte 'Hollandia' (orange und gelb), 'Golden Castle' (weiß und gelb)

Die dritte Gruppe, die **Kurzkronigen Narzissen** sind 30–40 cm hoch und haben eine tellerförmige Nebenkrone. Sie werden auch Bechernarzissen mit kleinem Becher genannt. Abgebildet sind: 'Belisana' – mit ovalen, weißen Blütenblättern und einer stark gewellten, gelben Nebenkrone mit breitem orangefarbenem Rand. 'Signal Light' – mit ovalen, zugespitzen, weißen Blütenblättern und einer blaß orangefarbenen, am Rande schwach gewellten Nebenkrone.
Die vierte Gruppe, die **Gefüllten Narzissen** werden vor allem von den Gärtnern zum Treiben verwendet, für Beete sind sie nicht geeignet, da sich die schweren Blüten zu Boden neigen und abknicken, besonders nach dem Regen. Die dargestellten Sorten sind: 'Golden Castle' – mit weißen äußeren und hellgelben inneren Blütenblättern, 'Hollandia' – mit einer schönen doppelten, orangefarbenen Nebenkrone und blaßgelben Blütenblättern.

Trompetennarzissen, Sorten 'Beersheba' (reinweiß), 'Content' (blaßgelb und rahmweiß), 'Preamble' (zitronengelb und reinweiß)

Kurzkronige Narzissen (kleiner Becher), Sorten 'Tannhäuser' (gelb), 'Signal Light' (weiß und orange), 'Belisana' (weiß und gelb)

Die fünfte Gruppe bilden die **Triandrus-Narzissen**. Sie umfaßt Sorten, deren Schaft 1–6 nickende Blüten trägt. Die Blütenblätter sind mehr oder weniger zurückgebogen und eingerollt. Die Nebenkrone hat die Form eines Kelches. Die Pflanzen sind 25 bis 35 cm hoch, die Blüten sind bei den Sorten verschieden groß.

Narzissus cyclamineus und seine Hybriden bilden die sechste Gruppe. Die kräftig gelben Blüten dieser, zu den schönsten überhaupt gehörenden, niedrigen Narzissen, haben lange, schmale Trompeten und in einem scharfen Winkel nach hinten umgeschlagene Blütenblätter, die über der Trompete eine schmale Krone bilden. Sie blühen im März–April. In der freien Natur kommt sie in Spanien und Portugal vor. Durch Veredelung sind viele Sorten entstanden. Ihr Schaft trägt eine einzige Blüte und erreicht eine Höhe von 30 cm. Schöne Sorten sind die abgebildeten: 'Jenny' – mit großen Blüten und langer, breiter, hellgelber Nebenkrone, 'Jumblie' – mit langer und leuchtend gelber Nebenkrone und zwei bis drei Blüten am Schaft, 'Peeping Tom' – eine ausgezeichnete Sorte zum Schnitt, deren Blüten lange frisch bleiben. Die Nebenkrone ist lang, sattgelb.

Triandrus-Narzissen-Hybride

Narzissus cyclamineus, Sorten 'Jumblie' (2–3 Blüten an einem Schaft), 'Jenny' (hellgelb), 'Peeping Tom' (sattgelb)

Die siebente Gruppe, die **'Jonquillen'-Hybriden**, faßt die duftenden Sorten zusammen. Der Schaft trägt ein bis drei gelbe Blüten, mit längeren, trompetenförmigen Nebenkronen. Sie sind frostempfindlich und müssen abgedeckt werden. Die Abbildung zeigt die Sorte 'Tittle-Tattle', mit zwei bis drei Blüten an einem Schaft. Die Nebenkrone weist die Form einer Schale auf, die Blütenblätter sind hellgelb, die Nebenkrone ist satter gefärbt. Zum Vergleich ist die Stammart *N. jonquilla* abgebildet.

Die achte Gruppe sind die **Poetaz-Narzissen**, die auch Tazetten genannt werden. Der abgeplattete Schaft trägt eine aus 4–20 Blüten von 3–6 cm Durchmesser bestehende Dolde. Meist duften sie angenehm. Sie werden hauptsächlich von den Gärtnern zum Treiben verwendet. Im Garten erfrieren sie häufig, darum muß man sie abdecken. Für den Garten sind die folgenden abgebildeten Sorten geeignet: 'Laurens Koster' – diese Sorte wurde im Jahre 1906 herangezüchtet, ist aber noch immer eine der besten. Sie trägt an einem Schaft sieben Blüten mit weißen Blütenblättern und einer kurzen, orangegelben Nebenkrone. 'Scarlet Gem' ist, ähnlich wie die vorhergehende, eine ältere Sorte, die im Jahr 1910 veredelt wurde. An einem Schaft trägt sie vier bis sechs Blüten. Die Blütenblätter sind goldgelb, die orangefarbige Nebenkrone ist kurz und gewellt. Es ist eine ausgezeichnete Sorte.

Jonquillen Narzissen, Sorte 'Tittle-Tattle' im Vergleich zur botanischen Stammart

Poetaz-Narzissen, Sorten 'Laurens Koster' (weiß), 'Scarlet Gem' (gelb)

Die **Poeticus-Narzissen** bilden die neunte Gruppe. Sie umfaßt die am spätesten blühenden Sorten mit einer wohlriechenden, aus einer kleinen, kurzen, flachen Nebenkrone und weißen, ovalen Blütenblättern zusammengesetzten flachen, reinweißen Blüte am Schaft. Die beste Sorte ist 'Actaea', eine stattliche, bis 60 cm hohe Narzisse mit einer großen Blüte von 9 cm Durchmesser. Die ovalen, reinweißen Blütenblätter enden in einer kleinen Spitze und überdecken einander. Die Nebenkrone ist flach, in der Mitte gelb, mit einem feuerroten Saum. Die Sorte eignet sich vorzüglich zum Schnitt und zum Vortreiben ab Mitte Januar.

Die zehnte Gruppe bilden die Narzissen, die sich nicht in die bisherigen Gruppen einreihen lassen.

Die **Sommerhyazinthe** – *Galtonia* – ist eine weniger bekannte Zwiebelblume. In Europa wird meist nur eine Art gezüchtet – *G. candicans*. Sie erreicht eine Höhe von 80 bis 100 cm und bildet eine lockere Traube grünlicher Glockenblüten aus, die im August nacheinander von unten nach oben aufblühen. Kräftigere Zwiebeln treiben zwei Stengel aus. Sie ist anspruchsvoll, liebt leichten Boden und einen warmen, sonnigen Standort. Als Winterschutz braucht sie eine Abdeckung aus Laub oder Fichtenreisig, besonders in den ersten Jahren nach der Auspflanzung. Die Vermehrung erfolgt durch Samen, die sie reichlich ausbildet. Die Februaraussaat in kleine Schalen wird in Treibhauswärme gehalten, die Auspflanzung geschieht im Mai. Die jungen Pflanzen blühen meist erst im folgenden Jahr. Sie eignen sich auch zum Schnitt, in der Vase blühen sie bis zur letzten Blüte auf.

Poeticus Narzissen, Sorte 'Actaea'

Galtonia candicans

PUSCHKINIE

Die **Puschkinie** – *Puschkinia* – ist eine Gattung kleiner Zwiebelblumen, die nach dem russischen Chemiker und Botaniker Graf A. A. Muschin-Puschkin benannt wurde. Sie kommt in Kleinasien und im Kaukasusgebiet vor. Sie hat kleine, etwa 2 cm große, kugelförmige, weiße Zwiebeln mit graubrauner Schale. Die linealischen Blätter sind etwa 15 mm breit. Die glockenförmigen Blüten ähneln der *Scilla*. Sie sitzen in einer dichten Traube an dem 15 cm hohen Stengel. Sie blühen meist im März und April.

P. scilloides stammt aus dem Kaukasus. Sie ist etwa 15 cm hoch und hat dichte Blütentrauben mit bis zu 12 Blüten. Sie sind hellblau, mit sattblauen Streifen an der Außenseite der trichterförmigen Blütenblätter und haben einen Durchmesser von 1,5–2 cm. Gezüchtet wird hauptsächlich die var. *libanotica*, die größere, hellblaue Blüten hat und insgesamt ansehnlicher ist. Sie blüht von März bis April. Außerdem gibt es noch die weiße *P. scilloides* 'Alba', deren Blüten kleiner sind.

BLAUSTERN

Der **Blaustern** – *Scilla* – eine breite Gattung mit ca. 90 Arten, gehört zu den bekanntesten kleinen Zwiebelblumen. Besonders beliebt ist *S. sibirica*, eine kleine, 10–20 cm hohe Pflanze, deren leuchtend blaue Glöckchen im März erblühen. Einige Arten sind größer, auch mit weißen sternförmigen Blüten, die in größerer Menge am Stengel sitzen. Sie ist anpassungsfähig, gedeiht am besten in leichtem Boden an einem sonnigen Standort. Sie vermehrt sich durch Selbstaussaat. Bei guten Bedingungen bildet sie in wenigen Jahren zusammenhängende Bestände, die sich im Steingarten oder als Unterbepflanzung von Sträuchern und Bäumen sehr effektvoll ausnehmen. Bei Kahlfrösten erfriert sie manchmal, daher ist ein leichter Winterschutz, der allerdings im Frühjahr zeitig abgenommen werden muß, angeraten. Auf der Zeichnung sehen wir die weiße *S. sibirica* 'Alba' und die blaue 'Spring Beauty'.

Puschkinia scilloides, var. *libanotica*

Scilla sibirica, Sorten 'Alba' (weiß) und 'Spring Neauty' (blau)

KNOTENBLUME

Die **Knotenblume** – *Leucojum* – ist eine der bekanntesten Frühlingsblumen. An einem feuchteren Standort im Halbschatten bildet sie ganze Bestände, die sich auch zum Schnitt eignen. *L. vernum*, der Märzbecher, ist eine etwa 25–30 cm hohe wildwachsende Art, mit weißen, an den Spitzen grüngefleckten Blüten, die 1–2 an einem Stengel stehen. Er blüht im März und April. *L. aestivum* ist robuster, 30–50 cm hoch, trägt am Stengel fünf bis neun zu einer Traube zusammengestellte Blüten und blüht von Mai bis Juni. Es verlangt einen wärmeren Standort und leichten Windschutz. *L. autumnale* stammt aus Spanien, Portugal, Sardinien, Sizilien, hat kleine Blüten mit winzigen hellroten Flecken am Grund und blüht von August bis September.

SCHNEEGLÖCKCHEN

Das **Schneeglöckchen** – *Galanthus* – mit seinen weißen Blüten, ist einer der ersten Frühlingsboten, es blüht oft schon unterm Schnee. Das in Deutschland wildwachsende Schneeglöckchen *G. nivalis* hat etwa 2 cm große Blüten. Die kugelförmigen Blüten der Art *G. elwesii*, die aus der Türkei stammt, sind etwa doppelt so groß. Beide sind anspruchslos; am besten gedeihen sie in lockerem, humosem Boden unter Laubbäumen, wo es im Frühjahr genügend Feuchtigkeit gibt. Dort breiten sie sich schnell aus; aus einer Zwiebel entsteht in wenigen Jahren ein großer Busch Schneeglöckchen.

Leucojum vernum

Galanthus nivalis

PRACHTLILIE

Die **Prachtlilie** – *Lilium speciosum* – ist eine der schönsten Freilandlilien. Sie wird 80–140 cm hoch. An dem dunkler gefärbten Stengel wachsen abwechselnd lanzettliche Blätter. Die großen Blüten haben Türkenbundform, in der Grundfarbe weiß, mit rosa bis karminroten Flecken. Die Ränder der Blütenblätter sind oft gewellt. Die Blüten duften sehr intensiv, Blütezeit August. Es gibt viele Sorten in den Farben Reinweiß, an der Außenseite rosa angehaucht, mit braunen Pollen, rosa und sattrosa mit rotvioletter Narbe.

Die Hybriden, die durch Kreuzung von *L. speciosum* mit anderen Lilien, hauptsächlich mit *L. auratum*, entstanden sind, vermehren sich gut, sowohl aus Zwiebelschuppen als auch durch Aussaat. An einem geeigneten Standort sind sie anspruchslos und winterhart.

Lilium 'Black Beauty' ist eine Kreuzung mit *L. speciosum*. Sie hat charakteristische, türkenbundförmige, 10 cm große Blüten, sattrote Blütenblätter und große grüne Staubgefäße. Die Blüten wachsen an langen Stengeln in einem sehr lockeren und hohen Traubenstand. Es ist eine widerstandsfähige und robuste Sorte, anspruchslos, sehr geeignet zum Schnitt.

Lilium 'Black Beauty'

Lilium speciosum

Lilium 'Nutmegger' gehört in die Gruppe der Midcentury-Hybriden, eine sehr verbreitete Gruppe von Kreuzungen, die in den fünfziger Jahren dieses Jahrhunderts herangezüchtet wurden, worauf auch ihr Name hinweist. Die Kreuzungen erbten von den Eltern die Langlebigkeit und einige auch die Fähigkeit, in den Blattachseln Brutzwiebeln auszubilden. Sie blühen im Juni und haben verschieden gestellte gelbe, orange oder rote Blüten. Nach der Stellung der Blüten werden sie in drei Gruppen eingeteilt:

1. Lilien mit aufrechtstehenden Blüten; dazu gehört auch die Sorte 'Enchantment',
2. Lilien mit nach außen gerichteten Blüten,
3. Lilien mit abwärtsgerichteten Blüten, zu diesen gehört die Sorte 'Nutmegger'.

Es ist eine attraktive, widerstandsfähige Form mit sehr guten Eigenschaften. Der hohe Stengel trägt bis 30 türkenbundförmige Blüten an langen Stielen. Sie blüht im Juli und eignet sich gut zum Schnitt.

Lilium 'Enchantment' gehört gleichfalls in die Gruppe der Midcentury-Hybriden. Es ist eine der bekanntesten Lilien dieser Gruppe, 80–90 cm hoch, die in den Blattachseln eine Menge Brutzwiebeln ausbildet. Sie hat die Türkenbundform der Blüten von *L. lancifolium* bewahrt, die Blüten sind aber aufwärts gerichtet. Im Garten gedeiht sie sehr gut.

Lilium 'Enchantment'

Lilium 'Nutmegger'

Die **Königslilie** – *Lilium regale* – erfreut sich großer Beliebtheit. Auf einem 80–150 cm hohen Stengel trägt sie eine Dolde von bis zu zwanzig weißen, trompetenförmigen Blüten mit gelbem Schlund. Die äußere Mittelrippe ist rosa bis rot. Die Blüten haben einen Durchmesser von 12 cm und verbreiten einen starken Duft. Die Königslilie blüht im Juni bis Juli. Wir pflanzen sie an einen sonnigen Platz, die Beschattung des Bodens auf Beeten ist günstig für sie. Der Boden kann kalkhaltig sein. Aus Samen läßt sie sich leicht und schnell vermehren, manche Sämlinge blühen allerdings erst im zweiten Jahr. Sie ist winterhart. *L. regale* wird viel zu Kreuzungen verwendet, weil sie ihre guten Eigenschaften weitergibt. Als Gartenblume besitzt sie noch immer große Bedeutung, auch wenn sie in der Anzahl und Größe der Blüten von einigen Hybriden bereits übertroffen wurde.

Lilium regale

Lilium lancifolium

Die **Tigerlilie** – *Lilium lancifolium* (syn. *L. tigrinum*) ist eine der widerstandsfähigsten und anspruchslosesten Lilien überhaupt. Sie wird 120–180 cm hoch, in den Blattachseln entwikkeln sich Brutzwiebeln, durch die sie sich leicht vermehren läßt. Die orangeroten Blüten sind schwarz getupft, haben Türkenbundform, sind etwa 9 cm groß. Sie blüht erst im August. Sie verlangt einen sonnigen Platz und braucht keinen Winterschutz. Kalkhaltige Böden verträgt sie nicht.

Lilium henryi ist eine effektvolle Lilie, die aus den Gebirgsregionen Südchinas stammt. Sie erreicht eine Höhe von 150–200 cm. Sie hat bis zu 20 türkenbundförmige, orangegelbe Blüten an einem langen Stiel. Sie duften nicht. Sie blüht im August. *L. henryi* gedeiht gut in kalkhaltigen Böden im Halbschatten. Sauren Boden verträgt sie nicht. Wegen ihrer Blühwilligkeit ist sie als Solitärpflanze für Gärten und Parks sehr geeignet. Durch Kreuzung mit *L. sargentiae* entstanden viele neue Sorten. Diese Kreuzungen zeichnen sich durch großen Farb- und Formenreichtum aus. Sie werden unter der Bezeichnung Trompeten-Hybriden zusammengefaßt.

Die **Türkenbundlilie** – *Lilium martagon* – wächst in den lichten Wäldern Europas bis Sibirien wild. In Gärten sehen wir sie weniger. Sie ist 80–150 cm hoch, die Blüten haben etwa 5 cm Durchmesser, sind rosa-braunpurpurfarben, mit dunkleren Punkten. Es gibt auch eine weiße Sorte, die jedoch größer wird. Sie blüht im Juni bis Juli. *L. martagon* muß im Halbschatten gepflanzt werden, in der Sonne kümmert sie. Sie liebt kalkhaltigen Boden und hält viele Jahre an einem Standort ohne sonderliche Pflege aus. Die Vermehrung erfolgt durch Tochterzwiebeln, denn aus Samen wächst sie nur sehr langsam.

Lilium henryi

Lilium martagon

Lilium 'Connecticut Glow' gehört in die Gruppe der Midcentury-Hybriden. Es gibt sie in den Farben Gelb bis Rot und weiter bis Kastanienbraun. 'Connecticut Glow' besitzt einen kräftigen Stengel mit dunkelgrünen Blättern und 8–10 außen dunklen, karminroten, aufwärtsgerichteten Blüten an langen Stielen. Sie blüht Mitte Juni, ist anspruchslos und widerstandsfähig, liebt einen sonnigen Standort und guten Gartenboden. Sie ist auch sehr gut zum Schnitt geeignet.

Lilium '**Golden Splendor**' gehört zur Gruppe der Trompeten-Hybriden und ist eine imposante Lilie. Sie wird bis 180 cm hoch und hat 8–25 goldgelbe Blüten an einem Stengel. Die Staubgefäße sind braun. Sie blüht von Juli–September, ist sehr anspruchslos, gesund, winterhart und verträgt auch kalkhaltigen Boden. Die großen, schweren Blütenstände müssen aufgebunden werden. Am besten gedeihen sie in gutem Gartenboden im Halbschatten. Sie ist auch sehr gut zum Schnitt geeignet.

Lilium 'Connecticut Glow'

Lilium 'Golden Splendor'

Fritillaria ist eine breite Gattung von Zwiebelblumen, von der nur zwei Arten gezüchtet werden, die in ihren Ansprüchen ziemlich unterschiedlich sind:
F. imperialis (Kaiserkrone) und *F. meleagris* (Schachbrettblume). Die Kaiserkrone hat eine große Zwiebel, die 15–20 cm tief gepflanzt werden muß. Die kleineren Zwiebeln der Schachbrettblume werden nur 6–8 cm tief in den Boden gelegt. Wir können sie mehrere Jahre im Boden lassen. Sie blühen im April, im Juni ziehen die Pflanzen ein. Sie vermehren sich durch Tochterzwiebeln.

F. imperialis – die **Kaiserkrone** – ist eine 1 m hohe anspruchsvolle Pflanze. Der kräftige Stengel trägt zwölf bis zu 6 cm große orangerote Glockenblüten, über denen sich ein Blattwipfel erhebt. Diese besonders effektvolle Pflanze braucht einen gut gedüngten und bearbeiteten Boden, regelmäßige weitere Düngung vor dem Aufblühen sowie nach dem Verblühen. Es gibt verschiedene Sorten in den Farben Gelb und Dunkelrot.

Fritillaria meleagris

Fritillaria imperialis

F. meleagris – **Schachbrettblume** – wird 30–50 cm hoch. Die schachbrettartig gemusterten Glockenblüten – sie gaben ihr den Namen – stehen zu 1–2 an einem Schaft. Im Handel gibt es mehrere Sorten in den Farben Weiß bis Dunkelrot. Sie gedeihen gut an einem feuchten Standort.

HOLLÄNDISCHES IRIS

Die **Holländische Iris** sowie die **Englische Iris** und die **Spanische Iris** sind aus *I. tingitana*, *I. xiphioides* und *I. xiphium* entstanden. Sie sind eine wichtige Gruppe, die speziell bei den Gärtnern viel angebaut wird. Man kann sie das ganze Jahr über als Schnittblumen kaufen. Aber auch im Garten werden sie angepflanzt. Die Holländische Iris blüht Mitte Juni, die Englische Iris etwas später, ebenso die Spanische Iris. Sie blühen weiß, gelb und blau. Sie brauchen leichte, poröse Böden, einen geschützten Standort und im Winter eine Abdeckung durch Fichtenreisig. Sie können durch Tochterzwiebeln vermehrt werden.

HUNDSZAHN

Der **Hundszahn** – *Erythronium* – hat 19 Arten, am meisten wird jedoch *E. dens-canis* angepflanzt. Schön sind auch die graugrünen, purpurbraun gefleckten, etwa 15 cm langen Blätter. Aus dem Blattherz wachsen etwa 20 cm lange Stengel hervor, die überhängende, rosa oder violette Blüten von 3,5 cm Durchmesser tragen, die dem Alpenveilchen ähnlich sind. Sie blühen von März bis April. Es gibt Sorten in den Farben Hellviolett, Rosa und Weiß.

Die Zwiebeln werden von August bis September in leichten, durchlässigen Humusboden, im Halbschatten gesetzt. Der Hundszahn braucht keinen Winterschutz. Es ist besser, ihn nicht umzupflanzen, denn es dauert mehrere Jahre, bis er sich „eingewöhnt" hat und schöne Büsche bildet. Die Vermehrung erfolgt durch Tochterzwiebeln. Im Sommer zieht die Pflanze ein.

Holländische Iris

Erythronium dens-canis

LAUCH

Der **Lauch** – *Allium* – ist eine sehr verbreitete Kulturpflanzengattung, die im Garten sehr dekorativ ist. Kleinere Zwiebeln setzen wir etwa 6 cm, größere 10–15 cm tief. Wir lassen sie ungestört mehrere Jahre im Beet. Wenn wir sie umpflanzen wollen, dann im Herbst, nach dem Vergilben aller Blätter. Abgebildet sind zwei Arten: *A. moly* (Goldlauch) – 20–25 cm hoch, mit einer Dolde aus 10–40 kleinen goldgelben Blüten. Er blüht im Juli und bleibt geschnitten drei Wochen in der Vase frisch. Wir pflanzen ihn in größeren Gruppen.

A. oreophilum (Rosenlauch) – nur 15–20 cm hoch, mit kräftig rosaroten Blüten, die eine luftige Dolde bilden. Der Rosenlauch verlangt leichten Boden und einen sonnigen Standort. Er blüht im Juni und Juli.

Sehr geeignet für den Garten ist auch *A. karataviense* (Blauzungenlauch) mit einer kugeligen, lilarosa Blütendolde, Blütezeit von Ende April bis Mai.

Ferner *A. christophii* (Sternkugellauch), mit einer violetten Blütenkugel von 25–30 cm Durchmesser und *A. giganteum* (Riesenlauch).

SCHNEESTOLZ

Der **Schneestolz** – *Chionodoxa luciliae* – ist eine anspruchslose Zwiebelblume. Er wird nur 15 cm hoch. Die Blüten sind blau und sternförmig. Es gibt auch andersfarbige Sorten, wie 'Pink Giant' mit großen, rosa Blüten, *C. gigantea* wird höher und hat violettblau Blüten, *C. sardensis* leuchtend blaue Blüten mit weißer Mitte. Er blüht im März, im Mai zieht die Pflanze ein. Die Vermehrung erfolgt durch Selbstaussamung. Am besten gedeiht sie in leichtem Boden, an einem halbschattigen Standort.

Chionodoxa luciliae (blau) une Sorte 'Pink Giant' (rosa)

Alium moly (goldgelb), *Allium oreophilum* (rosa)

MILCHSTERN

Der **Milchstern** – *Ornithogalum* – eine etwa 100 Arten umfassende Gattung. Es gibt winterharte und nicht winterharte Arten. *O. umbellatum* (Stern von Bethlehem) ist eine winterharte Pflanze. Sie hat sternförmige, weiße Blüten, die in einer Traube sitzen. Die Stiele können bis 30 cm hoch werden. Die Blüten öffnen sich vormittags und schließen am Nachmittag. Die Blütezeit ist April und Mai. Diese Pflanze ist sehr anspruchslos. Am besten gedeiht sie in leichtem, lockerem Boden, an einem sonnigen Standort, verträgt aber auch Halbschatten. Die Zwiebeln bilden viele Seitenzwiebelchen, wir müssen sie daher von Zeit zu Zeit aus dem Boden nehmen, teilen, da sie sonst verwildert.

PRÄRIEKERZE

Die **Präriekerze** – *Camassia* – stammt aus Nordamerika, von wo sie in der Mitte des vorigen Jahrhunderts eingeführt wurde. Sie ist in den Gärten noch wenig zu sehen, würde aber eine größere Verbreitung verdienen. Die weiße Zwiebel ist kugelbis eiförmig. Die Blätter stehen nahe am Boden, der Schaft wird bis 1 m hoch und endet in einer langen, lockeren Traube hellblauer (*C. cusickii*), weißer (*C. leichtlinii*), violetter (*C. quamash*) Blüten. Die Blütentraube erblüht von unten, die einzelnen Blütchen sehen wie Sterne aus. Sie blüht von April bis Mai und zieht dann bald ein. Gepflanzt wird sie im September. Wir können sie zwei bis drei Jahre am selben Platz belassen, besser ist es aber, die Zwiebeln im Juli aus dem Boden zu nehmen und sie bis zur Auspflanzung trocken zu lagern. Besonders schön nimmt sie sich in der Nachbarschaft von Gräsern oder als Solitärpflanze aus. Sie eignet sich auch zum Schnitt. Die abgebildete *C. cusickii* ist 70–80 cm hoch und sehr dekorativ. Der Blütenstand ist verhältnismäßig lang und dick, häufig aus bis zu 100 hellblauen Blütchen zusammengesetzt. Sie blüht im Mai.

Ornithogalum umbellatum

Camassia cusickii

KNOLLENBLUMEN

Die Knollenblumen blühen größtenteils im Spätsommer und Herbst. Die Knollen haben verschiedene Formen. Sie unterscheiden sich von den Zwiebeln darin, daß sie aus einer homogenen Masse bestehen, während die Zwiebeln aus Schalen zusammengesetzt sind. Physiologisch verhält sich die Knolle genauso wie die Zwiebel. Auf die Vegetationsperiode folgt eine Ruhezeit, in der sie einzieht. Dies hängt damit zusammen, daß die Knollengewächse größtenteils aus Steppenregionen stammen, wo das Einziehen und das verborgene Leben in der Knolle unter der Erde eine Abwehr gegen die ungünstigen klimatischen Bedingungen darstellt. Als Knolle überleben die Pflanzen den Winter und treiben dann, nach Eintritt günstiger Bedingungen, wieder aus. Während die Zwiebelblumen im Herbst gesetzt werden und im Frühjahr blühen, werden die Knollenblumen im Frühjahr ausgepflanzt und blühen im Sommer und im Herbst.

Die Zucht der einzelnen Knollenblumen unterscheidet sich wesentlich. Einige lassen sich im Garten leichter ziehen, z.B. die Gladiolen, andere schwieriger, beispielsweise die Knollenbegonien. Alle sind jedoch ohne Unterschied große Nährstoffverbraucher und erschöpfen den Boden sehr schnell. Daher wird empfohlen, den Standort zu wechseln und gut mit organischem Dünger zu düngen.

Die **Gladiole** ist eine der bekanntesten und beliebtesten Knollenblumen. Die Gladiolen blühen in der Vase bis zur letzten Knospe auf; wir schneiden sie, wenn sich die Farbe bei den ersten zwei Knospen zu zeigen beginnt. Im Garten setzen wir sie in ein buntes Sommerblumenbeet, einzeln oder in Gruppen zu 10–15 Knollen. Die Knollen der Gladiolen kaufen wir im Frühjahr. Wichtig ist, daß wir gesunde Knollen auswählen, damit wir keine Krankheit in das Beet einschleppen. An den Standort stellen die Gladiolen keine besonderen Ansprüche; sie wachsen in fast allen Böden. Gladiolen lieben einen sonnigen und windgeschützten Standort, da sie sonst leicht umkippen. In einem schattigen Beet blühen sie schlecht. Der Boden muß gut gedüngt und tief durchgearbeitet sein. Frischer Dünger tut den Gladiolen nicht gut. Die Knollen werden in Abständen von 8–10 cm etwa 10 cm tief mit dem Wurzelring nach unten gepflanzt. Wenn wir die Gladiolen auf dem Beet ausblühen lassen, beseitigen wir gleich nach dem Verblühen die Ähre, jäten das Beet weiter und gießen es während der Trockenperiode. Die Knollen ernten wir im September oder Oktober bei trockenem Wetter, je früher, desto besser. Bei der Ernte schneiden wir den Schaft etwa 10–15 cm über dem Boden ab und heben die Knollen mit einer Gabel heraus. Wir befreien sie behutsam von der anhaftenden Erde und trocknen sie mindestens drei Wochen lang an einem warmen, luftigen Ort. Nach dem Trocknen trennen wir den Rest der alten Knolle und die Wurzeln ab, brechen den Rest des oberirdischen Teiles ab und schälen die oberste Schalenhülle der neuen Knolle ab. Die gesunden Knollen werden bei einer Temperatur von 5–10° C gelagert.

Die **Dahlien**, die meistgezüchteten und bekanntesten Knollenblumen, lassen sich im Garten überall verwenden. Schön sind sie als Solitärpflanzung und zwar ein bis drei Pflanzen der gleichen Sorte. Dazu eignet sich vor allem die Gruppe der „Dekorativen Dahlien", allerdings nur für große Gärten; für kleinere Gärten sind die Caktusdahlien, die Semicaktus- und Ballförmigen Dahlien, für Vorgärten Pompondahlien oder Halskrausendahlien zu empfehlen. Die kleinen Dahlien, hauptsächlich die Mignon- und Minimignondahlien eignen sich für den Steingarten, wo sie gut zur Geltung kommen, weil dort im Herbst wenig blüht. Sämtliche Dahlien, mit Ausnahme der Dekorativen- und der Mignondahlien, eignen sich zum Schnitt. Die Dahlien lassen sich leicht züchten und gedeihen fast überall. Am besten sagt ihnen ein sonniger und windgeschützter Standort zu. Geeignet sind alle Böden, außer zu trockenen oder zu nassen. Vor allem müssen sie gut gedüngt werden. Die Knollen werden ab Mai etwa 10 cm tief gepflanzt und treiben nach etwa zwanzig Tagen aus. Während der Vegetationsperiode müssen die Pflanzen gewässert und an einem Stock aufgebunden werden. Die verblühten Blüten sollen regelmäßig beseitigt werden. Die Knollen ernten wir erst, wenn der Frost die Pflanzen zerstört hat. Vor dem Herausnehmen schneiden wir den oberirdischen Teil in einer Höhe von etwa 10 cm ab. Die Knollen legen wir mit dem Stengel nach unten auf Holzroste und bedecken sie mit einer Torfschicht. Wir bewahren sie zusammen mit den Gladiolen auf. Die Dahlien werden meist durch Teilung der Knollen vermehrt. Kräftige Knollen müssen vor dem Auspflanzen geteilt werden, damit sich nicht zu viele Triebe und zu wenig Blüten bilden. Wir teilen sie im Frühjahr, einige Tage vor der Auspflanzung. Wie bei den meisten Zierpflanzen, sollen bei der Dahlienzucht die Beete gewechselt und nur gesunde Knollen ausgepflanzt werden.

Die **Knollenbegonien** sind effektvolle Blumen, die viel in Parkanlagen verwendet werden. In den Gärten setzen wir die Großblütigen und die Vielblütigen Begonien in Beete im Halbschatten. Sehr hübsch machen sie sich auch als Beeteinfassungen. Schön sind sie auch in Schalen und Balkonkästen, wofür sich besonders die hängenden Sorten eignen.

Auf Beete pflanzen wir entweder gekaufte vorgetriebene oder aus Knollen selbstgezogene Setzlinge. Die Knollen sollen nicht vertrocknet oder durch Abreißen der Wurzeln beschädigt sein, weil dadurch ihre Lebenskraft stark gemindert ist. Wir betten sie in der ersten Aprilhälfte 2 cm tief in Kästen oder Töpfe mit Torf und leichtem Erdreich und stellen sie bei normaler Zimmertemperatur ans Licht. Beim Gießen achten wir darauf, daß die Erde weder zu trocken noch zu naß ist. Die großen Setzlinge werden nach vorheriger Abhärtung Ende Mai in 20 cm Abstand in lockeren, nährstoffreichen, sauren Boden gepflanzt. Am besten ist eine Mischung aus Torf und gut abgelagertem Kompost. Alle vierzehn Tage sollen die Begonien einen Dungguß bekommen.

Die abgeblühten Blüten müssen entfernt werden. Wir können die Knollen auch direkt ins Beet setzen, aber erst im Mai, sie blühen dann später. Besser ist es, Begonien vorzuzüchten, um sie so lange wie möglich in den Herbst hinein blühend zu erhalten. Im Herbst hören wir allmählich auf zu gießen, damit die oberirdischen Teile absterben. Sobald der oberirdische Teil vertrocknet ist, heben wir die Pflanzen mit einer kleinen Handschaufel an, befreien sie vorsichtig vom Erdreich und brechen den Stengelrest, etwa 2 cm über der Knolle, ab. Die Knollen schichten wir nebeneinander in eine Steige und lagern sie in einem luftigen Raum wie Gladiolen und Dahlien.

Wenn das Erdreich trocken ist und wir den Stengelrest leicht beseitigen können, säubern wir die Knollen gründlich, entfernen die Wurzeln vorsichtig, ohne die Knollen zu verletzen.

Die übrigen Knollenblumen unterscheiden sich hinsichtlich der Zucht und Verwendung von den kleinen Zwiebelblumen. Einige sind winterhart, andere brauchen einen Winterschutz, wieder andere müssen über den Winter in einem frostfreien Raum gelagert werden. Krokusse und Herbstzeitlose entsprechen in ihren gärtnerischen Belangen den Zwiebelblumen – sie werden im Herbst gepflanzt und blühen im zeitigen Frühjahr.

Pompondahlien, Sorten 'Kašpárek' (rot), 'Morava' (violett), 'Kanárek' (gelb)

Die **Dahlie** – *Dahlia* – wird die Königin des Spätsommers genannt. Keine andere Blume erreicht einen so verschwenderischen Reichtum an Farben und Formen der Blüten. Nur der Duft und die blaue Farbe fehlt diesen Blumenschönheiten. Die Dahlien lassen sich verhältnismäßig leicht veredeln, deshalb gibt es eine Unzahl von Sorten. Ihre Einteilung in bestimmte Gruppen ist sehr schwierig und wechselt häufig. Neuentstehende Formen, die sich in die bestehenden Gruppen nicht einordnen lassen, werden daher in die Gruppe 'Verschiedene' eingereiht. Heute hält man sich meist an die gärtnerische Klassifikation der Dahliensorten, die im Jahre 1962 auf dem Symposium in Brüssel festgelegt wurde. Sie teilt die Dahlien in zehn Gruppen ein:

1. **Einfachblühende Dahlien**. Die Gruppe umfaßt alle einfach blühenden Sorten, von den Zwergdahlien, den Minimignons, über die Mignons bis 50 cm, bis zu den einfachen über 50 cm. Die Blüten besitzen einen einfachen Ring von Kronblättern, die Mitte bildet eine gelbe Scheibe. In den Gärten werden sie meist in einer Mischung gepflanzt. Sie lassen sich ziemlich leicht, auch aus Samen, heranzüchten.

2. **Anemonenblütige Dahlien**. Eine neuere Gruppe, die immer mehr an Beliebtheit gewinnt. Die mittelgroßen bis kleineren Blüten werden aus einem Außenring glatter, strahliger Kronblätter gebildet, zwischen denen und der Mittelscheibe eine dichte Krause röhrenförmiger Kronblätter steht. Sie sind niedrig, eignen sich vor allem zur Bepflanzung von Beeten.

3. **Halskrausendahlien**. Ebenfalls eine neuere, bei den Gartenfreunden sehr gefragte Gruppe. Sie erreicht etwa 1 m Höhe. Die Blüte besteht aus drei Schichten: einem Ring glatter, strahliger Kronblätter, einem weiteren Ring kleiner Blütenblätter und einer gelben Mittelscheibe.

4. **Päonienblütige Dahlien**. Die Blüten sind halbgefüllt – wenn sie voll aufblühen, ist die Mittelscheibe zu sehen – und aus zwei oder mehreren Ringen gerader oder leicht gewellter Kronblätter zusammengesetzt. Höhe des Strauches bis 120 cm.

5. **Dekorative Dahlien**. Eine der bekanntesten und beliebtesten Gruppen in Europa. Es sind robuste Pflanzen, die eine Höhe von über 2 m erreichen, die Blüten eine Breite bis über 30 cm. Sie sind ganz gefüllt, dicht, mit breiten, eingerollten und regelmäßigen Kronblättern, so daß die Mitte nicht zu sehen ist.

6. **Ballförmige Dahlien**. Sie sind ebenfalls eine beliebte Gruppe, die eine Höhe von 100–120 cm erreicht, mit über 10 cm breiten Blüten von kugeliger Form. Die in regelmäßigen Reihen stehenden Kronblätter haben leicht eingerollte Ränder.

7. **Pompondahlien**. Eine der beliebtesten Gruppen für kleine Gärten. Der Blütendurchmesser dieser Gruppe soll nach den internationalen Normen 5 cm nicht übersteigen, doch wird noch die sog. Mittelgröße von 5–10 cm anerkannt. Die Blüten sind ganz gefüllt, von regelmäßiger Kugelform, die Kronblätter röhrig eingerollt, kurz und stumpf. Sie haben die lebhaftesten Farben.

Semicactusdahlien, Sorte 'Brandaris'

Cactusdahlien, Sorte 'Little Willem'

Ballförmige Dahlien, Sorte 'Negerkopf'

Cactusdahlien, Sorte 'Florence Chadwick'
Fimbra, Sorte 'Kompliment'

Einfachblühende Dahlien

8. **Cactusdahlien**. Nach der Vielzahl der Sorten die zweitgrößte Gruppe. Die Pflanzen werden 120–180 cm hoch, die gefüllten Blüten 10–15 cm im Durchmesser. Die Zungenblüten sind halb nach hinten gerollt.

9. **Semicactusdahlien**. Eine sehr beliebte Gruppe, die wegen der schön gewellten Blüten besonders attraktiv ist. Die Pflanzen werden etwa 150 cm hoch, die Blüten 12–15 cm breit. Der Blütentyp liegt etwa in der Mitte zwischen den Dekorativen Dahlien und den Cactusdahlien. Die strahligen Kronblätter sind an der Wurzel breiter, am Ende spitz und eingerollt.

10. **Verschiedene**. In die letzte Gruppe werden alle Zuchtprodukte eingereiht, die in keine der angeführten neun Gruppen hineinpassen, z.B. die Chrysanthemenblütigen, die Seerosenblütigen, die botanischen Spezialitäten, die Hirschgeweihdahlien, Orchideenblütigen Dahlien usw.

Dekorative Dahlien, Sorte 'Nálada'

GLADIOLEN

Die heute gezüchteten Gladiolensorten haben einen sehr komplizierten Ursprung, an dem afrikanische und europäische Arten beteiligt sind. An ihrer Veredelung wird ständig weitergearbeitet. Zum Vergleich: Im Jahre 1880 gab es etwa 2000 Sorten, gegenwärtig sind es mehr als 100 000. Die meisten Sorten gehören der Gruppe der Großblütigen Gladiolen an. Sie haben einen mächtigen Wuchs, einen kräftigen, festen Stengel, eine meist sehr dichte, etwa einen halben Meter lange Ähre mit 15–20 Blüten. Die frühen Sorten blühen im Juli, die halbfrühen im August und die späten im September. Seit den ersten Anfängen der Veredelung bemühen sich die Gärtner, winterharte Sorten zu züchten, bisher jedoch ohne Erfolg, wie auch die Züchtung duftender Sorten. Die Gladiole ist eine herrliche Blume, doch fehlt ihr der Duft.

Gladiolus 'Blue Diamond'

Gladiolus 'd'Artagnan'

Die Gladiolensorte 'd'Artagnan' gehört in die Gruppe der **Großblütigen Gladiolen**, die wegen ihrer schönen, großen Blüten sehr beliebt ist. Es ist eine mittelfrühe Sorte, die ca. 55 cm hoch wird. Sie ist gesund, im ganzen anspruchslos und läßt sich gut vermehren, so daß ihre Zucht keine Probleme aufwirft. Sie muß, wie alle Gladiolen, im September aus dem Boden genommen und in einem Raum bei einer Temperatur von 6°–10° C überwintert werden.

Die Sorte 'Blue Diamond' ist eine blaue Gladiole, die sehr gefragt ist, auch wenn sie sich sehr schwer vermehren läßt. Sie gehört in die Gruppe der Großblütigen Gladiolen. Sie trägt bis zu 18 Blüten, von denen meist fünf gleichzeitig offen sind.
Die Sorte 'Pink Sensation' ist ein Spätblüher aus der Gruppe der Großblütiger Gladiolen. Sie ist altrosa mit einem cremeweißen Auge und kleiner purpurroter Zeichnung.
Die Sorte 'Mexico' gehört ebenfalls in die Gruppe der Großblütigen Gladiolen. Der Stengel trägt 18 Blüten, von denen sich oft bis 8 große schöne Einzelblüten öffnen.

Gladiolus 'Pink Sensation'

Gladiolus 'Mexico'

GLADIOLEN

Die **Primulinus-Gladiolen** – eine beliebte moderne Gruppe Großblütiger Gladiolen, sind aus der botanischen Stammart *G. primulinus* hervorgegangen, die im tropischen Afrika wild wächst. Zur Veredelung wurde diese Art wegen der charakteristischen Haubenform der Blüte und der primelgelben Farbe herangezogen, was sie beides auf die Nachkommenschaft überträgt. Durch die Veredelung entstanden sehr schöne Formen. Die abgebildete Sorte 'Jan Voerman' besitzt diese charakteristische Blütenform. An einem Stengel stehen bis zu 17 Blüten, davon sind immer mindestens vier gleichzeitig aufgeblüht.

Gladiolus – Gruppe Primulinus, Sorte 'Jan Voerman'

MAIGLÖCKCHEN

Das **Maiglöckchen** – *Convallaria majalis* – ist eine der lieblichsten Gartenblumen mit sehr geringen Zuchtansprüchen. Für seine Auspflanzung wählen wir einen Platz, an dem sich die Pflanzen durch unterirdische Ausläufer ausbreiten können. Die zwei- bis dreijährigen Pflanzkeime setzen wir verhältnismäßig dicht und gießen sie. Bevor sich die Maiglöckchen voll entwickeln, muß der Boden gejätet werden. Später bedecken sie den Boden mit ihren Blättern und man braucht sich nicht weiter um sie zu kümmern. Alljährlich im Herbst setzen wir feinen Kompost zu, jedes zweite Jahr etwas Kalk, damit das Maiglöckchen den Boden nicht völlig auslaugt und an andere Plätze übersiedelt. In den Gärten werden außer der botanischen Stammart hauptsächlich die Gartenformen gezüchtet, die größer und höher sind. Es gibt auch eine rosa und eine gefüllte rosa Form.

Convallaria majalis

BLUMENROHR

KNOLLENBEGONIEN

Das **Blumenrohr** – *Canna* – ist eine wärmeliebende Blume, die sich vor allem für große Parks und Gärten eignet, wo sie den Blick durch ihre Schönheit fesselt. Im Handel gibt es nur die *Indica*-Hybriden zu kaufen. Anfang Juni werden die vorgezogenen Pflanzen in Abständen von etwa 50 cm gesetzt. Die *Canna* verlangt einen lockeren und nährstoffreichen Boden, da sie sehr rasch wächst. Während der Vegetationsperiode gießen wir sie reichlich und düngen regelmäßig. Sie blüht im August. Im September wird das Gießen eingeschränkt, damit die Knollen reifen. Die Überwinterung der Knollen ist nicht leicht, sie geschieht am besten in einem trockenen Raum mit einer Temperatur von 5–10° C. Es gibt grünblättrige und rotblättrige Sorten.

Die **Knollenbegonien**-Hybriden – (syn. *B.* x *tuberhybrida*) – sind sehr effektvolle Pflanzen, die gern in Gärten für Balkonkästen, in Schalen und auf Friedhöfen genommen werden. Ihre großen, gelb, rot, weiß und rosa Blüten sind eine Pracht.
Wir teilen die Knollenbegonien in vier Gruppen ein:
1. die Großblumige (Gigantea-Klasse),
2. die Kleinblumige (Multiflora-Klasse),
3. die Mittelblumige (Floribunda-Klasse),
4. die Ampelbegonien (Pendula-Klasse).

Innerhalb dieser Gruppen gibt es noch einfache und gefüllte Sorten sowie mit fransigen oder gelockten Blütenrändern u.ä. Auf der Zeichnung sehen wir die Sorte 'Orange'.

Canna indica-Hybride

Begonia-Hybride 'Orange'

KROKUSSE

Der **Krokus** – *Crocus* – ist schon Jahrtausende als Kulturpflanze bekannt. Die Gattung umfaßt nahezu 80 Arten, die vor allem in den Mittelmeerländern wild wachsen. Es sind sehr beliebte Blumen für den Steingarten, als Frühlingsboten im Rasen, als Unterpflanzung von Bäumen und Sträuchern, kurz überall im Garten, wo sie im Frühling mit ihren Blüten Freude bereiten. Sie ziehen bald ein.
Die Krokusse werden in Frühlings- und Herbstblüher eingeteilt. Bei Frühlingskrokussen gibt es viele Arten und Sorten in verschiedenen Farben. Am meisten gezüchtet werden die großblütigen Hybriden. Obgleich es sich um eine Knollenblume handelt, rechnet man sie wegen der Art ihrer Züchtung zu den Zwiebelblumen – den Tulpen und Narzissen.

Crocus biflorus wächst in Italien, auf dem Balkan und in Kleinasien bis zum Iran wild. Die Blüten sind mittelgroß, verschiedenfarbig. Die Blätter wachsen zugleich mit den Blüten. Die Pflanzen sind nicht anspruchsvoll. Sie sind nur in kälteren Gegenden im Winter mit Reisig abzudecken.

Crocus chrysanthus wächst wild in Griechenland und Kleinasien. Als eine der gärtnerisch bedeutendsten Arten wurde sie zur Veredelung einer ganzen Reihe wertvoller Sorten verwendet.

Crocus biflorus

Crocus chrysanthus

Crocus neapolitanus (syn. *C. vernus*) – ist wahrscheinlich die Stammart aller Gartensorten. Sie hat größere Blüten als die botanischen Stammarten und blüht im Frühjahr. Im Handel werden viele Sorten angeboten in den Farben Weiß, Lila und Gelb, auch mehrfarbige, gestreifte gibt es.

Crocus speciosus gehört in die Gruppe der Herbstkrokusse. Er blüht im September, Oktober, häufig sogar noch im November. Die Blüten sind groß, hell violett, mit dunkler Äderung, die Blätter kommen erst nach dem Verblühen. Es gibt mehrere Sorten, auch weiße.

Crocus neapolitanus

Crocus speciosus

NETZIRIS

Die **Netziris** – *Iris reticulata* – ist eine kleine Pflanze, die sehr zeitig im Frühjahr blüht. Im Sommer zieht sie die Blätter ein. Die Größe der Pflanze, die Blütezeit, das Wachstum der Blätter sowie Zeit und Art der Vegetationsruhe entsprechen den Krokussen. Die Zucht der Netziris ist ziemlich schwierig, meist blüht sie nur im ersten Jahr, höchstens noch im zweitem, dann zerfällt die geschwächte kleine Knolle in Korallen, aus denen sich nur schwer neue Setzlinge ziehen lassen. Die Dauer der Blütezeit ist in erster Linie vom Standort abhängig. Die besten Bedingungen bietet ein leichter, durchlässiger, nährstoffreicher Boden an einem sonnigen Platz im Steingarten.

MONTBRETIE

Die **Montbretie** – *Crocosmia* – ist eine den kleineren Gladiolen ähnliche Blume von meist orange bis braunroter Blütenfarbe. Die kleinen Knollen werden im Frühjahr in einen leichten, durchlässigen Boden an einem warmen, sonnigen Standort ausgepflanzt. Die winterliche Feuchtigkeit schadet den Knollen, deshalb ist es gut, den Boden über den Knollen im Winter mit Torf oder einer Laubschicht abzudecken. Man kann sie auch herausnehmen und wie Gladiolen lagern und pflanzt sie im Frühjahr von neuem aus. Spätestens nach drei Jahren müssen die Knollen umgesetzt werden. Sie vermehren sich durch Tochterknollen, die sie reichlich ausbilden.

Iris reticulata 'Harmony'

Colchicum-Hybride 'Violet Queen'

Die **Zeitlose** – *Colchicum* – weist über 60 Arten auf, die in Europa, Asien und Nordafrika wild wachsen. Es sind niedrige Blumen, die sich vor allem für den Steingarten eignen. Die kleinen Knollen werden im August etwa 10 cm tief gepflanzt. Im Frühjahr sprießen kräftige Blätter, die bald verwelken. An ihrer Stelle wachsen dann im Herbst schöne violettblaue Blüten ohne Blätter, die an Krokusse erinnern. In schweren, nährstoffreichen Böden mit genügend Feuchtigkeit und an einem sonnigen Standort bilden die Knollen bald kräftige Blattschöpfe aus und blühen reich. Sie können viele Jahre an einem Ort belassen werden. Wenn wir die Pflanzen umsetzen müssen, dürfen wir die Knollen nicht zu lange unbedeckt außerhalb des Bodens lassen. Sie vermehren sich durch Tochterknollen und sind am Ende des zweiten Jahres schon blühtauglich. Die Zeitlosen sind giftig! *Colchicum*-Hybriden ist die Sammelbezeichnung für eine Reihe schöner Sorten. Sie lassen sich wegen ihrer hervorragenden Eigenschaften in Gärten gut verwenden. Die abgebildete 'Violet Queen' hat sattlilarosa Blüten. Es gibt viele Sorten in den Farben Karminrot, Lila, Purpurrot, einfache und gefüllte.

Colchicum autumnale

Crocosmia crocosmiiflora

Die **Anemone** – *Anemone* – der Name der Gattung ist von dem griechischen Wort anemos = Wind abgeleitet, da ihre Blütenblätter leicht vom Wind abgerissen werden. Sie umfaßt etwa 120 Arten, die größtenteils in der gemäßigten Zone der nördlichen Halbkugel wild wachsen. Von den Arten, die kleine Knollen bilden und im Frühjahr austreiben, ist die niedrige *A. blanda*, die auf dem Balkan und in Kleinasien wild wächst, von gärtnerischer Bedeutung. Sie blüht im März und April, wird nur 10–15 cm hoch. Es gibt sie in den Farben Blau, Rosa und Rot. Eine sehr gefragte Gartenblume ist *A. coronaria* (Kronenanemone), die gern zum Schnitt genommen wird. Herrlich macht sie sich im Steingarten und in Staudenbeeten. Sie hat harte kleine Knollen, die bei trockener Lagerung drei Jahre halten. Die Knollen müssen vor der Auspflanzung etwa einen Tag lang in lauwarmes Wasser gelegt werden. Wir pflanzen sie im März und April 4–8 cm tief, in Abständen von 10 cm. Sie blühen von Ende Mai bis in den Juni hinein. Im Herbst, nach dem Einziehen der Pflanzen, nehmen wir die Knollen aus dem Boden und lagern sie ähnlich wie die Knollen der Gladiolen. Die Anemonen sind in einer bunten Farbmischung im Handel, die einfache Sorte heißt 'De Caen', die gefüllte 'St. Brigid'.

Anemone blanda

Anemone coronaria 'St. Brigid'

WINTERLING

Der **Winterling** – *Eranthis* – ist eine aus Südeuropa stammende, niedrige Vorfrühlingspflanze, deren lateinischer Name aus dem griechischen Er – Frühling und anthos – Blüte zusammengesetzt ist. Die Blätter kommen erst nach dem Verblühen der gelben Blüten. Bei Dunkelheit und bewölktem Himmel schließen sich die Blüten. *E. hyemalis* wird etwa 10 cm hoch und blüht im Februar und März hellgelb. Da der Winterling völlig anspruchslos ist, eignet er sich sowohl einzeln für den Steingarten als auch in Gruppen mit anderen niedrigen Vorfrühlingsblumen als Unterpflanzung von Bäumen und Sträuchern. Er hält viele Jahre am Standort aus und bildet nach einiger Zeit größere Bestände.

Eranthis hyemalis

TIGERBLUME

Die **Tigerblume** – *Tigridia* – ist eine exotische Blume, die aus Mexiko, Guatemala und Peru stammt. Von den etwa dreizehn wildwachsenden Arten wird nur die *T. pavonia* für den Garten angeboten. Sie wird 50 cm hoch und hat eine 15 cm große Blüte, die nur einen Tag blüht. Blütezeit Juli bis September. Große Zwiebeln bringen mehrere Blüten hervor. Am besten wachsen sie in durchlässigen, humosen Böden an einem warmen, sonnigen Standort. Während der Vegetationsperiode muß sie reichlich gewässert werden. Wir pflanzen die Zwiebel Ende April, Anfang Mai in einer Tiefe von 5–10 cm, in Abständen von etwa 10 cm, an einem sonnigen Standort. Nach der Auspflanzung bedecken wir die Erde mit einer Schicht Torf oder Kompost. In der zweiten Oktoberhälfte nehmen wir die Zwiebeln aus dem Boden, lassen sie langsam trocknen, säubern sie und lagern sie in einem frostfreien Raum.

Tigridia pavonia

Das **Alpenveilchen** – *Cyclamen* – wurde nach der Form seiner Knolle, griechisch cyclos = Scheibe, benannt. Die etwa vierzehn Arten dieser Gattung stammen aus den Gebirgen Mitteleuropas und den Mittelmeerländern. Die Pflanzen haben eine Rosette aus festen herz- oder nierenförmigen Blättern und an langen Schäften größtenteils überhängende Blüten mit zurückgebogenen Kronblattzipfeln. Die meisten Arten ziehen während der Vegetationsruhe ein. Am bekanntesten ist die Treibhausart *C. persicum*. Die Freilandarten blühen im Frühjahr oder im Herbst, einige duften angenehm. Die Frühjahrsarten werden im September ausgepflanzt, die im Herbst blühenden Arten im August. Als Winterschutz genügt etwas Laub. Sehr gut eignen sich die Alpenveilchen für geschützte, schattige Stellen im Steingarten. Wir können sie auch gruppenweise unter hochgewachsene Bäume oder Sträucher pflanzen. In voller Schönheit zeigen sie sich erst nach einigen Jahren, wenn sie sich „eingewöhnt" haben. *C. purpurascens* (syn. *C. europaeum*) wächst in ganz Europa wild. Es ist winterhart und hat grüne, an der Unterseite dunkelrote Blätter mit silberner Zeichnung. Die karminroten Blüten mit dem kleinen dunkleren Auge blühen von August bis September. Sie duften angenehm.

C. hederifolium (syn. *C. neapolitanum*) ist im ganzen Mittelmeerraum verbreitet. Es wird tief, bis 20 cm, eingesetzt und blüht im August bis September. Die Blüten sind rosa oder weiß und duften nicht. Zum Unterschied von den übrigen Arten braucht es mehr Sonne. Es benötigt einen Winterschutz.

Cyclamen purpurascens

Cyclamen hederifolium

STEPPENKERZE

Die **Steppenkerze** – *Eremurus* – bildet einen bis 2,5 m hohen, reich mit verschiedenfarbigen Blüten besetzten Schaft aus. Die Blüten sind zu Trauben zusammengestellt und blühen hintereinander von unten nach oben auf.
Diese exotische Pflanze kommt vor allem solitär in einer niedrigen Staudengruppe zur Geltung. Alle Arten blühen im Mai, im Sommer zieht die Pflanze ein und verschwindet von der Oberfläche. Die fleischige, zerbrechliche knollenartige Wurzel ist verhältnismäßig groß. Wir pflanzen sie zeitig im Herbst in eine mindestens 40 cm tiefe Grube, deren Grund wir mit durchlässigem Material aufschütten. In normalen Wintern besteht keine Erfrierungsgefahr, trotzdem empfiehlt es sich, die Bodenoberfläche mit Torf oder einer Laubschicht zu bedekken, damit die Wurzeln vor der winterlichen Feuchtigkeit geschützt bleiben. Im Frühjahr treibt die Pflanze bald aus und wächst schnell. Je mehr wir sie düngen, desto besser blüht sie.

WALDLILIE

Die **Waldlilie** – *Trillium* – der Name ist von dem lateinischen Wort *trilix* = Dreizähligkeit abgeleitet, da fast alle Teile der Pflanze dreizählig sind. Die Gattung umfaßt etwa 30 Arten, die aus den Waldgebieten Nordamerikas und Asiens stammen. Die Pflanzen verlangen einen halbschattigen Standort, am besten unter lichten Gehölzen. Trockene und warme Plätze vertragen sie nicht, ebensowenig kalkhaltige Böden. *T. grandiflorum* wird 40 cm hoch und blüht von Mai bis Juni. Die abgebildete *T. grandiflorum* hat rosa Blüten.

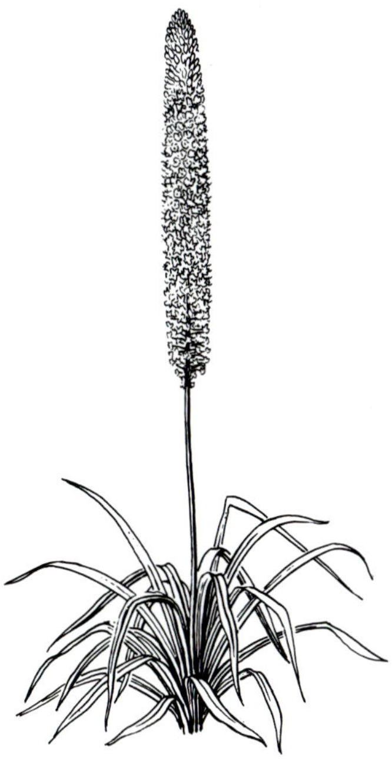

Eremurus robustus

Trillium grandiflorum

STAUDEN

Unter dem Begriff Stauden verstehen wir mehrjährige Blumen, deren unterirdische Teile überwintern. Diese sehr verbreitete Gruppe der Gartenpflanzen umfaßt eine große Anzahl von Gattungen, Arten und Sorten. Darunter befinden sich nur 5 cm hohe sowie 3 und mehr Meter hohe Pflanzen, sehr schwierig zu haltende und verunkrautende Arten. Eine Sondergruppe bilden die niedrigen Stauden für den Steingarten, die wir im Kapitel Steingartenpflanzen behandeln.

Die Stauden verleihen dem Garten einen Naturcharakter, daher eignen sie sich nicht für parkähnliche Gärten mit strengen Formen, sondern sind für naturähnliche Gärten bestimmt. Das vielfältige Sortiment der Stauden bietet eine breite Verwendungsmöglichkeit. Einige Arten blühen schon sehr zeitig im Vorfrühling, so eine Christrose – *Helleborus*, andere erst im Spätherbst, die Chrysanthemen – *Chrysanthemum*. Die Mehrzahl der Stauden sollte nach etwa fünf Jahren umgepflanzt und dabei geteilt und verjüngt werden. Wir haben so die Möglichkeit, das Aussehen der Beete durch immer neue Variationen zu verändern. Staudenbeete sollen stets aus mehreren, zu verschiedenen Zeiten blühenden Arten zusammengesetzt sein, damit sie vom zeitigen Frühjahr bis in den Herbst hinein in Blüte stehen. Dabei berücksichtigen wir auch, daß einige Pflanzen durch ihr Blattlaub dekorativ sind.

Bei der Zusammenstellung von Staudenbeeten wählen wir die Arten und Sorten so, daß sie gut aufeinander abgestimmt sind und auch ähnliche Wachstumsansprüche stellen. Ein Staudenbeet soll unregelmäßig in Form und Anordnung der einzelnen Arten sein. Wir bepflanzen es nach bestimmten Regeln. Zuerst setzen wir die Pflanzen, die das Skelett der Gruppe bilden sollen. Dies kann eine durch ihren Wuchs oder ihre Blüte besonders ausdrucksvolle Staude, aber auch ein Zierstrauch sein.

Diese Pflanzen – je nach der Größe des Beetes eine bis vier – werden nicht in die Mitte des Beetes gepflanzt, sondern etwas seitwärts, etwa in einem Drittel der Länge oder der Breite. Dann wählen wir die ergänzenden Pflanzen, die das Gleichgewicht herstellen und das Beet gut gestalten sollen; dann die Pflanzen, die nacheinander blühen und so immer neue Farbkombinationen ergeben. Sie werden nicht in einer Linie angeordnet, sondern so, daß sich eine bestimmte unregelmäßige Gruppierung vom Frühjahr bis zum Winter wiederholt. Wir ergänzen das Beet noch mit Pflanzen, deren Zierelement die Blätter sind, mit Ziergräsern und füllen schießlich die Lücken mit einjährigen Sommerblumen.

Stauden lassen sich auch mit anderen Gartenpflanzengruppen kombinieren, beispielsweise mit Zwiebel- oder Knollenblumen. Stauden blühen im Sommer und Herbst, die Zwiebel- und Knollenblumen im Frühling.

Stauden kombinieren wir auch mit Sommerblumen, besonders wenn sie einen ähnlichen Wuchscharakter aufweisen, aber auch mit Gehölzen, vor allem mit niedrigen Nadelgehölzen, nicht jedoch mit Rosen, Dahlien und einigen anderen Blumen, die eine Sonderplazierung erfordern.

Staudenblumen können oft zum Schnitt genommen werden, da sie bei guter Düngung und guten Bodenverhältnissen sehr üppig blühen.

Staudenbeete sollen im Garten so angelegt werden, daß sie vor einer anderen Anpflanzung stehen. Wir plazieren sie so, daß entweder Nadelgehölze, von denen sich die bunten Farben besonders gut abheben, oder eine Naturhecke, eine Pergola oder ein Gebäude den Hintergrund bilden. In die Nähe von Sitzplätzen und Terrassen wählen wir zarte Arten, an einem entfernteren Platz pflanzen wir höhere, robustere Arten in ausdrucksvollen Farben.

Die Stauden wachsen mehrere Jahre am gleichen Platz. Vor der Anpflanzung müssen wir den Boden gut vorbereiten, bis in eine Tiefe von 30 cm auflockern, sorgfältig jäten, mit Kompost düngen oder mit Torf versetzen und von Steinen befreien. Ist der Boden schwer und lehmig, wird außer Torf noch Sand, Asche und ein guter Kompost beigemengt, damit er durchlässig wird; ist er zu leicht, fügen wir außer Torf noch schweren Kompost aus Stalldünger hinzu. Der Rand eines Staudenbeetes erfordert ständige Pflege. In den meisten Fällen grenzt er an den Rasen, der ständig in das Beet hineinwächst und so das Aussehen beeinträchtigt. Der Beetrand soll gleichmäßig abgekantet sein. Das kann erreicht werden, indem wir an den Rändern des Staudenbeetes ein etwa 20 cm hohes verzinktes Blech in den Boden einlassen, und zwar so, daß sich seine obere Kante im Niveau der Bodenoberfläche befindet und somit unsichtbar bleibt. Weder die Wurzeln der Gräser, noch die der Stauden können durchwachsen und die Beetränder lassen sich leichter sauberhalten.

Wir pflanzen die Stauden als vorgezüchtete Setzlinge oder kleine Ableger in das Beet, und zwar entweder im Herbst, September–Oktober oder im Frühjahr, März–April. Die im Frühjahr blühenden Arten werden im Herbst gepflanzt, die im Sommer und im Herbst blühenden im Frühjahr. Eine Ausnahme bilden die Schwertlilien und die Pfingstrosen, die im August gepflanzt werden. Späte Herbstanpflanzungen decken wir im ersten Winter mit Fichtenreisig zu.

Es ist gut, das Staudenbeet im Winter abzudecken, um so das Austrocknen des Bodens zu verhindern. Gut eignet sich dafür Torf, der auch das Keimen von Unkrautsamen an der Bodenoberfläche und die Bildung einer Bodenkruste verhindert. Im ersten Jahr nach der Anpflanzung muß dem Staudenbeet viel Sorgfalt gewidmet werden, später, wenn sich die Pflanzen ausbreiten, gibt es weniger Arbeit. Zu einem möglichst schnellen Wachstum brauchen die Blumen eine ständig gleichbleibende Bodenfeuchtigkeit und eine gelockerte, unkrautfreie Bodenoberfläche.

Im ersten Jahr brauchen wir nicht zusätzlich zu düngen und auch später nicht, wenn die Pflanzen in guten Boden gepflanzt wurden und im Winter Kompost gestreut wird. Dies ist eine gute Schutzmaßnahme gegen Kahlfröste und zugleich eine ausreichende Düngung. Wir wollen nicht, daß die Stauden zu sehr wachsen, sondern daß sie voll blühen. Von Zeit zu Zeit muß das Beet gejätet werden.

Nach dem Verblühen werden die Blüten oder Blütenstände abgeschnitten, weil sie nicht schön aussehen und die Pflanzen durch Samenbildung geschwächt werden. Bei einigen Arten besteht durch die Entwicklung von unzähligen Pflänzchen von ausgefallenem Samen eine Überhandnahme einer Sorte, bei anderen wieder fördern wir durch rechtzeitige Entfernung der verblühten Stengel eine Wiederholung der Blüte (Lupine – *Lupinus*, Rittersporn – *Delphinium*). Die Blätter der Stauden schneiden wir bis zum Boden ab, wenn sie einziehen, was bei einigen Stauden schon im Sommer der Fall ist, bei anderen erst, wenn der erste Frost über sie hinweggegangen ist. Einige Stauden sind auch im Winter schön. Diese können wir auch erst im Frühjahr zurückschneiden.

Auch die Stauden bleiben von Krankheiten und Schädlingen nicht verschont, doch gilt auch hier der Grundsatz, daß gutgepflegte Pflanzen nicht so betroffen werden. Bei richtiger Pflege fallen die physiologischen Krankheiten, die als Reaktion der Pflanze auf schlechte Bedingungen oder unfachliche Behandlung entstehen, fort.

Die Stauden sollte der Gartenbesitzer beim Gärtner kaufen, denn nur so hat er die Garantie, in den Besitz einer guten Sorte und einer gesunden und kräftigen Pflanze zu kommen. Will er sie jedoch selbst vermehren, macht dies bei der Mehrzahl der Arten – durch Samen, Teilung der Büsche, Ableger – keine großen Schwierigkeiten. Wir betonen jedoch: Eine Vermehrung muß von den kräftigen, bestentwickelten und gesündesten Pflanzen vorgenommen werden, sonst kommt es zu einer Degeneration, einer Qualitätsverschlechterung der Pflanzen. Einige Arten breiten sich mit der Zeit derart aus, daß wir sie eindämmen müssen, da sie die anderen sonst erdrücken. Sie müssen durch Verkleinerung des Wurzelballens, Beseitigung der Wurzelausläufer sowie der verblühten Blüten, um deren Aussamen zu verhindern, eingeschränkt und bereits ausgesamte junge Pflanzen ausgejätet werden. Eine Pflanze wirkt nur in einem bestimmten Verhältnis zu anderen Arten schön, wird dieses nicht beachtet, verliert sie ihren dekorativen Wert.

SCHLEIERKRAUT

Das **Schleierkraut** – *Gypsophila paniculata* – ist eine besonders ausdauernde Blume. Sie bildet einen luftigen kleinen Strauch von etwa 1 m Höhe, der von einer Menge kleiner Blüten übersät ist. Man nimmt das Schleierkraut gern als Beigabe in Schnittblumensträuße.

Das Schleierkraut ist in Südosteuropa und Westasien beheimatet, wo es auf Sandböden wächst. Es gibt etwa 90 Arten, ausdauernde, wie einjährige, einige sind niedrig und eignen sich daher auch für den Steingarten. *G. paniculata* gibt es in mehreren Sorten in Weiß und Rosa.

Das Schleierkraut ist für trockene, sonnige Plätze besonders geeignet. Es blüht von Juli bis August. An feuchteren Stellen wächst es nicht gut, besonders im Winter verfaulen die Wurzeln. Auch nach dem Verblühen braucht es Trockenheit. Die einfachen Sorten werden im Frühjahr aus Samen vermehrt, die gefüllten, die viel hübscher sind, besser im Sommer durch Pfropfen. Die gefüllten Formen lassen sich zwar auch aus Samen vermehren, doch geht aus der Aussaat eine Vielzahl einfach blühender Pflanzen hervor.

Die Fülle zarter kleiner Blüten macht jeden Strauß duftiger, daher wird *G. paniculata* gern als Ergänzung von Schnittblumensträußen verwendet, namentlich von Bartnelken – *Dianthus barbatus*, Gartennelken – *Dianthus caryophyllus*, Glokkenblumen – *Campanula glomerata,* Mädchenauge – Coreopsis, Kokardenblumen – *Gaillardia*, Purpurglöckchen – *Heuchera*, Trollblumen – *Trollius* u.ä.

Gypsophila paniculata

PRACHTSPIERE

Die **Prachtspiere** – *Astilbe* – ist eine interessante Staude, die an hohen Stengeln reiche, federartige Rispen kleiner, zarter Blüten ausbildet. Die einzelnen Teile der Rispe weisen verschiedene Schattierungen oder auch verschiedene Farben auf. Beheimatet ist sie in Südostasien, in China und Japan, wo es etwa 30 Arten gibt. Diese Arten sind so gekreuzt, daß heute nur noch Hybriden in den Gärten gepflanzt werden, manche nur 30 cm, andere auch 2 m hoch. Am bekanntesten ist die Gruppe *A. Arendsii*-Hybriden, in der mittelhohe bis hohe Pflanzen mit einer Blütezeit von Juni–August vertreten sind, die sich alle hervorragend zum Schnitt eignen. *A. Arendsii*-Hybride ist eine Staude für sonnige bis halbschattige Standorte. Sie braucht einen nährstoffreichen, humosen, feuchten Boden und muß während der Triebzeit zusätzlich gewässert werden. An einem solchen Standort halten die Pflanzen viele Jahre ohne sonderliche Pflege gut aus. Die Wurzeln der älteren Büsche kriechen allmählich aus dem Boden, deshalb empfiehlt es sich, sie mit Torf oder Kompost zu bedecken. Sie lassen sich sehr leicht, im Herbst oder im Frühjahr, durch Teilung vermehren.

Es werden viele Sorten gezüchtet. Von den vielen Sorten empfehlen wir 'Brautschleier', weiß, 'Cattleya', rosa, 'Fanal', dunkelrot, 'Granat', kräftig rot.

Im Handel werden noch die halbhohen, frühen Sorten der *Japonica*-Hybriden und niedrige frühe mit lockeren Rispen und leicht überehängendem Kopf der Sorte *Simplicifolia*-Hybriden und hohe späte mit breiten überhängenden Rispen der Sorte *Thunbergii*-Hybriden angeboten.

Die Prachtspieren werden in den Garten nur wenig gepflanzt. Oft sieht man sie dagegen in Parks oder an den Ufern natür-

licher Wasserbecken. Die Pflanzen sind schon beim Austreiben sehr effektvoll, denn bei manchen Sorten sind die jungen Blätter rot, bei anderen grün, bei weiteren bräunlich oder braunrot.

Die Prachtspiere eignet sich ausgezeichnet zum Schnitt, sie bleibt 14 Tage in der Vase frisch. Bei einer Kombination mit anderen Blumenarten muß die Wahl gut erwogen werden. Empfehlenswert sind verschiedene farbige Kombinationen mit den Arten *Aruncus, Primula, Aconitum, Iris, Trollius* u.ä.

Am schönsten wirken die Prachtspieren in einem Strauß allein, einfarbig oder in verschiedenen Pastellfarben kombiniert.

GEISSBART

Der **Geißbart** – *Aruncus dioicus* (syn. *A. sylvester*) – ähnelt der eben besprochenen Prachtspiere (*Astilbe*), gehört jedoch botanisch in eine andere Familie. Beheimatet ist der Geißbart in der ganzen nördlichen gemäßigten Zone, wild wächst er an feuchteren Plätzen in Frankreich, Deutschland, Polen und anderen Ländern. In den Gärten wird er kaum gezüchtet, er ist eine ausgesprochene Parkpflanze. Er liebt feuchtere, halbschattige Standorte mit humosem, saurem Boden, an der Sonne gedeiht er nicht besonders, an trockenen Stellen wächst er überhaupt nicht. Er ist etwa 150 cm hoch und blüht im Juni–Juli. Die Blattbüschel sind während der ganzen Vegetationsperiode, auch nach der Blüte, eine Zier. Im Garten wird er mit *Astilbe, Delphinium, Eryngium, Polygonatum, Trollius* kombiniert. In der Vase macht er sich in großen Pfingstrosen- oder Ritterspornsträußen sehr gut.

Astilbe Arendsii-Hybride

Aruncus dioicus

Die **Schwertlilie** – *Iris* – gehört zu den beliebtesten und somit auch meistgezüchteten Stauden. Die botanische Einteilung dieser umfangreichen Gattung ist sehr kompliziert. Ihre Heimat ist die ganze nördliche gemäßigte Zone. Die rhizomebildenden großblütigen Schwertlilien sind Kreuzungen mehrerer botanischer Arten und werden heute unter der Bezeichnung Garteniris (*Iris germanica*) geführt und nach der Wuchshöhe in niedrige – *Iris* × *Barbata Nana*-Gruppe, halbhohe – *Iris* × *Barbata Media*-Gruppe, und hohe – *Iris* × *Barbata elatior*-Gruppe eingeteilt. In jeder dieser Gruppen gibt es viele Sorten und es entstehen ständig neue, da sich Gärtner und Amateure der ganzen Welt mit der Veredelung von Schwertlilien befassen. Die Blüten haben verschiedene Farben. Bei der Wahl der Sorte sollte nicht nur die schöne Blüte, sondern auch die Länge der Blütezeit und die Anzahl der Jahre, die die Pflanze am Standort aushält, berücksichtigt werden. Die großblütigen Schwertlilien verlangen eine warme, sonnige Lage und durchlässigen Boden, Trockenheit ertragen sie verhältnismäßig gut, im Schatten und bei übermäßigem Düngen mit Stickstoff leiden sie an verschiedenen Krankheiten, namentlich an bakterieller Fäulnis der Rhizome. Nach drei bis fünf Jahren ist es gut, die Pflanzen aus dem Boden zu nehmen, die Büsche zu teilen, zu säubern und die Rhizome flach einzupflanzen. Alte Büsche blühen weniger. Die Teilung und Neupflanzung sollte gleich nach der Blüte geschehen, später im Herbst gepflanzte kommen im nächsten Jahr nicht zur Blüte.
Es gibt viele Schwertlilienarten. Wir nennen *Iris sibirica* (Wiesenschwertlilie), *Iris sanguinea* aus Ostasien, *Iris kaempferi* aus Korea u.a. Alle stellen unterschiedliche Anforderungen an die Pflege und sind in den Gärten seltener anzutreffen.
Die Garten-Schwertlilien sind überall verwendbar. Sie eignen sich gut zum Schnitt. Sie müssen in der Knospe, knapp vor dem Aufblühen, geschnitten werden, blühen dann in der Vase auf. Sie lassen sich gut mit anderen Blumen kombinieren.

Iris Barbata-Hybride

Die **Akelei** – *Aquilegia*-Hybride hat einen Sporn an ihrer Blüte. Sie wächst in der ganzen gemäßigten Zone der nördlichen Halbkugel wild. In den Gärten werden nur Hybriden gepflanzt, die durch Kreuzungen mehrerer Arten entstanden sind. Die vollenwickelten Pflanzen bilden kräftige, 50–80 cm hohe Büsche mit zahlreichen Blüten in vielen Farben. Blütezeit Mai–Juni.
Sie sind anspruchslos, am besten sagt ihnen ein leicht feuchter Standort im Halbschatten zu. Die Vermehrung geschieht aus Samen, manchmal samen sie sich selbst aus, verlieren dann jedoch an Schönheit. Sie sollen nur aus veredelten Samen gezüchtet werden. Die Akelei eignet sich für bunte Staudenbeete und größere Steingärten. Sie ist eine dankbare Schnittblume, die sich zu hübschen, duftigen Sträußen binden läßt. Schön wirken sie mit Schleierkraut – *Gypsophila paniculata*, Gemswurz – *Doronicum*, Anemonen – *Anemone sylvestris*, Gänsekresse – *Arabis*, Schleifenblume – *Iberis* usw. kombiniert. Die verblühten Blüten müssen entfernt werden.

Die **Taglilie** – *Hemerocallis* – ist eine interessante, den Lilien ähnliche Staude. Die Blüten der von Europa bis Ostasien beheimateten Stammarten sind klein, gelb oder orange. Durch Veredelung entstanden Hybriden in weiteren Farben – Rot, Rosa und Braun mit großen Blüten. Sie bilden große Büsche, aus denen lange Stengel sprießen. Die einzelnen Blüten blühen nur einen Tag, trotzdem steht der Busch sehr lange in Blüte, da er bis 40 Knospen entwickelt, die nacheinander aufblühen.

Die Taglilien sind anspruchslos und halten mehrere Jahre am Standort aus. Am besten gedeihen sie in der Sonne. Wir pflanzen sie in Abständen von 50 cm und setzen sie möglichst nicht um, weil ihre wahre Schönheit erst nach einigen Jahren des Wachstums zur Geltung kommt. Im Herbst erfolgt die Vermehrung durch Teilung der Büsche. Sie eignen sich vor allem für gemischte Staudenbeete. Auch ihr Laub wirkt dekorativ. Sie erfüllen eine ähnliche Funktion wie die Ziergräser: Sie treiben früh aus, sind während der ganzen Vegetationsperiode belaubt und ziehen erst spät im Herbst ein.

Hemerocallis citrina

Aquilegia-Hybride

Die **Wucherblume** – *Chrysanthemum* – ist eine sehr umfangreiche und für den Gartenbau wichtige Blumengattung. Sie ist sowohl durch Stauden als auch durch einjährige Sommerblumen vertreten. Von den Stauden wird in den Gärten am häufigsten die in Europa heimische Wiesenmargerite – *Ch. leucanthemum* gezüchtet. Sie erblüht Ende Mai, einige Sorten auch ein zweites Mal im August.
In den letzten Jahren wird sie von der großen Margerite – *Ch. maximum* – verdrängt. Sie wird 1 m hoch, ihre Blüten sind über 10 cm breit, blühen von Juni–September und remontieren nicht. Es sind viele hervorragende Sorten im Handel.
Die Margeriten brauchen zu einem guten Wachstum Sonne, nährstoffreichen Boden und regelmäßiges Wässern. Sie werden im Frühjahr durch Teilung der Büsche vermehrt; in der Regel erweist es sich als notwendig, sie nach drei Jahren umzupflanzen und zu teilen.
Eine zweite große Gruppe sind die Garten-Chrysanthemen – *Chrysanthemum-Indicum*-Hybriden. Sie entstanden durch Kreuzung mehrerer Arten. Diese Gruppe umfaßt eine große Vielzahl von Sorten, die in den Gärtnereien das ganze Jahr über als Schnittblume gezüchtet werden. Es gibt einfache, halbgefüllte sowie gefüllte, niedrige wie hohe Sorten in vielen Farben. Zur Anpflanzung auf Freilandbeeten werden die in großer Zahl angebotenen Hybridensorten genommen, die im September und Oktober blühen. Diese Chrysanthemen, die aus den warmen Gegenden Chinas stammen, brauchen einen geschützten Standort, lockeren Boden, regelmäßiges Wässern, im Winter eher Trockenheit und einen leichten Winterschutz. Die Vermehrung ist schwierig, daher empfiehlt sich der Neukauf von Jungpflanzen. Eine weitere bedeutende Gruppe die-

Chrysanthemum maximum

Chrysanthemum-Indicum-Hybride 'Burgunder'

ser Gattung bildet die Buntmargerite – *Chrysanthemum coccineum* – bekannt unter dem Synonym *Pyrethrum roseum* –, rosa bis rote Margeriten mit heller Mitte, die im Mai bis Juni und, nach kurzer Ruhepause bei reichlichem Gießen, im Juli erneut blühen. Sie brauchen zu einem guten Wachstum viel Sonne, nährstoffreichen Boden und regelmäßiges Wässern. Umpflanzen vertragen sie schlecht. Die Vermehrung erfolgt durch Teilung, am besten gleich nach dem Verblühen, ist aber auch aus Samen möglich.

Sämtliche Chrysanthemen und Margeriten machen sich schön auf einem Beet, wenn sie in einer größeren Partie gepflanzt sind. Da sie dazu neigen, sich zu legen, ist es angebracht, sie anzubinden. Sie alle sind ideale Schnittblumen für die Vase und für Blumenarrangements. Sie werden dazu allein oder in einer Mischung verwendet und können praktisch mit allen Stauden, wie auch mit anderen Blumen, kombiniert werden. In der Vase bleiben sie sehr lange frisch.

Chrysanthemum coccineum

Die **Purpur-Rudbeckia** – *Echinacea purpurea* – ähnelt der Rudbeckia, zu deren Gattung sie auch früher gehörte (syn. *Rudbeckia purpurea*). Sie stammt aus Nordamerika, wird bis 1 m hoch und hat purpurrote Blüten. Blütezeit Juli–Oktober. Sie ist für sonnige und halbschattige Standorte geeignet. Sie läßt sich leicht durch Samen vermehren. Im Handel sind mehrere Sorten in vielen Farben.

Echinacea purpurea

GEMSWURZ

Die **Gemswurz** – *Doronicum* – ist eine sehr beliebte Frühlingsblume. Sie stammt aus Europa und Asien. Im wesentlichen werden zwei Arten angepflanzt – die niedrige *D. orientale* (syn. *D. caucasicum*), deren Blüten schon im April aufgehen und die höhere *D. columnae*, die in der ersten Maihälfte blüht. Am besten gedeiht sie in nährstoffreichem, humosem, feuchtem Boden in der Sonne oder im Halbschatten. Sie wird durch Teilung der Büsche vermehrt und hält viele Jahre am Standort aus. Schön macht sie sich in bunten Staudenbeeten, auch als Schnittblume ist sie gut geeignet.

Doronicum orientale

SONNENHUT

Der **Sonnenhut** – *Rudbeckia* – eine umfangreiche Gattung sehr beliebter Blumen, bei denen die gelbe Farbe vorherrscht. Sie stammt aus Nordamerika. Einige Arten sind einjährig, die meisten ausdauernd. Sie sind sehr anspruchslos, bevorzugen feuchten, humosen Boden. Am häufigsten wird die etwa 60 cm hohe *R. fulgida*, deren große goldgelbe Blüten mit braunschwarzen Scheiben sich im August bis Oktober entfalten, angepflanzt. Von ihren Varietäten sind am bekanntesten: *R. fulgida* var. *sullivantii* und var. *deamii*. Es gibt auch die bis 2 m hohe *R. laciniata*, mit vielen dunkelgelben Blüten von Juli bis September übersät. 1 m hoch wird *R. nitida*, mit einer einfacheren Blüte, jedoch mit dunkler Scheibe. Sie breitet sich weniger aus. Gern genommen wird auch *R. hirta*, mit großen, einfachen braunroten und gelben Blüten in verschiedenen Farbschattierungen. Sie verlangt einen trockeneren Boden und ist vielleicht die beste Staude zum Schnitt, da sie sehr lange in der Vase hält. Sie wird oft einjährig aus Samen gezogen, die Sämlinge blühen schon im ersten Jahr. Alle Sonnenhüte werden meist durch Teilung der Büsche vermehrt.

Rudbeckia fulgida

MÄDCHENAUGE

Das **Mädchenauge** – *Coreopsis* – stammt aus Nordamerika und dem tropischen Afrika. Es gibt 120 Arten, die schönsten und größten Blüten hat *C. grandiflora.* Die Staude wird 60 cm hoch. Sie verlangt für ein gutes Wachstum Sonne und nährstoffreichen Boden und muß nach drei Jahren geteilt und umgepflanzt werden. Die Blüten halten an der Pflanze sowie in der Vase sehr lange und alle Knospen blühen auf. Verblühte Blüten müssen sogleich entfernt werden, sonst wird die Pflanze durch Samenbildung entkräftet.

FLOCKENBLUME

Die **Flockenblume** – *Centaurea* – ist eine sehr verbreitete Gattung von Stauden und einjährigen Pflanzen. Ihre Blüten sind groß, von interessanter Form, in vielen Farben, Reinblau, Rosaviolett, Gelb, Weiß. Es sind Pflanzen, die Trockenheit und Hitze gut vertragen. In den Gärten werden vorwiegend zwei Arten gezüchtet: *C. montana*, die von den Bergwiesen der Karpaten und aller übrigen europäischen Gebirge bis zu den Pyrenäen stammt, bis 50 cm hoch ist und im Mai und Juni blüht und *C. dealbata*, in Kleinasien und im Kaukasus beheimatet, die 100 cm hoch wird und im Juni und Juli blüht. Es sind anspruchslose Pflanzen, die in tieferem, die Feuchtigkeit haltendem Boden nicht gewässert zu werden brauchen. Sie werden durch Teilung vermehrt. In guten Böden breiten sie sich auf Kosten anderer Blumen sehr stark aus.

Coreopsis grandiflora

Centaurea dealbata

SONNENAUGE

Das **Sonnenauge** – *Heliopsis helianthoides* var. *scabra* (syn. *H. scabra*) – ist eine sehr dankbare Staude, die aus Nordamerika stammt. Sie erreicht eine Höhe von 150 cm und blüht von Juli bis September, da die einzelnen Blüten nacheinander aufblühen und sehr langsam verwelken. Auch in der Vase hält sie sich gut und ist daher eine ideale Schnittblume. Sie ist anspruchslos, leidet weder unter Trockenheit noch an Krankheiten. Sie braucht nicht aufgebunden zu werden. Nur allzugroße Nässe schadet ihr. Die Vermehrung geschieht durch Teilung. Sie ist überall verwendbar. Das Sonnenauge wird mit *Monarda*, dunklen Sorten von *Helenium* und mit hohen Gräsern kombiniert, in der Vase mit *Delphinium, Rudbeckia, Liatris* und *Gypsophila.*

Heliopsis helianthoides var. *scabra*

HERBSTANEMONE

Die **Herbstanemone** – *Anemone Japonica*-Hybriden – ist eine Staude aus der Gattung *Anemone*, die auch Knollenblumen umfaßt. Die Hybriden stammen aus Kreuzungen von vielen Sorten, besonders aus Japan und China, und gehören zu den wichtigsten Blumen im Garten. Sie erreichen eine Höhe von 60–150 cm und blühen von September bis Oktober weiß, rosa oder rot, gefüllt und halbgefüllt. Sie gedeihen in der Sonne und im Halbschatten, in humosem, saurem Boden mit genügend Feuchtigkeit. Es empfiehlt sich ein Winterschutz, da sie in kälten Wintern Frostschäden erleiden können. Ihre Vermehrung ist ziemlich schwierig, sie geschieht durch Wurzelschnittlinge und ist daher nur für fachkundige Laien zu empfehlen. Die Herbstanemonen eignen sich für Beete in Gruppen mit Farnen, Rhododendren und Pflanzen mit ähnlichen Ansprüchen an den Säuregehalt des Bodens. Sehr gut passen sie zu Ziergräsern. Zum Schnitt sind sie gut geeignet.

Anemone Japonica-Hybride

SKABIOSE

Die **Skabiose** – *Scabiosa* – ist eine weitverbreitete Gattung von einjährigen Sommerblumen und Stauden aus Europa, Asien und Afrika. Die ausdauernde *S. caucasica* stammt, wie ihr Name sagt, aus dem Kaukasus. Es ist eine aufrechte, 60 bis 80 cm hohe Pflanze, die blau, weiß und violett sehr lange, von Juli bis September, blüht. Sie verlangt einen warmen, sonnigen Standort, leichten, kalkreichen Boden und muß bei Trockenheit gewässert werden. Nässe verträgt sie nicht. Wir vermehren sie durch Teilung der Büsche im Frühjahr oder auch durch Aussaat, die gut aufgeht. Sie sollte nicht im Herbst umgepflanzt werden, da sie dann die Winterperiode schlecht übersteht.

Die Skabiose ist eine allseitig verwendbare Blume für bunte Staudenbeete, als Solitärpflanze, am besten aber eignet sie sich zum Schnitt für die Vase, wo sie eine passende Ergänzung zu allen margeritenblütigen Stauden wie *Chrysanthemum, Coreopsis, Rudbeckia, Gaillardia* u.ä. bildet. Überaus schön wirkt sie solitär, sei es einfarbig oder in Farbenkombinationen.

Scabiosa caucasica

PURPURGLÖCKCHEN

Das **Purpurglöckchen** – *Heuchera sanguinea* – ist eine unauffällige Staude die aus Nordamerika stammt. Die Gattung hat viele Arten, heute werden in den Gärten nur die 30–60 cm hohen, aus Kreuzungen entstandenen Hybriden, gepflanzt. Sie blühen von Mai–Juli. Einige Sorten remontieren im August. Am besten gedeihen sie an einem sonnigen bis halbschattigen Standort in humosem Boden. Wenn sie regelmäßig gegossen werden, blühen sie auch in der Sonne gut. Im Winter brauchen sie einen leichten Winterschutz. Die Vermehrung geschieht durch Aussaat. Als Schnittblume ergibt sie, kombiniert mit *Gypsophila paniculata, Lychnis viscaria, Doronicum, Arabis,* zarte, feine Sträuße.

Heuchera sanguinea

FETTHENNE

Die **Fetthenne** – *Sedum* – gehört zu den beliebten Dickblattgewächsen. Es ist eine umfangreiche Gattung meist immergrüner Arten, von denen einige dichte Büsche bilden. Etwas abweichend vom Charakter der ganzen Gattung ist die aus China und Japan stammende Art *S. spectabile*, die aufrecht wächst, 40–50 cm hoch wird und im Spätherbst die Blätter einzieht. Sie blüht erst spät, im August und September. Sie liebt einen nährstoffreichen Boden (es genügt eine schmale Schicht) und genügend Sonne. Die Vermehrung erfolgt im Frühjahr oder Frühherbst durch Teilung. Ältere Büsche müssen von Zeit zu Zeit geteilt und verpflanzt werden, sonst blühen sie weniger. Einige Sorten haben gelbgefleckte Blätter.
Wir pflanzen sie auf Staudenbeete oder in Naturpartien, wo sie zu einer Zeit, da nur wenige Pflanzen blühen, reizvolle Akzente setzen. Besonderheit der Pflanze ist es, daß ihre Blüten die Schmetterlinge anziehen.

LUPINE

Die **Lupine** – *Lupinus* – ist eine effektvolle Staude. Sie stammt aus dem Mittelmeergebiet und Afrika. Die Arten sind untereinander derart gekreuzt, daß heute nur noch Hybriden verwendet werden. Am bekanntesten ist die Gruppe der Russel-Hybriden, die eine breite Farbskala von Gelb über Rosa, Rot, Blau bis Weiß aufweisen. Einige Sorten haben zweifarbige Blüten. Ihre Höhe beträgt 70–100 cm. Sie blühen von Mai–August. Vermehrung durch Aussaat, z.T. farbecht.
Wenn wir keinen Samen brauchen, schneiden wir die Blüten gleich nach dem Verblühen ab, sie blühen dann ein zweites Mal.
Die Lupinen brauchen einen nährstoffreichen, tiefen, kalkfreien Boden und einen sonnigen Standort. Man kann eine leichte Abdeckung vornehmen.
Den größten Effekt machen Lupinen in größeren, bunten Gruppen, sind aber auch im Staudenbeet zu verwenden. Sie eignen sich gut zum Schnitt.

Sedum spectabile

Lupinus Russel-Hybride

WOLFSMILCH

Die Gattung **Wolfsmilch** – *Euphorbia* – umfaßt etwa 1600 Arten, die in den gemäßigten Zonen der ganzen Welt wachsen. Für den Garten kommen nur einige Arten in Betracht. *E. polychroma* (Goldwolfsmilch), ein 30–50 cm hoher Strauch mit unauffälligen Blüten, die sich in den Blattwinkeln verstecken. Dekorativ sind die Rosetten der Hochblätter, die sich im Mai und Juni gelb färben und im Garten weithin leuchten. Am besten gedeiht sie in durchlässigem, kalkreichem Boden, in der Sonne und im Halbschatten. An sonnigen Plätzen sind die Sträucher kompakter und die Blätter färben sich im Herbst rot. Nach mehreren Jahren bildet die Pflanze große Büsche, die geteilt und auseinandergesetzt werden müssen. Sie läßt sich auch aus Samen vermehren.
Wir verwenden sie auf Beeten mit niedrigen Pflanzen, am besten jedoch in Naturpartien. Schön ist die Wolfsmilch auch an Wasserflächen oder kleinen Bassins.

Euphorbia polychroma

GOLDRUTE

Die **Goldrute** – *Solidago* – ist eine sehr bekannte Pflanze, deren Rispen vielfach ganze Bestände bilden. Sie stammt aus Nordamerika. Sie breitet sich – mag sie nun nur 30 cm oder auch 2 m hoch sein – mit ihren Ausläufern derart lästig aus, daß sie den ganzen Garten überwuchert, wenn man nicht aufpaßt. Die modernen Sorten breiten sich weniger stark aus, doch dürfen wir sie nicht aussamen lassen. Die Goldrute ist völlig anspruchslos, wächst überall. Gut eignet sie sich, einen häßlichen Winkel zu tarnen oder eine Lücke auszufüllen.

Solidago-Hybride

Die **Primel** – *Primula* – ist eine sehr umfangreiche Gattung von Gartenpflanzen, die aus Asien und Osteuropa stammen. Einige Arten sind empfindlich und werden nur im Treibhaus gezüchtet. Von den vielen Arten führen wir zwei besonders beliebte und verbreitete an: *P. denticulata* (Kugel-Primel), aus deren bodennaher Blattrosette im März und April ein blattloser Stengel emporwächst, der in etwa 25 cm Höhe von einem kugeligen Blütenstand abgeschlossen wird. *P. vulgaris* (syn. *P. acaulis*) ist eine nur 5–10 cm hohe Sorte, deren Blüten einzeln hervorsprießen und Kissen bilden. Die Stammart ist gelb, die Hybriden sind blau, rot, weiß, rosa, größtenteils mit einem gelben Auge. Die Blüten sind ziemlich groß.
Diese beiden Primeln gedeihen in normalen Gartenböden mit genügend Feuchtigkeit und werden in der Sommerperiode, nach dem Verblühen, durch Teilung oder aus Samen vermehrt. Sie werden zu Beeteinfassungen verwendet, auch zwischen Frühjahrs-Zwiebelblumen und als Unterpflanzung von Bäumen und Sträuchern. Sie können auch in Töpfe umgepflanzt und im Zimmer gezogen werden.

Primula denticulata

Primula vulgaris

ADONISRÖSCHEN

Das **Adonisröschen** – *Adonis* – gehört zu den beliebtesten Gartenblumen. Es werden hauptsächlich zwei Arten gezüchtet: *A. amurensis*, die aus Rußland und Japan stammt, schon im Februar und März blüht, erst nach der Blüte Blätter ausbildet und Ende Juni einzieht, und *A. vernalis,* die von Europa bis Sibirien zu Hause ist, im April und Mai blüht und im Sommer einzieht. Anfänglich wächst sie langsam, später bildet sie jedoch schöne Büsche und hält lange Jahre aus. Die Adonisröschen lieben sonnige Standorte und durchlässigen Kalkboden. Die Pflanzen sind giftig. Sie werden hauptsächlich aus Samen vermehrt, der kurz vor der Reife geerntet und gleich ausgesät wird.

Adonis vernalis

NELKENWURZ

Die **Nelkenwurz** – *Geum*-Hybride – ist eine bescheidene Staude, die in den gemäßigten Zonen der Erde verbreitet ist. Ihre 30–60 cm hohen, verzweigten Stengel tragen hübsche, meist orange, aber auch rote und gelbe Blüten.
Sie blüht von Mai bis Juni, einige Sorten bis Juli, ist sehr anspruchslos, liebt Feuchtigkeit, gedeiht aber auch in trockenem Boden. Die Vermehrung erfolgt durch Teilung der Büsche. Sie eignet sich für Staudenbeete mit niedrigen Pflanzen.

Geum-Hybride

Die **Kokardenblumen** – *Gaillardia* – beleben mit ihren mehrfarbigen Blüten ungemein das Bild unserer Gärten. Es gibt mehrjährige wie einjährige Arten, die alle aus Mittel- und Nordamerika stammen. Von den mehrjährigen Kokardenblumen werden im Handel nur Hybriden angeboten, von den hohen, etwa 70–80 cm, mit niederliegenden Stengeln, die sich auch zum Schnitt eignen, sind die Sorten 'Burgunder', 'Fackelschein' und 'Tokayer' zu nennen. Die niedrigen, 20–30 cm hohen, die mächtige Büschel bilden, eignen sich für bunte Staudenbeete. Hier ist die Sorte 'Kobold' zu nennen. Die Kokardenblumen brauchen Sonne, eine warme Lage und guten, durchlässigen Boden. Vermehrt werden sie aus Samen und durch Teilung. Sie halten nur kurze Zeit, 2–3 Jahre, im Beet aus und müssen dann erneuert werden.

Gaillardia-Hybride

Die **Lichtnelken** – *Lychnis* – sind den Nelken verwandte Stauden. In diese Gattung gehören zwei im Aussehen ziemlich verschiedene Arten. *L. viscaria*, die bekannte Pechnelke, ist in Europa heimisch und wächst auf Wiesen und Berglehnen. Als dekorative Gartenblume ist die gefüllte Form zu empfehlen, deren leuchtend rosarote Blüten im Mai und Juni an einem 30–40 cm hohen Stengel erblühen. Sie liebt sonnige Plätze. Die Vermehrung erfolgt durch Teilung. Sie kann auch zum Schnitt verwendet werden. Besonders effektvoll ist sie allein in einer kleineren Vase, zusammen mit einem Ziergras (*Festuca, Helic-*

Lychnis chalcedonica

totrichon, Phalaris). *L. chalcedonica*, genannt „Brennende Liebe", ist eine altbewährte Blume der Bauergärten. Ihre Heimat sind die Steppen der Ukraine und Sibiriens. Sie erreicht eine Höhe von 70–100 cm und blüht im Juni–August. Sie ist anspruchslos, häufig samt sie sich sogar selbst aus. Ihre leuchtend rote Farbe kommt auf einem Beet mit weißen Margeriten – *Chrysanthemum maximum*, mit *Erigeron, Delphinium, Achillea* schön zur Geltung. Sie kann auch zwischen ausgesprochen trockenheitsliebenden Arten wie *Nepeta, Stachys, Inula* u.ä. gepflanzt werden.

Lychnis viscaria

Das **Berufkraut** – *Erigeron* – ist eine breite Gattung von Gartenpflanzen, die über die ganze Welt verbreitet ist. Aus den wenigen Arten, denen als Zierblumen Bedeutung zukommt, wurde eine einzige, als E.-Hybride bezeichnete Kreuzung herangezüchtet, die wegen ihrer Schönheit in den Garten gern gepflanzt wird. Das Berufkraut ähnelt stark den Astern, blüht aber schon im Juni, während die Asternarten erst im Spätsommer blühen. *Erigeron* wird 50–80 cm hoch und blüht hauptsächlich blau, es gibt aber auch rosa und silberviolette Sorten. Einige sind auch gefüllt. Es sind anspruchslose Blumen, die lediglich guten Gartenboden, Sonne und regelmäßige Bewässerung brauchen. Die Blüten werden gleich nach dem Verblühen abgeschnitten, die frühen Sorten remontieren dann im Herbst. Die Vermehrung geschieht im Frühjahr durch Teilung der Büsche. Wir verwenden die Pflanze für bunte Staudenbeete, die niedrigeren Arten auch als Beeteinfassung.

Erigeron-Hybride

GARBE

Die **Garbe** (Schafgarbe) – *Achillea* – ist eine verbreitete Staudengattung, die auf der ganzen nördlichen Halbkugel, vor allem in Europa und Asien heimisch ist. Sie umfaßt 100 Arten, von ganz kleinen bis zu hohen. Auch in den Gärten, besonders im Naturstil, werden sie gern angepflanzt. Eine ausdrucksvolle Staude ist *A. filipendulina*, die aus dem Kaukasus stammt. Sie wird 70 cm hoch und blüht im Juli bis August. Die gelben Blütendolden sind 10–15 cm breit. An Standort und Pflege stellt sie keine Ansprüche; sie braucht auch nicht regelmäßig gegossen zu werden. Wir vermehren sie im Herbst durch Teilung der Büsche. Sie wird vor allem in Naturparks, in größeren Gruppen vor Ziergehölzen angepflanzt, in Gärten nur als Hintergrund für ausdrucksvollere Blumen. Gut kombinieren läßt sie sich mit *Lychnis chalcedonica, Nepeta, Salvia nemorosa* u.ä. Stauden mit gleichen Ansprüchen. Sie eignet sich auch zum Schnitt und bleibt in der Vase lange frisch. Auch läßt sie sich trocknen und zu Wintersträußen verwenden, da sie ihre Farbe behält.

Achillea filipendulina

WIESENRAUTE

Die **Wiesenraute** – *Thalictrum* – stellt unter den Blumen eine gewisse Besonderheit dar. Aus dieser sehr umfangreichen, über die ganze Welt verbreiteten Gattung wird in den Gärten gern die Art *Th. aquilegifolium* – Amstelraute – gepflanzt, deren Verbreitungsgebiet von Europa bis Nordamerika reicht. Die Blätter lassen in ihrer Form an Akelei – *Aquilegia* – denken, die Blüten sind große, lockere Rispen kleiner Staubblätter mit verbreiterten Fäden. Sie sind violett oder weiß. Die Pflanze wird etwa 40–150 cm hoch und blüht im Mai und Juli. Am besten gedeiht sie im Halbschatten, in frischem, humosem, kalkfreiem Boden. An einem trockenen Standort wirft sie die Blätter ab. Sie läßt sich leicht aus Samen vermehren.

Am besten kommt sie in großzügig angelegten Naturgärten zur Geltung. In der Natur wächst sie auf Waldwiesen, deshalb hebt sie sich auch im Garten vor dunklen Gehölzen gut ab. Als Ergänzung oder Kombination empfehlen sich *Achillea filipendulina*, ferner Akelei – *Aquilegia*, Islandmohn – *Papaver nudicule*, Salomonssiegel – *Polygonatum* u.ä.

Thalictrum aquilegifolium

EHRENPREIS

Der **Ehrenpreis** – *Veronica* – ist eine sehr umfangreiche Staudengattung, deren einzelne Arten im Charakter, in der Pflege und im Aussehen stark voneinander abweichen. Für den Garten sind die niedrigen und kriechenden Arten am geeignetsten. Die Art *V. spicata* ssp. *incana* stammt aus Südosteuropa und Nordasien. Aus der bodennahen Rosette lanzettlicher Blätter wachsen aufrechte 30–50 cm hohe Stengel. Die kleinen blauen Blüten erblühen nacheinander von Juni–Juli. Die ganze Pflanze ist silbrig, filzig. Am besten gedeiht sie in durchlässigem, saurem Boden, in sonniger bis halbschattiger Lage. Sie läßt sich durch Teilung leicht vermehren.

In erster Linie eignet sie sich für den Heidegarten oder für trockene Staudenpartien. Bei geeigneter Pflege bildet sie dort zusammenhängende Bestände.

Veronica spicata ssp. *incana*

SONNENBRAUT

Die **Sonnenbraut** – *Helenium* – ist eine etwas in Vergessenheit geratene, doch allseitig verwendbare Staude. Die alten Arten dieser aus Nord- und Südamerika stammenden Gattung sind hoch, wenig belaubt und eignen sich für Gärten mit Naturcharakter. Sie blühen größtenteils erst im Herbst. In den letzten Jahren wurden neue Sorten herangezogen, die früher blühen und einen anderen Habitus haben. Sie sind verzweigter, niedriger und breiter, und ihr gesamter Bau ist lockerer. Die Blüten stehen einzeln an längeren Stengeln; sie blühen rot, gelb oder rotbraun. Die meisten Sorten haben eine dunkle Scheibe, blühen ab Juli sehr lange bis tief in den Herbst hinein. Diese neuen Sorten verdienen es, mehr gepflanzt zu werden. Sie stellen keine Ansprüche an die Pflege, sie brauchen nur Sonne und regelmäßige Bewässerung, denn Trockenheit vertragen sie nicht. Die Vermehrung erfolgt durch Teilung der Büsche und zwar nur im Frühjahr; beim Umpflanzen im Herbst gibt es meist Verluste.

Sie lassen sich für große, bunte gemischte Gruppen verwenden. In der Vase arrangieren wir sie entweder allein oder mit weißen Margeriten – *Chrysanthemum*, gelben Studentenblumen – *Tagetes* und rosa Skabiosen – *Scabiosa.*

Helenium-Hybride

Die **Pfirsichblättrige Glockenblume** – *Campanula persicifolia* – ist eine schöne Staude aus der breiten Gattung *Campanula*, die 250–300 über die ganze nördliche Halbkugel, vorwiegend in Europa, verbreitete Arten umfaßt. Es gibt hohe und niedrige. Die niedrigen, für den Steingarten geeigneten Arten, von denen wir im Kapitel Steingartenpflanzen *C. portenschlagiana* beschreiben, und die hohen, von denen die überall gezüchtete Art *C. medium* zu den Zweijährigen gehört, im Kapitel Sommerblumen. Die übrigen Arten sind ausdauernd, und wir haben *C. persicifolia* ausgewählt, weil sie die bekannteste und meistgezüchtete ist. Sie wächst wild in Europa bis Armenien. Aus der bodennahen Rosette wachsen mehrere wenig belaubte, bis 1 m hohe Stengel mit lockeren Blütentrauben hervor, die im Juni–August blühen. Die Stammart ist hellblau oder weiß. Es gibt auch gefüllte Sorten, die jedoch den schönen leichten Charakter der Glockenblumenblüten verlieren.

Sie gedeiht in lehmigem Gartenboden mit genügend Feuchtigkeit, in der Sonne wie im Halbschatten. Längere Zeit verträgt sie auch leichte Trockenheit. Sie wird durch Teilung vermehrt, aber auch aus Samen gezogen. Die gefüllten Sorten bilden keine Samen aus.

Wir verwenden sie für gemischte Staudenbeete und freie Staudengruppen sowie in Naturpartien. Sie eignet sich auch zum Schnitt. In der Vase macht sie sich am besten allein, nur mit weißem oder rosa Schleierkraut – *Gypsophila* ergänzt. Schön sind Kombinationen mit Margeriten – *Chrysanthemum leucanthemum* oder Bartnelken – *Dianthus barbatus* und Mädchenauge – *Coreopsis*. Von den weiteren höheren Glockenblumenarten eignet sich für den Garten die etwa 50–60 cm hohe *C. glomerata* (Knäuelglockenblume), die von Juni–August blüht. Die Blüten sind violett, sitzen am Stengelende und in den Blattachseln. Sie ist eine hervorragende Schnittblume. An sonnigen Standorten und in gutem Boden breitet sie sich stark durch unterirdische Ausläufer aus. Ferner *C. latifolia*, bis 150 cm hoch, deren violettblaue über 5 cm lange Glocken im Juni und Juli blühen, eine gleichfalls zum Schnitt verwendbare Blume.

Campanula persicifolia

Der **Türkische Mohn** – *Papaver orientale* – gehört in die große Gattung der in der gemäßigten und subtropischen Zone der Alten Welt verbreiteten Mohne. Es gibt einjährige und ausdauernde, die alle bei einer Verletzung Milchsaft absondern. Wir kennen niedrige wie hohe Arten. Eine der niedrigen Arten *P. kerneri* beschreiben wir im Kapitel Steingartenpflanzen. Von den hohen Mohnarten ist *P. orientale* der bekannteste. Er wird bis 1,5 m hoch und blüht im Mai–Juni. Die Stammart ist rot, die veredelten Sorten sind weiß, rosa oder lachsfarben. Nach dem Verblühen sterben die Blätter ab, die Pflanze zieht ein und treibt im Herbst neue Blätter aus, die den Winter überdauern.

P. orientale verlangt einen sonnigen Standort und nährstoffreichen Boden. Er kann aus Samen gezogen werden, die jetzt auch in Farben ziehbar sind. Sie werden vor allem in bunte Staudengruppen gepflanzt, da ihre großen Blüten und die kräftigen Farben sehr auffallend sind.

Der **Phlox** (Flannenblume) – *Phlox paniculata* – stammt ebenfalls aus einer breiten Gattung, in der Einjahresblumen wie ausdauernde, niedrige wie hohe Pflanzen vertreten sind. Die einjährige Art, *P. drummondii*, beschreiben wir im Kapitel Sommerblumen, die niedrige Steingartenart, *P. subulata*, im Kapitel Steingartenpflanzen. Der große Staudenphlox – *P. paniculata* ist in Nordamerika beheimatet.

In den Gärten werden die *Paniculata*-Hybriden gezogen, die 60–120 cm hoch sind und sehr lange – von Juni bis September – blühen. Es gibt zahlreiche Sorten: weiß-, rosa-, violett- und rotblühende sowie frühe und späte. Er stellt hohe Ansprüche an den Standort.

Am besten gedeiht er im Vorland der Gebirge, wo er humosen, naturfeuchten Boden, der nicht austrocknet, frische Luft und Halbschatten vorfindet. Er läßt sich durch Teilung der alten Büsche vermehren. Er leidet unter Älchen, die die Pflanzen an einem ungünstigen Standort gänzlich vernichten können. Es empfiehlt sich, in Privatgärten bei Befall eine Neupflanzung vorzunehmen. *Ph. paniculata*-Hybriden kommen in einer größeren Anpflanzung am besten zur Geltung. Einige Sorten remontieren an günstigen Standorten, nach Abschneiden des Oberteils blühen sie reich aus den Seitenrispen. Sie können auch zum Schnitt verwendet werden, strömen jedoch einen eigenartigen, fast unangenehmen Geruch aus.

Papaver orientale

Phlox Paniculata-Hybride

WOLLZIEST

Der **Wollziest** – *Stachys olympica* – ist eine für kleinere Gärten weniger geeignete Pflanze, obwohl sie auch hier Verwendung findet und von nicht alltäglicher Schönheit ist. Sie stammt aus dem Kaukasus und dem Iran und wird nicht wegen der Blüten, sondern wegen der dekorativen, dicht weißfilzig weichen Blätter gezüchtet. Die Blüten sitzen an bis 50 cm hohen Stengeln, sie blühen von Juni–Juli, sind jedoch nicht der Schmuck der Pflanze.

Es ist eine Pflanze für trockene, sonnige Standorte, dort hat sie silbrig schimmernde, schöne Blätter. Im Feuchten faulen die Blätter, an einem schattigen Ort sind sie schmutziggrau. Sie treibt eine Menge Ausläufer und bildet mit der Zeit ganze Teppiche, muß also eher eingeschränkt als vermehrt werden. Sie eignet sich vor allem als Bodendecker für größere Flächen an trockenen und steinigen Stellen, vor allem als Hintergrund für auffälligere Pflanze wie *Verbascum, Echinops, Echinacea, Achillea, Salvia.*

Stachys olympica

FREILAND-GLOXINIE

Die **Freiland-Gloxinie** – *Incarvillea* – wird gleichfalls in kleineren Gärten weniger angepflanzt. Dies ist jedoch schade, da ihre eigenartigen Blüten besonders reizvoll sind. Auch die Blätter sind dekorativ. Von den etwa 15 in Tibet, Turkestan und China beheimateten Arten treffen wir in den Gärten *I. mairei* var. *grandiflora* an, die nur 20 cm hoch wird und im Mai und Juni blüht. Sie trägt meist zwei Blüten am Stengel. *I. delavayi* ist ähnlich, wird aber 50 cm hoch. Die Blüten sind trompetenförmig, rosa mit gelbem Schlund.

Sie gedeiht in der Sonne, auch noch in leichtem Halbschatten, braucht einen durchlässigen, nährstoffreichen, kalkreichen Boden mit genügend Feuchtigkeit, eine geschützte Lage und einen leichten Winterschutz. Vielleicht sind diese hohen Ansprüche der Grund dafür, daß sie so selten gezüchtet wird. Die Vermehrung geschieht durch Teilung oder aus Samen. Sie läßt sich für selbständige Beete oder in Staudengruppen verwenden.

Incarvillea mairei var. *grandiflora*

BALLONBLUME

Die **Ballonblume** – *Platycodon grandiflorum* – ist gleichfalls eine nur selten gezüchtete Staude. Die Knospen sind wie ein kleiner Ballon geformt und entfalten sich zu einer breiten Glocke. Diese einzige Art der Gattung ist in Ostasien beheimatet. Sie hat dicke, fleischige, weiße Wurzeln. Die Pflanze wird bis 70 cm hoch und blüht im Juli und August. Die Stammart ist blau, es gibt auch rosa und weiße Sorten.

Die Ballonblume verlangt eine sonnige Lage, guten durchlässigen Boden. Sonst stellt sie keine besonderen Ansprüche und hält lange am Standort aus. Sie wird durch Samen oder Teilung vermehrt. Ältere Pflanzen lassen sich nicht teilen und auch nur schwer umpflanzen, weil sie tiefreichende, dicke Wurzeln besitzen. Die beste Verwendung findet sie an Trockenmauern oder in einem niedrigen Staudenbeet, damit die Schönheit der einzelnen Blüten zur Geltung kommt. In ihrer Heimat wächst sie in Gesellschaft von *Dianthus chinensis, Delphinium grandiflorum, Paeonia lactiflora* und *Physalis alkekengi.*

KUGELDISTEL

Die **Kugeldistel** – *Echinops* – ist eine bekannte Zierdistel mit kugeligem Blütenstand. In den wärmeren Regionen und im Süden Europas wächst sie wild. *E. ritro* wird etwa 80–100 cm hoch, die hellblauen bis zartvioletten Köpfe von 2–4 cm Durchmesser blühen im Juli–September. Die Blätter sind gezahnt, stachelig. Es sind anspruchslose, trockenheitsliebende Pflanzen, die Sonne brauchen. Sie wachsen auch in steinigen Boden gut. Die Vermehrung erfolgt durch Teilung oder aus Samen, bei günstigen Bedingungen kann sie große Bestände bilden. Sie eignet sich getrocknet für schöne Wintersträuße. Dann müssen die Blüten vor dem Erblühen geschnitten werden. Auf den Beeten pflanzen wir sie in Gesellschaft trockenheitsliebender Arten wie *Stachys, Anaphalis, Nepeta, Helichrysum* usw.

Platycodon grandiflorum

Echinops ritro

Die **Astern** – *Aster* – sind eine sehr umfangreiche und wichtige Gattung ein- und zweijähriger Pflanzen, größtenteils jedoch Stauden. Sie umfaßt über 500 Arten. Einige blühen schon im Frühjahr, sie sind niedrig und eignen sich für den Steingarten. Die ausdauernden Arten blühen im Herbst und haben kleinere Blüten als die Frühlingsastern, sind jedoch höher, voller, mit sehr verzweigten Stengeln. Die Herbstastern stammen aus Nordamerika, einige wachsen auch in der gemäßigten Zone Europas. Sie werden durch Teilung, Aussaat und Stecklinge vermehrt.

Die *A.-Dumosus*-Hybriden sind die wichtigsten Herbstasternsorten. Einige sind nur 30 cm, andere bis 50 cm hoch, sie haben blaue, weiße, violette, rosa und karminrote Blüten. Die Blütezeit ist von August–Oktober. Sie bilden dichte Büsche, treiben viele Ausläufer und breiten sich stark aus. An die Pflege stellen sie keine besonderen Ansprüche, sie brauchen Sonne und vertragen Trockenheit gut, nur vor und während der Blüte müssen sie tüchtig gegossen werden. Diese Art leidet unter Mehltau (*Erysiphe cichoracearum*) und Verticiliose (*Verticillium*), Spritzungen sind nur wenig wirksam, am besten ist es, widerstandsfähige Sorten anzupflanzen. Herbstastern werden in kleine Beete oder als Einfassung gepflanzt.

Eine weitere, bedeutende Art ist *A. amellus* – Bergaster. Die Blüten sind 4–7 cm breit, die Pflanzen 30–80 cm hoch. Sie blühen im August und September. Wild wächst sie in Europa bis Sibirien an sonnigen Kalksteinhängen und in lichten Hainen. Dem entsprechen auch ihre Ansprüche in den Gärten. Sie braucht nährstoffreichen Boden, Licht und Wärme, verträgt eine längere Trockenperiode. Die Setzlinge müssen bei der Auspflanzung gute Wurzelballen haben, sonst gedeihen sie schlecht. Nach der Auspflanzung brauchen die Pflanzen sorgfältige Pflege. Im Handel sind viele Sorten in den Farben Rosa, Blau, Lila und Weiß. Auf den Beeten kombinieren wir sie mit *Iris, Coreopsis, Heliopsis, Rudbeckia, Chrysanthemum*.

A. novae-angliae (Rauchblattaster) ist eine robuste Herbstaster. Sie erreicht eine Höhe von 150–180 cm, die Blüten sind klein und blühen im September und Oktober. Bei Regen und gegen Abend schließen sie sich. Die ganze Pflanze ist leicht beflaumt. Die Ansprüche an Standort und Pflege sind dieselben wie bei den *A. dumosus*-Hybriden, doch leidet diese Art nicht an Krankheiten. An den unteren, beschatteten Stengelteilen verlieren die Pflanzen bald die Blätter, was wir bei der Auspflanzung beachten müssen und sie mit Pflanzen, die niedriger und bis in den Herbst hinein gut belaubt sind – *Centaurea, Paeonia, Coreopsis, A. Dumosus*-Hybriden – kombinieren.

A. novi-belgii (Glattblattaster) ist eine noch wichtigere Gruppe als die vorhergehende. Es sind ähnliche, jedoch etwas niedrigere, 1,5 m hohe Pflanze. Verschiedene Sorten gibt es in den Farben Weiß, Blau, Violett, Rosa bis Karminrot und Dunkelrot. Die einzelnen Sorten unterscheiden sich in Höhe und Bau der Blütenrispen. Eine unangenehme Eigenschaft ist, daß die Pflanzen auseinanderklaffen und sich niederlegen. Im Gar-

Aster-Dumosus-Hybride

Aster amellus 'Hermann Löns' (rechts oben), *Aster novae-angliae* 'Harrington Pink' (links oben), *Aster novi-belgii* 'Winston Churchill' (unten)

ten verlangen sie einen feuchten Standort und nährstoffreichen Boden. Im Garten sind sie effektvoll, soweit die Pflanzen gesund sind (sie neigen zu Mehltaubefall).

Die **Bergenie** – *Bergenia* – ist eine robuste Pflanze mit schönen großen, immergrünen Blättern. Ihre Heimat sind die Berge des Himalaja, Sibiriens und des Altai. Sie wird 30–40 cm hoch, die rosa Blüten zeigen sich schon zeitig im Frühjahr, im März und April, aber die Pflanze ist durch ihre Blätter das ganze Jahr eine Zierde. Sie gedeiht in der Sonne und im Halbschatten. In nährstoffreichen Boden blüht sie weniger und reibt nur Blätter. Gut verträgt sie Trockenheit und sollte, auch wenn sie in Wassernähe gepflanzt wird, nicht in feuchtem Boden stehen. Die Vermehrung erfolgt im Frühjahr durch Teilung. Durch Ausläufer breitet sie sich unter günstigen Bedingungen rasch selbst aus und bildet, besonders unter lichten Bäumen, ganze Bestände. In den Gärten werden heute fast ausschließlich die Hybriden 'Abendglut', dunkelrot, 'Morgenröte', leuchtendrosa und 'Silberlicht', weiß, gezogen.

Die **Funkie** – *Hosta* – ist eine wichtige Staude, die aus Ostasien, hauptsächlich aus Japan, stammt. Das Zierelemente sind vor allem ihre schönen großen, verschieden gefärbten Blätter. Einige Arten haben auch schöne Blüten. Die meistgezüchtete Art ist *H. sieboldii* (Weißrandfunkie), die 40 cm hoch wird und im Juli und August hellila blüht. Die Blätter sind bis 30 cm lang. Das Sortiment ist ziemlich umfangreich, am beliebtesten sind Pflanzen mit bunten Blättern.

Die Funkie gedeiht am besten im Halbschatten, ist jedoch anpassungsfähig und verträgt auch Sonne, muß dann aber gut gewässert werden. Sie verlangt reichlich Nährstoffe und zusätzliche Düngung, einen durchlässigen Lehmboden mit genügend Feuchtigkeit. Die Vermehrung erfolgt durch Teilung. Ihre Verwendungsmöglichkeiten im Garten sind groß – als schöne Beeteinfassungen, unter Bäumen, in freien Gruppenanpflanzungen. Schön ist sie auch am Rande von Wasserbecken.

Bergenia cordifolia

Hosta sieboldii

TRÄNENDES HERZ

Das **Tränende Herz** – *Dicentra spectabilis* – ist eine sehr beliebte Gartenstaude. Ihre besondere Schönheit sind die eleganten Blütenstengel, an denen rosa Herzchen aufgehängt sind. Diese Staude wird 60–90 cm hoch und blüht im Mai und Juni. Sie eignet sich für schattige aber helle Standorte in gutem Boden mit genügend Feuchtigkeit. Die Vermehrung erfolgt durch Teilung der Büsche im Frühjahr. Es ist eine kurzlebige Blume, die nach der Blüte einzieht. Man muß sie im Garten richtig placieren. In Staudengruppen verliert sie sich, daher ist es besser, sie solitär zu pflanzen. Man kann einjährige Sommerblumen nachpflanzen. Die vollerblühten Blüten eignen sich auch zum Schnitt, am besten allein, ergänzt durch zartes Schleierkraut. Hünsche Kombinationen ergeben sich mit *Doronicum, Anemone sylvestris, Arabis, Iberis.*

Dicentra spectabilis

NELKE

Die **Nelke** – *Dianthus* – ist eine sehr verbreitete und wichtige Gattung der Gartenpflanzen. Sie umfaßt einjährige Sommerblumen und zweijährige Stauden, Steingartenpflanzen sowie Treibhauspflanzen zum Schnitt. In diesem Kapitel beschäftigen wir uns mit den Stauden.

Die Nelken stammen aus Europa, Asien und Südafrika. Die meistgezogene ausdauernde Nelke ist die **Federnelke** – *D. plumarius*. Sie blüht sehr reich mit weißen, rosa oder roten Blüten. Es gibt einfache und gefüllte. Mit der Zeit bilden sie mächtige Polster, die 20–30 cm hoch werden. Sie blüht von Juni–Juli. Die Federnelke verlangt für ein gutes Wachstum einen schweren, kalkhaltigen Boden und Sonne; nassen Boden verträgt sie nicht. Sie wird durch Stecklinge vermehrt. Es sind viele Sorten im Handel. Als niedriger, immergrüner und schön blühender Bestand findet sie in Naturpartien und in gut sichtbaren Beeten Verwendung.

Dianthus plumarius

WEISSER DIPTAM

Der **Weiße Diptam** – *Dictamnus albus* – ist eine weniger bekannte Staude, die in Mitteleuropa bis China beheimatet ist. Die 60–100 cm hohe Pflanze blüht im Mai–Juli. Die Pflanze duftet stark aromatisch. An heißen Tagen scheidet sie ätherische Öle aus. Die Berührung der Pflanze an diesen Tagen ruft bei empfindlichen Personen unangenehme Entzündungen hervor. Sie gedeiht am besten in sonnigen Lagen, auf kalkreichen, schweren, nährstoffreichen Böden. Die Vermehrung erfolgt aus Samen, der gleich nach der Reife ausgerät werden soll. Die Sämlinge blühen jedoch erst im vierten Jahr. Anders ist eine Vermehrung nicht möglich. Vielleicht ist dies der Grund, daß sie so selten gezogen wird. Sie läßt sich nicht gut umpflanzen. Wenn wir ältere Pflanzen in Ruhe lassen, dann blühen sie üppiger. An einem günstigen Standort samen sie sich selbst aus. Wir verwenden sie solitär, damit sie besser zur Geltung kommt.

Dictamnus albus

SALOMONSSIEGEL

Das **Salomonssiegel** (Weißwurz) – *Polygonatum* – ist eine herrliche, weniger bekannte Pflanze, die sich herevorragend für die Naturpartie unserer Gärten eignet. Die etwa 30 Arten dieser Gattung wachsen in der ganzen gemäßigten Zone der nördlichen Halbkugel. Die meistgezogene und beliebteste ist *P. multiflorum*, die in Europa und Asien beheimatet ist. In den europäischen Wäldern erreicht sie eine Höhe von 90 cm und blht im Mai und Juni. Unter den Blattachseln sind je 2–5 Blüten „aufgehängt“. Im Herbst bekommt das Salomonssiegel bläulichschwarze Beeren. Am besten gedeiht es im Halbschatten oder Schatten in gutem, humosem, saurem Boden mit ausreichender Feuchtigkeit. Sonnige Standorte verträgt es auch, wenn es ausreichend gewässert wird. Die Vermehrung erfolgt durch Teilung. Sie ist auch aus Samen möglich, doch ist dies eine langwierige Angelegenheit. Wir pflanzen das Salomonssiegel in feuchtere Gartenpartien in Gesellschaft mit Farnen und anderen schattenliebenden Pflanzen.

Polygonatum multiflorum

RITTERSPORN

Der **Rittersporn** – *Delphinium* – gehört zu den schönsten und beliebtesten Stauden. Im Kapitel Sommerblumen beschreiben wir die einjährige Art. In den Gärten werden als Stauden D.-Hybriden gezogen, die in vielen Sorten im Handel sind. Sie werden in drei Gruppen eingeteilt:

1. Belladonne-Gruppe, 1–1,5 m hoch. Sie blühen von Juni–September blau, weiß, lila.
2. Hoher Edelrittersporn, 1,6–1,8 m hoch. Sie blühen von Juni–September blau, weiß, lila, oft mit andersfarbigen Auge.
3. Pacific-Hybriden, bis 1,8 m hoch. Diese Gruppe ist einjährig. In bunter Farbmischung erhältlich.

Sie verlangen einen tiefen, gut mit Nährstoffen versehenen Boden, regelmäßiges Wässern, bei trockenem Wetter müssen sie zusätzlich gründlich gewässert werden. Gleich nach dem Verblühen werden die Pflanzen etwa 15 cm über dem Boden abgeschnitten, damit sie noch einmal blühen. In windigen Lagen müssen sie aufgebunden werden, damit sie nicht brechen oder sich legen. Vermehrung durch Teilung.

Die Rittersporne sind sehr effektvolle Blumen, die im Garten einen besonderen Platz verdienen. Am schönsten wirkt eine Gruppe von 3–5 Pflanzen. Man kann sie auch in ein Staudenbeet setzen. *Delphinium* ist auch eine hervorragende Schnittblume. Die Blüten blühen nacheinander auf, die verblühten müssen entfernt werden. Am schönsten machen sie sich in großen Bodenvasen allein oder mit anderen Blumen kombiniert.

FACKELLILIE

Die **Fackellilie** – *Kniphofia* – ist eine aus Afrika und Madagaskar stammende, sehr interessante Staude mit einer ungewöhnlichen Blütenform. Sie erreicht eine Höhe von 70–100 cm und blüht von Juli bis Oktober. Am besten gedeiht sie in sonniger Lage in durchlässigem Boden mit hinreichender Feuchtigkeit. In nassen Wintern kann sie eingehen. Daher bedeckt man die Blätter im Winter mit Torf oder Fichtenreisig oder auch mit einer Folie. Sie wird aus Samen oder durch Teilung vermehrt. Man pflanzt mehrere Pflanzen solitär oder in bunte Staudenbeete. Sie eignet sich auch zum Schnitt.

Delphinium-Hybride

Kniphofia-Hybride

SONNENRÖSCHEN

Das **Sonnenröschen** – *Helianthemum*. Die Gattung umfaßt etwa 80 Arten, die in den Mittelmeerländern und in Mittelasien wachsen. Die Pflanzen sind 15–25 cm hoch, die bei einigen Arten einfachen, bei anderen gefüllten Blüten blühen von Juni–September. Sie lieben Sonne und trockenen Boden, sonst sind sie nicht anspruchsvoll. Leichter Schutz durch Fichtenreisig ist nützlich. Den Rückschnitt nehmen wir nach dem Verblühen vor, dann überwintern die Pflanzen besser und werden dichter. Die Vermehrung erfolgt durch Aussaat und Stecklinge. Wir verwenden das Sonnenröschen an den Rändern von Staudenbeeten, entweder allein oder kombiniert mit Thymian – *Thymus*, *Fetthenne – Sedum*, niedrigen Schafgarben – *Achillea* u.ä. Es sind viele Sorten in den Farben Rot, Gelb, Rosa, Dunkelrot, Weiß, gefüllt und einfach im Handel.

VEILCHEN

Das **Veilchen** – *Viola* – wird in unseren Gärten gern gezogen, besonders *V. odorata*, das wir im Kapitel Steingartenpflanzen beschreiben, und *V. cornuta* (Hornveilchen) aus den Pyrenäen. Die Hybriden sind u.a. mit den Stiefmütterchen gekreuzt. Die Pflanzen sind 10–25 cm hoch und blühen unermüdlich von Mai bis September. Die Blüten sind viel größer als die Stammart *V. cornuta*. Es gibt sie in den Farben Blau, Violett, Weinrot und Gelb. Sie verlangen einen guten, lockeren, hinreichend feuchten, doch keineswegs nassen Boden. Am besten blühen sie an einem hellen Standart, jedoch nicht in voller Sonne. Im Halbschatten wachsen sie zwar gut, blühen aber weniger. Die Vermehrung erfolgt durch Teilung oder Stecklinge, bei einigen Sorten auch aus Samen. Sie eignen sich zu Beeteinfassungen, für niedrige gemischte Rabatten und flächige Beetbepflanzung. Sie sind auch zum Schnitt geeignet.

Helianthemum-Hybride

Viola cornuta-Hybride

STEINKRAUT

Zur Gattung **Steinkraut** – *Alyssum* – gehören etwa 100 in Mitteleuropa, Mittelmeergebiet bis an den Kaukasus verbreitete Arten. Wir finden diese äußerst anspruchslosen Pflanzen in fast allen europäischen Gärten. Die meistgezüchtete Art ist *A. saxatile* (Felsensteinkraut), das in Mitteleuropa bis Kleinasien beheimatet ist. Es wird 15–30 cm hoch und blüht im April und Mai. In der Stammheimat wächst es vor allem in Felsspalten, in den Gärten sagen ihm ähnliche Bedingungen zu – ein sonniger Platz mit durchlässigem steinigem Boden; sonst stellt es keinerlei Ansprüche. Es läßt sich leicht aus Samen ziehen. Die Sorte 'Citrinum' blüht zitronengelb und 'Compactum' goldgelb. Sie sind kompakter als die Stammart und fallen nicht auseinander. *Alyssum saxatile* eignet sich vor allem zur Verwendung an Trockenmauern oder zur freien Aussaat in Naturpartien bei Land- und Wochenendhäusern.

LEIMKRAUT

Das **Leimkraut** – *Silene* – ist eine niedrige Gebirgspflanze. Die Gattung weist über 400 Arten auf, die auf der ganzen nördlichen Halbkugel zu Hause sind. Die aus dem Kaukasus stammende *S. schafta* wird nur 10 cm hoch und blüht von Juli bis September. Sie hat einen niedrigen, lockerrasigen Wuchs und viele Blüten. Obwohl sie eine Hochgebirgsblume ist, paßt sie sich den Tieflandbedingungen gut an. Wir schätzen sie wegen ihrer späten Blütezeit, denn in der zweiten Sommerhälfte ist die Zahl der niedrigen, blühenden Pflanzen gering. Sie gedeiht in jedem normalen durchlässigen Boden an sonnigen Standorten, läßt sich leicht aus Samen, aber auch durch Teilung und Stecklinge vermehren und eignet sich für niedrige Beete. Die Sorte 'Spendens' hat intensiv karminrote Blüten.

Alyssum saxatile

Silene schafte

SCHLEIFENBLUME

Die **Schleifenblume** – *Iberis* – ist eine der meistverwendeten niedrigen Polsterstauden. Die Gattung umfaßt etwa 30 Arten, die im Mittelmeergebiet und Europa wild wachsen. Eine einjährige Art beschreiben wir im Kapitel Sommerblumen. Von den ausdauernden Arten werden in den Gärten die niedrige *I. saxatilis*, die im April blüht und sehr langsam wächst, ferner die bekanntere *I. sempervirens*, die größer ist als die vorgenannte und zähe Stengel hat, gezogen. Sie bildet einen 30 cm hohen, immergrünen Zwergstrauch mit dunkelgrünem Blattwerk, der im Mai und Juni weiß blüht. Ältere Pflanzen breiten sich über 1 m aus. Am besten gedeihen die Schleifenblumen in der Sonne, in durchlässigem gutem Gartenboden. Nach dem Verblühen sollen die Pflanzen zurückgeschnitten werden, damit sie dichte Bestände bilden; sie müssen von Zeit zu Zeit gedüngt werden. Im Winter brauchen sie eine leichte Schutzdecke aus Fichtenreisig. Die Vermehrung erfolgt durch Teilung und Stecklinge. Sie eignen sich für Trockenmauern sowie für flächige Auspflanzungen inmitten freier Staudengruppen. Von dieser Art gibt es mehrere hübsche kompakte Sorten.

Iberis sempervirens

KAUKASUSVERGISSMEINNICHT

Das **Kaukasusvergißmeinnicht** – *Brunnnera macrophylla* – ist eine wenig bekannte Staude, die wie schon der Name sagt, dem Vergißmeinnicht ähnlich ist. Sie stammt aus den Bergwäldern des Kaukasus. Die dichtbelaubten Stengel sind 30–50 cm hoch, die blauen kleinen Blüten blühen im April–Juni. Am besten wächst es im Halbschatten, in feuchtem, nährstoffreichem Boden. An einem trockenen Standort kümmert es und leidet unter Erdflöhen. An günstigen Plätzen breitet sich die Pflanze beinahe zu stark aus. Die Blätter bleiben während des ganzen Sommers hübsch. Am häufigsten wird sie als Unterpflanzung von Gehölzen, wie *Philodelphus*, *Deutzia* u.ä., verwendet. Auf Beeten läßt sie sich mit *Doronicum, Polygonatum, Primula* kombinieren.

Brunnera macrophylla

WIEDERSTOSS

Der **Widerstoß** – *Limonium* – eine breite, für den Gartenbau sehr bedeutende Gattung von Blumen, die zum Trocknen verwendet werden. Sie umfaßt über 200 in der ganzen Welt verbreitete Arten einjähriger, ausdauernder Pflanzen und Halbsträucher. Im Kapitel Sommerblumen beschreiben wir die Art *L. suworowii*. Von den ausdauernden Arten werden in den Gärten hauptsächlich zwei Arten gezüchtet. *L. latifolium*, das aus Südrußland und Bulgarien stammt, 40–60 cm hoch wird und im Mai–Juli blüht. Der Blattrosette entsprießt ein reichverzweigter, luftiger, blattloser Stengel mit einer großen Menge kleiner, aus winzigen Blüten zusammengesetzter Rispen. Sie sind lavendelblau, nur die Sorte 'Blauschleier' hat dunkelblaue Blüten. Die Pflanze verlangt einen durchlässigen, trockenen, kalkreichen Boden und einen sonnigen Standort. Die Vermehrung erfolgt aus Samen. Sehr wertvoll ist sie für den Schnitt, der Blütenstand wird mit den Köpfen nach unten getrocknet und zu Sträußen und Gestecken verwendet.
Eine andere bedeutende Art ist *L. tataricum*, deren Urheimat sich von Südosteuropa bis zum Ural erstreckt. Sie wird 20–50 cm hoch, hat zweifarbige kleine Blüten (Kelch weiß, Krone rot), blüht im Juli–September. Sie verlangt die gleichen Bedingungen wie *L. latifolium*.

SEIFENKRAUT

Das **Seifenkraut** – *Saponaria* – ist eine effektvolle Pflanze, die aus dem Mittelmeergebiet und den Gebirgen Europas und Asiens stammt. Es gibt einjährige und ausdauernde Arten. In den Gärten wird hauptsächlich *S. ocymoides* gezogen, die etwa 10–20 cm hohe Polster reichverzweigter, liegender Stengel mit immergrünen dunklen Blättern bildet. Die Polster sind im Juni und Juli von einer großen Menge kleiner rosa Blüten übersät. Sie gedeiht in durchlässigem, kalkreichem Boden, am besten in der Sonne. Auch Trockenheit verträgt sie gut. Die Vermehrung geschieht durch Samen oder Stecklinge. Sie eignet sich ausgezeichnet für niedrige Beete und für Blumenmauern. Höher, 50–60 cm, ist *S. officinalis*, die von Juni bis August blüht.

Limonium latifolium

Saponaria ocymoides

EDELDISTEL

Die **Edeldistel** – *Eryngium* – ist eine bekannte stachelige Pflanze, die aber mit der Unkrautdistel botanisch nicht verwandt ist. Diese Gattung umfaßt etwa 200 Arten, deren Stammheimat die gemäßigten Gebiete der Erde, besonders Lateinamerika, sind. Die Art *A. bourgatii* ist in Spanien zu Hause. Sie ist sehr zäh, grauweiß, mit harten Stacheln, 30–40 cm hoch und blüht im Juli und August. Sie eignet sich gut zum Trocknen. Man muß sie schneiden, wenn die Hüllblätter ausgebildet sind. Sie liebt einen sonnigen Standort. Die Vermehrung geschieht aus Samen, die gleich nach der Reife augesät werden, ferner durch Ausläufer und Wurzelschnittlinge.

Etwas höher ist *E. giganteum*, die die gleiche Eigenschaft besitzt und ähnliche Ansprüche stellt. Es ist jedoch nur eine zweijährige Pflanze, die sich aber durch Selbstaussamung ständig am gleichen Platz hält. Alle Arten der Gattung Eryngium eignen sich für trockene Gartenpartien in Verbindung mit Gräsern und anderen trockenheitsliebenden Arten wie *Limonium, Gypsophila, Heliopsis, Echinacea* u.ä.

Eryngium bourgatii

KRIECHGÜNSEL

Der **Kriechgünsel** – *Ajuga reptans* – ist eine in Europa heimische Staude. Sie erreicht eine Höhe von 10–20 cm und breitet sich durch oberirdische, leicht wurzelnde Ausläufer schnell aus, so daß sie binnen kurzer Zeit dichte Bestände bildet. Die blauen Blüten, manchmal auch weiß und rosa, blühen von Mai–August. Für die Gärten kommen hauptsächlich die Sorten mit verschiedenfarbigen Blättern in Betracht. Sie gedeiht in der Sonne und im Halbschatten, vor allem braucht sie aber einen Boden mit genügend Feuchtigkeitsgehalt. Wir verwenden sie überall dort, wo wir einen dichten, niedrigen Bestand haben wollen, manchmal auch als Rasenersatz. Sie läßt sich sehr leicht durch Teilung oder Stecklinge vermehren.

Ajuga reptans

NACHTKERZE

Die **Nachtkerze** – *Oenothera missourensis* – ist eine aus Nordamerika stammende Staude, die etwa 20 cm hoch wird und lange, von Mai bis September, blüht. Sie wächst niederliegend, aus den Blattachseln kommen große gelbe Blüten mit einem Durchmesser bis zu 10 cm. Sie hat kräftige, tiefreichende Wurzeln, mit denen sie auch aus größerer Tiefe Feuchtigkeit zieht. Deshalb verträgt sie auch längere Trockenheit. Es ist eine anspruchslose Pflanze. In gutem Boden wächst sie oft zu üppig und breitet sich mächtig aus. Im Frühjahr treibt sie spät aus, blüht aber dann lange und unermüdlich. Nach einigen Jahren verschwindet sie aus dem Beet. Die Vermehrung geschieht hauptsächlich aus Samen. Wir verwenden sie für gemischte Rabatten, in freien Gruppen oder an Mauern.

INDIANERNESSEL

Die **Indianernessel** – *Monarda didyma* – ist eine interessante Staude mit gefärbten Hochblättern. Es gibt viele Sorten in den Farben Rosa, Scharlachrot, Weiß, Violett und Rot. Ihre Heimat ist Nordamerika. Die ganze Pflanze riecht stark aromatisch. Sie erreicht eine Höhe von 60–100 cm und blüht lange von Juli bis September. *Monarda* braucht Sonne, nährstoffreichen Boden und genügend Platz, weil einige Sorten ziemlich stark Ausläufer treiben. Zu dicht stehende Pflanzen beginnen nach drei Jahren rasch zu verkümmern. Die Vermehrung erfolgt durch Teilung oder Stecklinge. Effektvoll ist sie vor allem in bunten Gruppen.

Oenothera missouriensis

Monarda didyma

LAMPIONBLUME

Die **Lampionblume** – *Physalis* – ist eine Staude, die wegen ihrer Zierfrüchte gezogen wird. Beheimatet ist sie in Südeuropa bis Japan. Sie erreicht eine Höhe von 40–70 cm, die Früchte färben sich im September rot. Die kleinen weißlichen Blüten sind unscheinbar, aus ihnen entwickeln sich jedoch Fruchtstände, die in einem zinnoberroten blasenartigen Gehäuse die Samen völlig eingeschlossen haben. Wenn die Stengel, sowie sich die Blase färbt, abgeschnitten und getrocknet werden, behalten sie den ganzen Winter hindurch ihre Farbe. Es ist eine sehr anspruchslose Staude, sie wächst überall, treibt Ausläufer und verbreitet sich sehr stark. Wir verwenden sie für Trockengestecke im Winter.

TROLLBLUME

Die **Trollblume** – *Trollius* – ist eine beliebte, über die ganze nördliche gemäßigte Zone hin verbreitete Staude. Die heimischen Trollblumen wurden so veredelt, daß heute nur noch Hybriden angeboten werden, die wesentlich größere Blüten (bis 4 cm Durchmesser) haben und auch höher werden (bis 80 cm). Sie bilden Büsche, die je nach Sorte, von März–August blühen. Sie brauchen naturfeuchten Boden oder ausgiebige Bewässerung und einen Platz in der Sonne. Wir vermehren sie aus Samen oder durch Teilung. Sie werden für bunte Blumenrabatten verwendet, wo sie in kleineren Gruppen zwischen niedrige Stauden gepflanzt werden. Auch zum Schnitt sind sie sehr geeignet.

Physalis alkekengi

Trollius-Hybride

CHRISTROSE

Die **Christrose** (Nieswurz) – *Helleborus* – ist die erste Blume, die im Garten erblüht. Sie setzt die Knospen schon im Herbst an und die ersten Blüten kommen oft schon im Herbst zur Entfaltung. Sonst blüht sie auf, sobald der Schnee schmilzt, allerdings nur die Stammart *H. niger*, die etwa 30 cm hoch ist und reinweiße Blüten und ein wintergrünes Blatt hat. Beheimatet ist sie in den Kalkalpen, dem Apennin und auf dem Balkan. Ihre Hybriden unterscheiden sich durch Größe der Blüten, Stiellänge und Blütezeit. Alle Christrosen sind sehr dankbare Gartenstauden. Sie gedeihen gut in humosen Boden, im Halbschatten, im Sommer auch Vollschatten. Sie ertragen Trockenheit gut. Wir vermehren sie aus Samen, der gleich nach der Reife ausgesät werden muß oder durch Teilung. Die Sämlinge wachsen langsam, blühen erst im vierten Jahr nach der Aussaat, halten dafür dann aber lange Jahre am Standort aus. Sie werden als Solitärpflanzen vor Strauchgruppen verwendet, eignen sich aber auch für Blumenbeete, weil sie früh blühen. Die Steingarten-Christrosen beschreiben wir im Kapitel Steingartenpflanzen.

Helleborus niger

PRACHTSCHARTE

Die **Prachtscharte** – *Liatris spicata* – gehört zu den wertvollen Gartenstauden. Trotz ihrer Schönheit und ihres interessanten Aussehens ist sie wenig verbreitet. Sie stammt aus Nordamerika. Aus der Mitte des Blattbüschels wächst ein unverzweig-

Liatris spicata

ter Stengel mit kleinen Blättern, der an seinem Ende einen dichten, ährenförmigen Blütenstand trägt. Eine Besonderheit der kleinen Blüten ist es, daß sie nacheinander von oben nach unten aufblühen. Die Pflanzen sind 80–100 cm hoch, die Blütenähren bis 30 cm lang; sie blühen von Juli–September. An den Standort stellen sie keine besonderen Ansprüche, sie brauchen viel Sonne und einen feuchten Standort. Sie müssen zusätzlich gedüngt werden. Die Vermehrung erfolgt aus Samen oder durch Teilung, der Samen reift jedoch nur in trockenen und warmen Jahren oder Gegenden. Außer der Stammart wird die Sorte 'Kobold' angeboten, die nur 50 cm hoch wird. Wir pflanzen die Prachtscharte am besten in kleinen Gruppen zwischen niedrige Stauden, damit ihr eigenartiger Habitus gut zur Geltung kommt. Sie ist eine sehr gute Schnittblume. Im Strauß wirkt sie am schönsten allein oder mit Schleierkraut.

Die **Pfingstrose** – *Paenoia* – gehört zu den bekanntesten und meistgezogenen Gartenblumen. In Kapitel Steingartenpflanzen beschreiben wir die niedrige Art *P. tenuifolia*. Die *P. lactiflora* stammt aus China und Sibirien. Sie wird 60–100 cm hoch und blüht im Juni–Juli. An die Pflege stellt sie keine Ansprüche, doch ist es gut, bestimmte Anforderungen zu beachten, damit sie gut zur Blüte gelangt. Sie braucht einen tiefen, nährstoffreichen Boden, einen Platz in der Sonne und gelegentliche Dunggüsse. Trockenheit verträgt sie gut. Sie muß sich erst am Standort „eingewöhnen", dann blüht sie am selben Platz 10–15 Jahre lang. Man kann sie umsetzen, doch wird die Pflanze dadurch gestört und das kann sich nachteilig auswirken. Vorsichtig muß man mit dem Abdecken sein, da sie dann an Grauschimmel leiden kann, wodurch die Knospen braun werden, vertrocknen und abfallen. Die Pfingstrosen eignen sich für kleinere Gärten und große Parks. Sie wirken am besten solitär vor Gehölzen. Große Bedeutung haben sie als Schnittblumen. Die Knospen werden geschnitten, wenn sie anfangen, Farbe zu zeigen. In diesem Zustand halten sie auch einen längeren Transport aus und blühen in der Vase gut auf. Es werden viele Sorten in den verschiedensten Farben angeboten.

Paeonia lactiflora

STEINGARTEN PFLANZEN

Die Beschäftigung mit dem Steingarten ist in den letzten Jahren zu einem ausgesprochenen Hobby der Gartenbesitzer geworden und zu einer Spezialisierung gelangt, die eine notwendige Vertiefung des Fachwissens mit sich brachte. Um einen schönen Steingarten anlegen und instandhalten zu können, bedarf es in der Tat beträchtlicher Vorkenntnisse.

Ein Steingarten – das ist eine Symbiose von drei Dingen: Stein, Pflanzen und Wasser – selbstverständlich in der richtigen Kombination.

Unter einem Steingarten versteht man heute nicht mehr, wie es früher der Fall war, als der Steingarten noch Alpinum hieß, ein reines Hochgebirgsmilieu. Die Steingartenpflanzen sind keine reinen Gebirgspflanzen, sondern Sorten und Gartenkreuzungen, die sich wegen ihres Habitus und ihrer Größe für den Steingarten eignen. Unter dem Begriff Steingartenpflanze ist also eigentlich eine Pflanze zu verstehen, die sich für den Steingarten eignet, ohne Rücksicht auf Ursprung und Entstehung.

In einem Steingarten kann man Pflanzen aus verschiedenen Umweltbedingungen anpflanzen. Ausschlaggebende Faktoren sind dabei die Himmelsrichtungen, der Boden und das Wasser. In der Kunst, den Pflanzen zusagende Bedingungen zu schaffen, liegt der Erfolg eines Steingartens.

Bevor wir an die Errichtung eines Steingartens gehen, sollten wir einige Dinge bedenken und erwägen. Zunächst einmal die Frage, wo wir ihn anlegen, damit er ein harmonischer Bestandteil des Gartens wird. In einem Garten am Hang ist dies kein Problem. In einem ebenen Garten muß eine Anhöhe geschaffen werden. Ein Steingarten ist eine Naturpartie, die in einen zu regelmäßig angelegten Garten nicht hineinpaßt. Die nächste Umgebung des Steingartens sollte frei und natürlich sein. Als Vordergrund eignet sich am besten ein Rasenplatz, als Hintergrund verschiedene Grünsträucher. Der für den Steingarten gewählte Platz soll möglichst hell, nicht von einem Gebäude oder von Bäumen beschattet sein. An der Südseite bringen wir die trockenheits- und sonnenliebenden Pflanzen unter, die Westseite bepflanzen wir mit anspruchslosen, überall wachsenden Arten, die Ost- und Südostseite ist für die Mehrzahl der schönsten Steingartenpflanzen am günstigsten. Die Größe des Steingartens hängt von der Zeit ab, die wir seiner Pflege widmen wollen. Wer nicht genügend Zeit hat, sollte keinen großen Steingarten anlegen, denn ein Steingarten erfordert viel Pflege, Arbeit und Interesse und ein verwilderter Steingarten ist keine Zierde. Ein schöner Steingarten kann nur wenige Quadratmeter groß sein. In diesem Fall dürfen wir nicht zu viele Pflanzenarten auswählen, sondern uns lieber mit wenigen, dafür aber sorgfältig ausgewählten Arten zufriedengeben.

Die Schönheit des Steingartens bestimmt vor allem der verwendete Stein. Die Steine sind sozusagen das 'Skelett' des Steingartens und die Pflanzen seine Ausfüllung. Besonders gut nehmen sich hellere Steine aus, z.B. Steine mit einer warmen Farbschattierung. Sie sollen, was Form und Oberfläche anbelangt, natürlich aussehen, als lägen sie schon immer an ihrem heutigen Platz. Es werden also grundsätzlich nur Steine verwendet, deren Oberfläche durch langjährige Witterungseinflüsse verschiedenartig gesprungen, abgerundet, von Flechten und Moosen überwachsen sind. Am schönsten sehen teilweise gesprungene Kalksteine aus. Sehr geeignet sind auch Travertine und Kalktuffe. Tuff ist porös, dem Meerschaum ähnlich, und läßt sich zur Gestaltung zauberhafter Partien verwenden.

Ein geeignetes Gestein für die Anlage eines Steingartens ist auch der Sandstein, der eine schöne Patina bekommt, so daß auch ältere Steine aus einem Steinbruch verwendet werden können. Auch alte freiliegende Blöcke grobkörniger Gesteine, wie z.B. Granit, Porphyr, Diorit o.ä., bilden, wenn sie von Flechten überwachsen sind, ein gutes Baumaterial für den Steingarten. Auch Versteinerungen eignen sich gut dafür.

Vor der Errichtung eines Steingartens muß das Stück gründlich gejätet werden. Wer diese notwendige Arbeit unterschätzt, dem kann es passieren, daß die ausdauernden Unkräuter spä-

ter alles überwuchern. Einjährige Unkräuter machen keine Schwierigkeiten, wenn wir sie zwei Sommer lang sorgfältig ausreißen, bevor sie aussamen.
Wir müssen bei der Errichtung des Steingartens auch an eine durchlässige Unterlage denken. Bei leichtem Sandboden ist dies unnötig, da seine Durchlässigkeit ausreichend ist. Bei schwereren Böden verwenden wir eine Unterlage aus durchlässigem Material, am besten Bauschutt oder grobe Schlacke.
Zuerst setzen wir die Steine an ihre Plätze. Wir betten sie so in das Terrain, daß sie so natürlich wie möglich aussehen. Da wir den Steingarten pflegen, jäten, ab und zu einzelne Pflanzen erneuern oder abdecken und den Boden lockern müssen, ist es angebracht, Trittplatten zu legen. In einem größeren Steingarten sollten wir einen kleinen Weg einplanen, von dem aus wir auf Trittplatten überall hingelangen können. Solche Wege bauen wir nur aus natürlich aussehenden Steinen von der gleichen Art wie die Steine im Steingarten.
Zu den verbindenden Elementen im Steingarten gehören auch Treppen, die den Steingarten gliedern. Sie sollen nicht in einem Zug verlaufen, sondern nach höchstens fünf Stufen durch einen kleinen Absatz unterbrochen werden.
Ein selbstverständlicher Bestandteil des Steingartens sollte das Wasser sein – ein kleiner Teich, ein Weiher, ein Bächlein, wenn möglich mit einem kleinen Wasserfall. Am beliebtesten sind kleine Teiche, die man selbst anlegen kann. Am besten bewähren sich feste Betonbecken mit einem Abflußrohr, das eben durch einen Naturstein verschönt wird. Das billigste und in jüngster Zeit viel verwendete Material ist eine Plastikfolie. Wegen ihrer begrenzten Haltbarkeit muß sie jedoch öfter erneuert werden. So ein Teich muß so natürlich wie möglich wirken, der Baustoff darf nicht zu sehen sein.
Ein Teich verschönert und belebt den Steingarten und den ganzen Garten. Dennoch ist er nur ein stehendes Wasser. Lebendiges Wasser ist viel effektvoller. Wenn ein ausreichender Höhenunterschied (70–100 cm) zur Verfügung steht, können wir mit einer unterirdisch gelegten Wasserleitung einen kleinen Wasserfall schaffen.
Große Aufmerksamkeit müssen wir dem Boden zuwenden. Ein geeigneter Boden ist eine der wichtigsten Voraussetzungen für den guten Erfolg unserer Bemühungen. Die meisten Arten stellen zwar keine besonderen Ansprüche, so daß sie auch in normalem Gartenboden wachsen, bei den selteneren Arten dürfen wir jedoch die Bodenbereitung nicht unterschätzen.
Das grundlegende Substrat für einen Steingarten sollte aus Rasenerde (durch Verwesen von Rasenpflanzen entstandenes Erdreich), feinem Sand und Torf bestehen, der den Boden durchlüftet und das Wasser hält. Dieser grundlegenden Mischung können nach Bedarf, entsprechend den Anforderungen der Pflanzen, weitere Beimengungen, vor allem Steinschotter, hinzugefügt werden. Für kalkliebende Pflanzen eignet sich Kalksteinschotter, für die übrigen Granitschotter, wie er auch beim Straßenbau verwendet wird. Dieses Material von 5–10 mm Größe verbessert die Durchlässigkeit des Erdreichs, hilft, an der Oberfläche verwendet, die Bodenfeuchtigkeit zu halten und schützt die Wurzelhälse einiger empfindlicherer Pflanzen vor schädlicher Feuchtigkeit. Dazu eignen sich auch Kieselsteine in verschiedenen Größen.
Der Steingarten sollte schon vor der Bepflanzung schön aussehen. Die Pflanzen sind nur eine Umrahmung. Zuerst werden die Solitärpflanzen gepflanzt, das sind die Nadelgehölze und einige Laubsträucher, dann die polster- und teppichbildenden Pflanzen, dazwischen setzen wir dann Steingartenpflanzen von höherem Wuchs und schließlich die kleinen Kostbarkeiten, denen wir Plätze in den Felsspalten und auf den kleineren Bodenflächen zuweisen. Bei der Auswahl der Pflanzen dürfen wir nicht vergessen, daß der Steingarten das ganze Jahr über schön sein soll, und daß diese Schönheit nicht nur die Blüten ausmachen, sondern auch die Belaubung.

Die **Fetthenne** – *Sedum* – gehört in eine 500 Arten umfassende Gattung. Viele dieser Arten gehören zu den verbreitetsten Steingartenpflanzen. Sie haben alle einen niedrigen Wuchs. *S. spurium* (Teppichsedum) stammt aus dem Kaukasus; es ist eine dickblättrige, büschelige Staude, mit lebhaft rosa Blüten. Sie wird nur 15 cm hoch und blüht im August bis September. *S. spurium* ist anspruchslos, es wächst genausogut in der Sonne wie im Halbschatten. Es wurden viele Sorten veredelt, auch einige weißblühende.

Der **Felsenteller** – *Ramonda myconi* (syn. *R. pyrenaica*) – ist ein kostbares Relikt der tertiärzeitlichen Flora, das sich in den Pyrenäen erhalten hat. Wie auch die anderen Arten der Gattung *Ramonda* hat er eine Rosette ausdauernder, dunkelgrüner, behaarter, an den Boden gepreßter Blätter. Die Blüten stehen einzeln oder zu zweit an blattlosen Stengeln, sie sind blauviolett. Es gibt auch weiße und rosa Sorten. Vermehrung durch Blattstecklinge oder aus Samen. Der Felsenteller verlangt humose, nährstoffreiche Lauberde und einen Platz in nordseitigen, sonnenlosen, senkrechten Steinfugen, damit das Wasser abfließen kann und sich nicht in den Rosetten ansammelt.

Sedum spurium

Die **Troddelblume** (Alpenglöckchen) – *Soldanella* – ist eine der schönsten Frühlingsblumengattungen, die in die Familie der *Primulaceae* gehört. Alle 6 Arten stammen aus den europäischen Hochgebirgen. Es sind niedrige, ausdauerende, kleine Blumen mit einem kriechenden Wurzelstock und einer bodennahen Rosette mit langstieligen, abgerundeten Blättern. An einem geraden, blattlosen Stiel stehen in einer losen Dolde violette, blaue bis rosa Blütenglocken. *S. montana* wächst in den Pyrenäen und den Alpen, ihr weiteres Verbreitungsgebiet reicht bis zum Böhmerwald, in die Karpaten und auf den Balkan. Die Blüten sind blauviolett, selten weiß. Sie ist sehr ausdauernd, wächst gut und blüht reich. Im Steingarten läßt sie sich besonders gut in der Nachbarschaft kleiner Frühjahrszwiebelblumen oder von *Hepatica triloba, Primula, Pulmonaria* verwenden.

Die Gattung **Bitterwurz** – *Lewisia* – besteht aus 20 ausdauernden Arten mit einem mächtigen Wurzelstock und dicken, roten, rübenähnlichen Wurzeln. Sie stammen aus den nordamerikanischen Steppen. Viele Arten können wir erfolgreich züchten, wenn wir ihre spezifischen Ansprüche als Steppenpflanzen kennen und beachten. Im Steingarten pflanzen wir sie zwischen größere Steine in senkrechte Spalten an einen sonnigen Standort, in wasserdurchlässigen Boden. Da in ihrer Heimat im Sommer starke Trockenheit herrscht, muß sie vor stauender Nässe geschützt werden. Die Wurzelhälse sind gegen Feuchtigkeit sehr empfindlich, besonders während der Winterperiode, deshalb müssen sie über den Winter mit einer Folie oder einem anderen Schutz zugedeckt werden. Einige Arten haben ausdauerende Rosetten, andere ziehen ein. *L. cotyledon* hat immergrüne Blätter. Hohe Stengel tragen eine Rispe weißer Blüten, die einen rosa Streifen haben.

Ramonda myconi

Der **Frauenschuh** – *Cypripedium* – ist eine der wenigen Orchideen, die sich verhältnismäßig leicht im Garten züchten lassen. Für die Auspflanzung eignet sich am besten das Frühjahr, damit die Pflanzen bis zum Herbst gut einwurzeln. Eine Herbstauspflanzung ist oft nicht erfolgreich. Die Vermehrung erfolgt durch Teilung der Wurzelsprossen gleich nach dem Auftauen des Bodens. Im Steingarten beliebt.
C. reginae (Marienfrauenschuh), mit großen weißen Blütenblättern und einem rosa Schuh, der aus den nordamerikanischen Urwäldern stammt, und *C. calceolus*, der heimische Frauenschuh, der in der freien Natur in Laubwäldern auf Tuff oder Kalkstein wächst. Die Blüte hat braunrote Blütenblätter und eine gelbe, rotpunktierte Lippe. Beide Arten blühen im Mai und Juni. Den besten Platz finden sie am Rande des Steingartens im Halbschatten, mit verschiedenen Farnen kombiniert.

Soldanella montana

Lewisia cotyledon

Cypripedium calceolus

Die **Pfingstrose** – *Paeonia* – ist eine bekannte Gartenpflanze, die im Kapitel Stauden behandelt wird. Für den Steingarten empfehlen wir *P. tenuifolia*, aus der Gruppe der botanischen Pfingstrosen, die in Südeuropa, in Kleinasien und im Kaukasus wächst. Sie eignet sich besonders für Steingärten, da sie nur 30–40 cm hoch wird. Die zarte Belaubung und die Blüten mit den 8–10 leuchtendroten Kronblättern verleihen ihr einen besonderen Reiz. *P. tenuifolia* ist winterhart und verlangt einen leichten Boden und Sonne.

Die **Küchenschelle** – *Pulsatilla* – ist eine beliebte Steingartenpflanze. Zu den schönsten und meistgezüchteten gehört die slowakische Küchenschelle *P. halleri* ssp. *slavica*, die wild auf den Kalkfelsen der Tatra und des Slowakischen Karstes wächst. Ihre Blätter sprießen oft erst nach dem Verblühen der großen rosaviolett bis sattvioletten, selten auch weißen Blüten. In alkalischem Boden, an einem sonnigen, durchlässigen Standort wächst sie gut und blüht reich.
Ferner eignet sich noch *P. alpina*, die in den Hochgebirgen Europas wächst und weiße, außen violett getönte Blüten hat.
P. vulgaris blüht im März–April lila. Sie wird 10–20 cm hoch und liebt kalkreichen Boden. Lange hält sie nicht am Standort aus.
P. vernalis, die in Europa bis Sibirien beheimatet ist, hat ledrige, behaarte, überwinternde Blätter und eine außen behaarte, violettbraune, innen unbeflaumte weiße, gegen Ende der Blütezeit rosa Blüte. Wir treffen sie nur in sehr wenigen Steingärten an, weil sie schwierig zu züchten ist, da sie, zum Unterschied von den anderen Küchenschellen, sauren Boden verlangt. Durch die gemeinsame Anpflanzung von sattvioletten Küchenschellen mit *Adonis vernalis* oder einer Gruppe gelber Krokusse – *Crocus* – kann man im Steingarten zur Blütezeit einen besonderen Effekt erzielen.

Paeonia tenuifolia

Pulsatilla halleri ssp. *slavica*

Die **Christrose** (Nieswurz) – *Helleborus* – ist eine bekannte Pflanze, die im Altertum als Heilmittel gegen Geisteskrankheiten verwendet wurde. Die sattgrünen Blätter einiger Arten überwintern. Sie blühen schneeweiß oder rosa von Dezember bis zum Frühjahr. Alle Arten verlangen einen humosen Boden und Halbschatten. Im Schatten blühen sie zu wenig. Im Vorfrühling sind sie sehr wirkungsvoll im Steingarten, ihre großen Büsche nehmen aber ziemlich viel Platz ein, und sind daher mehr für größere Steingärten zu empfehlen. Sie blühen reich, doch erst nach mehrjährigem ungestörtem Wachstum am selben Standort. Von den vielen Arten eignen sich zwei für den Steingarten am besten. *H. purpurascens* stammt aus Ungarn, blüht im März und April, zeichnet sich durch aufrechten Wuchs und reiche Blüte aus und bildet einen schönen Kontrast zu der weißblühenden *H. niger*, die im Kapitel Stauden abgebildet und beschrieben ist. *H. foetidus* wirkt hauptsächlich durch das überwinternde Laub dekorativ, die grünen Blüten stehen in einem reichverzweigten Blütenstand. Von den übrigen Arten unterscheidet sich diese durch ihren unangenehmen Geruch. Sie blüht oft schon ab Januar.

Die **Primel** – *Primula* – ist eine weitverbreitete Gattung ausdauernder Blumen, die im Kapitel Stauden beschrieben ist. Die niedrige *P. rosea* (Rosenprimel), wächst im nordwestlichen Himalaja, in Kaschmir und Afghanistan auf feuchten Wiesen, häufig auch an Feldrändern, wild. Die Blätter entwickeln sich erst nach der Blüte. Die leuchtenden Blüten fallen schon von weitem auf. Sie verlangt einen halbschattigen, feuchten Standort und humosen Boden. Im Steingarten machen sich die Sorten 'Grandiflora', die höher ist und größere Blüten hat oder 'Gigas' mit besonders großen Blüten, gut.

Primula rosea

Helleborus purpurascens

Das **Berufkraut** – *Erigeron*. Diese Gattung beschreiben wir im Kapitel Stauden. Im Steingarten werden nur einige niedrige Zierarten gezüchtet, z.B. *E. leiomerus*, die aus den Rocky Mountains stammt und mit ihren gelben Scheibenblüten mit violetten zungenförmigen Blütenblättern schöne und dekorative Bestände bildet; ferner *E. alpinus*, von besonders kleinem Wuchs (10–15 cm), die von Juli bis September blüht. Ganz besonders eignet sich jedoch *E. aurantiacus*, die in Turkestan beheimatet ist und 20–25 cm hoch wird. Ihre Blätter bilden eine Rosette, sie blüht im Juni und Juli. Diese Art ist gegen Überfeuchtung in der Winterperiode außerordentlich empfindlich und es kommt häufig vor, daß die Pflanzen eingehen. Eine gute Dränage ist daher unbedingt erforderlich. Die niedrigen Arten eignen sich für die sonnigen Plätze des Steingartens.

Die **Götterblume** – *Dodecatheon* – ist mit etwa 50 Arten im Westteil Nordamerikas verbreitet. Die Blätter bilden, ähnlich wie bei Primula, eine bodennahe Rosette, aus der ein Schaft mit einer Dolde prächtiger Blüten emporwächst, die in Form und Farbe an Alpenveilchen erinnern. Eine schöne Art für den Steingarten ist *D. meadia* mit breitovalen, länglichen Blättern. Sie blüht im Mai–Juni in verschiedenen Rosatönen. Im Steingarten kann man ferner *D. jeffreyi* mit purpurroten Blüten, die sehr reich blüht, verwenden. Die Götterblume verlangt einen schweren, sauren Boden und genügend Feuchtigkeit. Am besten gedeiht sie im Halbschatten. Die Pflanzen ziehen nach dem Verblühen ein und treiben im Frühjahr wieder aus.

Die Gattung **Garbe (Schafgarbe)** – *Achillea* – beschreiben wir im Kapitel Stauden. Die niedrigen Arten sind dankbare, anspruchslose Steingartenpflanzen, sie gedeihen in leichten, kalkreichen Böden. Sie vertragen auch starke Trockenheit sowie pralle Sonne gut. Dekorativ wirken die silbrigen Blätter, die einen dichten Teppich bilden. Für den Steingarten eignen sich zwei Arten. *A. ageratifolia*, die nur 15–20 cm hoch wird und von Juni–Juli weiß blüht. *A. tomentosa* hat silbergrüne, feinfiedrige, geteilte Blätter und goldgelbe Blütenkörbchen. Sie gedeiht gut an einem sonnigen Standort, in leichtem, trockenem Boden.

Erigeron aurantiacus

Dodecatheon meadia

Die **Silberwurz** – *Dryas* – gehört zu den Steingartenpflanzen, die aus den Gebirgen der nördlichen Halbkugel stammen. Es sind niedrige, an den Boden gepreßte, immergrüne Sträucher mit ledrigen, gekerbten, an der Unterseite filzigen Blättern. Wir pflanzen diese vielseitig verwendbare Steingartenpflanze zwischen die Steine. Im Mai blüht sie mit einer Vielzahl von Blüten, die an Anemonen erinnern. Die meistgezüchtete Art ist *D. octopetala*, die sowohl durch ihr Blattwerk und die weißen Blüten als auch durch ihre federartigen Früchte sehr wirkungsvoll ist.

Der **Lavendel** – *Lavandula* – ist ein niedriger immergrüner Halbstrauch mit graugrünen, aromatischen Blättern und meist blauen Blüten. Er kommt in etwa 25 Arten vor und ist von den Kanarischen Inseln über den Mittelmeerraum bis nach Indien verbreitet. Der echte Lavendel, *L. angustifolia* (syn. *L. officinalis*), erreicht eine Höhe von 25–60 cm und eignet sich für Einfassung und für den Steingarten. Er blüht blau von Juli–August. Es sind verschiedene Sorten im Handel, mit weißen, dunkellila Blüten und verschiedenfarbigem Laub. Der Lavendel verlangt trockene, leichte, kalkreiche und durchlässige Böden und verträgt keine große Feuchtigkeit. Er ist winterhart.

Dryas octopetala

Achillea tomentosa

Lavandula angustifolia

Die **Prachtspiere** – *Astilbe* – beschreiben wir im Kapitel Stauden. Für den Steingarten eignen sich die niedrigen Arten, beispielsweise *A.-Japonica*-Hybriden und *A.-Simplicifolia*-Hybriden, die beide aus Japan stammen; sie verlangen Halbschatten und feuchten Boden. *A. chinensis* var. 'Pumila' bildet 50 cm hohe Büsche mit zierendem Laub und schlanken rosa Rispenblütchen. Sie verträgt Sonne und trockenen Boden. Die bei der Veredelung entstandenen niedrigen Sorten der *A.-Crispa*-Hybriden, die nur 15–20 cm hoch werden, haben dunkle, fein geteilte Blätter und winzige niedrige Blütenrispen. Im Steingarten kommen die niedrigen Arten und Sorten von *Astilbe* gut zur Geltung.

Die **Frühlingswaldanemone** – *Anemone sylvestris* – hat ein außerordentlich großes Verbreitungsgebiet. Sie wächst in den lichten Laubwäldern von Mittel- bis Südeuropa. Hübsch sind nicht nur die reinweißen, fünfzähligen Blüten, sondern auch die olivgrüne Belaubung. Es gibt großblütige und gefüllte Sorten. Zu den Frühlingsanemonen gehört auch das Buschwindröschen – *A. nemorosa*, das in den heimischen feuchten Laubwäldern wächst. Es hat weiße, außen violett oder rosa überlaufene sechsblättrige Blüten und einen dünnen kriechenden, sattbraunen Wurzelstock. Ihre Gartensorten nehmen sich, gruppenweise gepflanzt, im Steingarten sehr gut aus.

Der **Drachenkopf** – *Dracocephalum*. Diese Gattung umfaßt einjährige und ausdauernde Arten. Größtenteils sind sie von hohem Wuchs und daher für den Steingarten ungeeignet. In Mittel- und Südeuropa wächst *D. austriacum* wild, das nur 30–40 cm hoch wird und für größere Steingärten in Betracht kommt. Es hat behaarte Stengel und gespaltene Blätter. Die großen Lippenblüten sind meist blauviolett, manchmal auch rosa oder weiß. Blütezeit sind die Monate Juli und August. Die Vermehrung geschieht durch Teilung oder Aussaat. *Dracocephalum* verlangt eine sonnige Lage und trockenen, kalkreichen Boden.

Die **Ringblume** – *Anacyclus*. In den Mittelmeerländern sind etwa 15 Arten verbreitet. Im Steingarten wird nur *A. depressus* – Marokkokamille, die aus den Hochgebirgen Marokkos stammt, gezogen. Sie ist niedrig, 20–30 cm hoch, die silbergrauen zarten Blätter liegen am Boden auf. Die margeritenähnlichen Blüten sind außen rosa, innen weiß. Blütezeit Mai–Juni. Sie öffnet sich nur bei Sonnenschein. Allzu große Feuchtigkeit vertragen sie weder im Sommer noch im Winter. Am besten gedeihen sie in Fugen zwischen Kalktuff. Sie lie-

Astilbe chinensis 'Pumila'

Anemone sylvestris

ben sandige, durchlässige, humose Böden und sonnige Standorte mit guter Dränage. Schön sind sie für Trockenmauern oder wenn sie in Felsspalten gepflanzt werden.

Bei der **Wolfsmilch** – *Euphorbia* – sind das Zierelement nicht die Blüten, sondern die auffallenden, an den Triebenden stehenden Hochblätter, die sich zur Blütezeit färben und dann den Eindruck großer Blüten machen. Im Kapitel Stauden beschreiben wir die bekannteste Art *E. polychroma*. Für den Steingarten eignen sich zwei weitere; vor allem *E. myrsinites* (Walzenwolfsmilch), die aus den Mittelmeerländern stammt und breite Büsche aus fahl blaugrünen Blättern bildet. Während der Blütezeit sind die Hochblätter, wie die Blüten, gelb gefärbt. Die ganze Pflanze wirkt interessant und exotisch. Sie ist besonders für Trockenmauern oder einen größeren Steingarten geeignet. Aus Griechenland stammt *E. capitulata*, eine kleine, niedrige Pflanze mit gelbgefärbten Hochblättern. Wir pflanzen sie am besten in Felsspalten.

Anacyclus depressus

Dracocephalum austriacum

Euphorbia myrsinites

MOHN

Der **Mohn** – *Papaver*. In der freien Natur wachsen etwa 100 einjährige, zweijährige und ausdauernde Arten in zahlreichen verschiedenen Formen. Wir beschreiben sie in den Kapiteln Sommerblumen und Stauden. Für den Steingarten eignen sich nur einige wenige Arten von niedrigem Wuchs, vor allem der Alpenmohn – *P. burseri* (syn. *P. alpinum*), der in seiner Heimat unter ungünstigen Bedingungen wächst und daher sehr abgehärtet ist. Er bildet dichte Büsche von dekorativen langstieligen Blättern, die schmal gezackt und von graugrüner Farbe sind. *P. burseri* ssp. *kerneri* wächst wild in den Alpen, in den Karpaten und in der Tatra, größtenteils in Felsschutt oder in Felsspalten. Die Blüten sind gelb, mit einem 4 cm großen schwarzen Fleck an der Basis der Kronblätter. Sehr ähnlich ist *P. pyrenaicum*, dessen Blätter grün und weniger gezackt sind. Er blüht gelb oder weiß.

Der Mohn verschönert den Steingarten durch seine Blätter wie durch seine Blüten. Er blüht von Mai bis August und befestigt den Boden und die Trockenmauern durch seine Wurzeln. Er gedeiht an einem sonnigen Standort oder im Halbschatten, in durchlässigem, ungedüngtem Boden.

TEUFELSKRALLE

Die **Teufelskralle** – *Phyteuma*. Die etwa 30 Arten dieser Gattung kommen in Mittel- und Südeuropa in 200–2250 m Höhe vor. Es sind Steingartenpflanzen mit einfachen belaubten Stengeln, die von einem dichten Köpfchen dünnröhriger Blüten abgeschlossen sind. *P. scheuchzeri* ist eine Zierde des sommerlichen Steingartens, sie blüht im Juni und Juli. Ihre Heimat ist Norditalien und die Schweiz.

Die Teufelskralle stellt mittlere Ansprüche an die Pflege. Sie wächst gut in steinigem, wasserdurchlässigem Erdreich: im Steingarten pflanzen wir sie am besten zwischen die Steine am Osthang. Vermehrung erfolgt durch Teilung oder Aussaat, oft Selbstaussaat.

Phyteuma scheuchzeri

Papaver burseri ssp. *kerneri*

STORCHSCHNABEL

Die Pflanzen der Gattung **Storchschnabel** – *Geranium* – sind einjährige bis ausdauernde Kräuter mit verzweigten Stengeln und gestielten, geteilten Blättern. Die Blüten stehen meist zu zweit, selten allein. Für den Steingarten eignen sich nur die ausdauernden niedrigen Arten, z.B. *G. argenteum*, das auf den Kalkfelsen der südlichen Alpen wild wächst. Es erreicht eine Höhe von 10–15 cm und blüht im Juni und Juli mit rosa, dunkelrot geäderten Blüten. Auch außerhalb der Blütezeit wirken die Pflanzen durch die silbrige Farbe ihrer Blätter sehr dekorativ. Schlecht vertragen sie starke Nässe, besonders im Winter, weshalb wir schon vor der Auspflanzung darauf achten müssen, daß der Standort gut entwässert ist. Die mitteleuropäische Art *G. sanguineum* – (Roter Storchschnabel) ist wegen ihrer Höhe – sie wird nur 10–20 cm hoch – für den Steingarten geeignet. Sie blüht von Mai–September rot, hat einen kriechenden Wuchs und bildet schöne Polster. Aus den Pyrenäen stammt *G. cinereum* mit glänzenden Blättern und rosa Blüten. Es verträgt nur magere Böden. Die niedrigen *Geranium*-Arten sind im Steingarten gut verwendbar. In der Sonne und in einem lockeren, humosen Boden gedeihen sie gut und halten viele Jahre am selben Ort aus.

WOHLRIECHENDES VEILCHEN

Das **Wohlriechende Veilchen** – *Viola odorata* – ist unser einheimisches „echtes" Veilchen, das wegen seines Duftes und seiner bescheidenen Ansprüche beliebt ist. Es bildet im Frühjahr und oft auch im Herbst niedrige, blühende Bestände, die sich durch verwurzelnde Ausläufer und Selbstaussamung von allein ausbreiten. Es wächst in nicht allzu schwerem Boden und verträgt Halbschatten sowie mäßige Sonne gleich gut. Im Steingarten kommt das Veilchen für die unteren Partien in Betracht. Es gibt auch Sorten mit weißen, gelben und purpurroten größeren Blüten, die sich auch zum Schnitt eignen.

Viola odorata

Geranium argenteum

LEBERBLÜMCHEN

Das **Leberblümchen** – *Hepatica* – ist eine anspruchslose Vorfrühlingsblume, die fast keine Pflege braucht und im Steingarten gut gedeiht, wie in der freien Natur, wo sie vorwiegend in lichten Wäldern wächst. Die sattgrünen Blätter mit den langen Stielen und der herzförmigen drei- bis fünflappigen typischen Spreite wachsen im Frühjahr erst nach dem Verblühen. Die Blüten sind violett, rosa, rot oder weiß. Die Pflanzen breiten sich durch kriechende Ausläufer aus und werden durch Teilung vermehrt. Gut gedeihen sie in lockerem, humosen Boden im Halbschatten. Sie wollen in Ruhe gelassen werden, deshalb pflanzen wir sie nur in den dringendsten Fällen um. *H. nobilis* (syn. *H. triloba*) wächst in den schattigen Laubwäldern Mitteleuropas wild. Sehr schön sind die Gartenformen 'Albaplena' gefüllt weiß, 'Rosaplena' gefüllt rosa und 'Rubroplena' gefüllt rot. Etwas früher ist die aus Siebenbürgen stammende *H. transsylvanica* (syn. *H. angulosa*), die auch ausdauernder ist. Im Steingarten nimmt sich *Hepatica* in der Nachbarschaft von *Viola odorata, Anemone* und Ziergräsern gut aus.

Hepatica nobilis

GÄNSEKRESSE

Die **Gänsekresse** – *Arabis*. Der Großteil der etwa 100 in den Gebirgen der nördlichen Halbkugel verbreiteten Arten ist ein- oder mehrjährig. Es sind beliebte, zeitig im Frühjahr blühende Steingartenpflanzen. Alle Gänsekressen werden schon lange Zeit veredelt, vor allem *A. caucasica* (syn. *A. albida*), die aus Kleinasien und dem Orient stammt und 10–25 cm hoch wird. Sie hat fast blattlose Stengel mit einer reichen Blütentraube am Ende. Es wurden verschiedene Gartenformen herangezüchtet. Sehr beliebt sind die großblütigen Sorten in Rosa und Weiß. Durch Kreuzung von *A. aubrietioides* × *A. caucasica* entstanden die Gartenhybriden *A.* × *arendsii*, von denen vom züchterischen Gesichtspunkt 'Rosabella' mit hellrosa Blüten, 'Monterosa' mit dunkelroten Blüten die wichtigsten sind. 'Coccinea' mit auffallend großen purpurrosa Blüten sowie 'Atrorosea' mit lebhaft rosa Blüten verlangen einen halbschattigen oder schattigen Platz. Die übrigen lieben eine sonnige Lage und durchlässigen Boden.

Arabis caucasica

Das **Seifenkraut** – *Saponaria*. In den Mittelmeerländern und den Gebirgen Europas wachsen etwa 30 einjährige oder ausdauernde Arten. Im Steingarten pflanzen wir sie an trockene, sonnige Plätze, sie vertragen aber auch Halbschatten. *S.* × *olivana* eignet sich von der ganzen Gattung am besten für den Steingarten. Sie bildet dichte, feste Polster von dunkelgrüner Farbe, die im Juni und Juli von rosaroten, bis 2 cm großen Blüten übersät sind. Sie gedeiht gut an einem sonnigen Standort, in lockerem, durchlässigem, leichtem Boden. Wir pflanzen sie in Spalten zwischen den Steinen oder einer Trockenmauer. Von den weiteren Arten lassen sich im Steingarten *S. caespitosa*, die aus den Pyrenäen stammt und niedrige runde Polster bildet und *S. pumila* aus den Alpen und den Siebenbürger Karpaten mit großen, lebhaft rosaroten Blüten, deren dichte Polster nur 3 cm hoch werden, gut verwenden. Die letztgenannte Art verlangt zum Unterschied von den übrigen einen sauren Boden.

Die **Nelke** – *Dianthus*. Von den etwa 300 Arten der Gattung eignen sich für den Steingarten nur wenige. Sie sind wegen ihres angenehmen Duftes und der zarten Anmut der Blüten sehr beliebt. Zu den meistgepflanzten gehört *D. plumarius* – Federnelke, die in den europäischen Gebirgen beheimatet ist. Sie ist eine graugrüne Pflanze mit zahlreichen kurzen, belaubten Stengeln, die 2–5 weiße oder hellrosa, größtenteils gefüllte Blüten tragen. Es gibt viele Sorten, die alle von Juni–Juli blühen. Eine der frühesten Arten ist *D. alpinus* – Alpennelke, die aus den Alpen stammt, wo sie zwischen Steinen und auf Wiesen in einer Höhe von 1000–2250 m wächst. Sie bildet lockere Bestände aus glänzend grünen, lanzettlichen Blättern. Die Pflanze ist 8–12 cm hoch, die großen, einfachen fleischroten Blüten sitzen an 12 cm hohen Stengeln. Wir setzen sie in Steinspalten. Sie braucht einen sonnigen Standort und eine Abdekkung im Winter.

Der **Phlox** (Flammenblume) – *Phlox* – eine sehr umfangreiche Gattung von Stauden und Sommerblumen. Wir beschreiben sie in den Kapiteln Sommerblumen und Stauden. Für den Steingarten werden nur die niedrigen und kriechenden Arten verwendet. Von diesen sind die meistgezüchteten: *P. amoena* aus Nordamerika, niedrige Sträucher mit rosa, weißen, etwa 15 mm großen Blüten, die in dichten Rispen über den Blättern stehen; *P. divaricata* stammt aus dem östlichen Nordamerika. Die kleinen Sträucher sind niederliegend, die blühenden Stengel stehen aufrecht. Die blauen, rötlich-weißen, etwa 20 mm großen Blüten stehen in lockeren Rispen. *P. douglasii* bildet dichte, 10–15 cm hohe Polster niedriger Blätter und nadelförmige lila Blüten. *P. subulata*-Polsterphlox stammt aus Nordamerika und ist von allen Phloxarten die beliebteste. Sie bildet dichte Polster aus liegenden, mit nadelförmigen Blättern belaubten, überwinternden Trieben. Es sind viele Sorten mit verschiedenen Farben und Formen im Handel: 'Atropurpurea', rot, 'Wight Delight', weiß und viele andere. Sie blühen von April bis Mai und sind mit ihren kompakten Polstern und lebhaften Blütenfarben in jedem Steingarten unentbehrlich. Sie gedeihen gut in Sand- oder Steinboden an einem warmen, sonnigen Platz.

Saponaria x olivana

Dianthus alpinus

Phlox subulata

ASTER

Die **Aster** – *Aster*. Diese Gattung umfaßt 500 Arten, von denen einige im Frühjahr, einige im Sommer und andere im Herbst blühen. Wir beschreiben sie im Kapitel Stauden. Für den Steingarten sind drei Arten geeignet: Die im Herbst blühenden (September–Oktober) *A. dumosus*-Hybriden, mit weißen, rosa, blauen bis violetten Blüten, die im Sommer blühende (Mai–Juli) *A. tongolensis*, mit blauen Blütenkörbchen und einer orange Scheibe und die im Mai blühende *A. alpinus*, die in den europäischen, asiatischen und nordamerikanischen Gebirgen verbreitet ist – vom züchterischen Gesichtspunkt die wertvollste. Ihre Polster sind mit länglichen, ganzrandigen Blättern belaubt, die Blütenkörbchen sind violettblau und haben eine gelbe Scheibe. Die Pflanze erreicht eine Höhe von 15–20 cm und gedeiht gut in trockenerem, leicht kalkhaltigen Boden, an einem sonnigen, warmen Standort. Mehrere Sorten in verschiedenen Farben im Handel.

SONNENRÖSCHEN

Das **Sonnenröschen** – *Helianthemum*. Die meist niedrigen, höchstens 20 cm hohen Stauden mit ganzrandigen, eirunden, ziemlich zähen Blättern, die bei vielen Sorten immergrün sind, blühen in den Farben Weiß, Rot, Gelb und Rosa von Mai bis Juli – die gefüllten Formen bis in den Herbst hinein. Die Sorten mit einfachen Blüten remontieren nach dem Rückschnitt. *H. apenninum* wächst wild in West- und Südeuropa sowie in Kleinasien. Aus einer Kreuzung von *H. apenninum* und *H. nummularium* sind Hybriden entstanden, die mit vielen Sorten im Handel sind.
Das Sonnenröschen ist eine beliebte Steingartenpflanze, dekorativ durch ihr Blattwerk und die kurzzeitigen Blüten, die täglich in großer Menge aufblühen. Die einfachen Blüten halten nicht so lange wie die gefüllten. Die H.-Hybriden beschreiben wir im Kapitel Stauden.

Aster alpinus

Helianthemum apenninum

Die Gattung **Enzian** – *Gentiana* – umfaßt etwa 200 einjährige und ausdauernde Arten. Es sind Pflanzen mit belaubten, häufig stark verkürzten Stengeln. Die Blüten sind meist fünfzählig, mit einem röhrigen Kelch und einer trichterförmigen, glokkigen Krone. Am schönsten sind die reichblühenden asiatischen Enziane, zu denen die aus Kleinasien stammende Art *G. septemfida* (Sommerenzian) mit siebenzähligen Blüten gehört. *G. sino-ornata* (Herbstenzian) stammt aus Tibet, bildet eine zentrale Blattrosette, der zahlreiche Stengel entsprießen, die an den Knoten selbständig Wurzeln schlagen. Die langen fünfzipfligen Blüten sind bis 6 cm groß und blau, die Kronen unten grünlichgelb mit fünf purpurvioletten Längsstreifen. Sie blüht von September–November und wächst sehr gut, besonders in humosen, kalkfreiem, durchlässigem, saurem Boden. Der Stengellose Enzian *G. acaulis* bildet eine größere Gruppe nahe verwandter Arten wie *G. alpina, G. angustifolia, G. clusii* und *G. dinarica.* Sie stellen verschiedene Ansprüche an den Boden wie kalkliebend und kalkfliehend. Genaue Beratung daher angebracht. Sie alle wachsen in den Alpen und in den Südwestkarpaten wild. Blütezeit im Mai–Juni, manchmal noch einmal im Herbst. Die Blüten sind kräftig blau. Enzian gedeiht im Steingarten gut an einem besonnten oder leicht beschatteten Platz. Der Boden soll möglichst dem natürlichen Standort entsprechen, d.h. locker, ziemlich schwer, humos, angemessen feucht und durchlässig sein. Die Pflanzen dürfen auf keinen Fall in frischgedüngten Boden gesetzt werden.

Gentiana acaulis

Gentiana sino-ornata

STEINBRECH

BLAUKISSEN

Saxifraga paniculata

Der **Steinbrech** – *Saxifraga*. Diese Gattung umfaßt etwa 350 Arten, von denen einige einjährig, alle übrigen ausdauernd sind. Sie bilden horstige Rosetten mit aufrechten Stengeln. Sie brauchen viel Licht, vertragen aber keine direkte Sonne. Wir plazieren sie daher an den Ost- und Nordostseiten des Steingartens, wo sie Morgensonne bekommen. Wir pflanzen sie in Felsspalten, in schweren Boden. Die Vielzahl der Arten wird in Gruppen eingeteilt, die aber nicht alle gärtnerische Bedeutung haben. Ein typischer Vertreter dieser Gattung ist die über die ganze nördliche Halbkugel verbreitete Art *S. paniculata* (syn. *S. aizoon*), die im Spätfrühling reich weiß blüht und auch durch ihr graugrünes bis silberiges Laub dekorativ ist. Sie gehört in die Gruppe *Euaizonia* – Silber-Steinbreche. Sie wird 15 cm hoch und breitet sich sehr aus.

Die Gruppe *Kabschia* – Vorfrühlingssteinbreche – vereinigt etwa 45 der schönsten Steinbrecharten, die fast ausschließlich im Hochgebirge zu Hause sind. In der freien Natur wachsen sie, wie ihr Name sagt, im Frühjahr; in den Gärten blühen sie jedoch schon im zeitigen Frühjahr, von Februar bis April. Die Art *S. burseriana* blüht weiß, im März bis April und bildet Polster. *S. grisebachii* stammt aus Albanien und Mazedonien und wird nur bis 8 cm hoch. Wir pflanzen alle Steinbreche an den Ost- und Nordostseiten des Steingartens, um sie vor zuviel Sonne zu schützen. Am schönsten wirken sie in Steinfugen. Sie müssen ständig leicht feucht gehalten werden, vertragen aber keine stauende Nässe. Es empfiehlt sich daher eine gute Dränage.

Ein sehr schöner weißblühender Steinbrech ist *S.* × *apiculata* – eine Kreuzung aus *S. marginata* var. *rocheliana* × *S. sancta*, der auf dem Balkan, in den Südkarpaten, in Mittel- und Süditalien beheimatet ist.

Das **Blaukissen** – *Aubrieta* – wächst im Mittelmeergebiet bis Persien wild. Im Steingarten ist es eine sehr beliebte und verbreitete Frühlingsblume. Die niedrigen Polster sind im April und Mai dicht bedeckt mit kleinen Blüten in blauer, violetter, rosa, roter oder auch weißer Farbe. Schön ist auch die blaublühende *A. deltoidea*, deren Polster werden etwa 10 cm hoch. Im Steingarten kommt die Schönheit der *Aubrieta*, besonders auf größeren Flächen, in der Nachbarschaft von *Phlox subulata, Iberis, Alyssum saxatile* u.ä. zur Geltung.

Saxifraga x *apiculata*

Saxifraga Kabschia-Hybride

Aubrieta deltoidea

HAUSWURZ

Die **Hauswurz** – *Sempervivum* – ist eine sehr ausdauernde Pflanze mit fleischigen Blättern in dichten bodennahen Rosetten, die auch der größten Hitze und stärksten Trockenheit widersteht. Aus den Rosetten wachsen zahlreiche axillare Triebe, die von kleinen, später leicht einwurzelnden Rosetten abgeschlossen sind. Aus der Mitte der Rosette sprießen aufrechte, dichtbelaubte Stengel, die einen Blütenstand aus weißen, gelben, rosa oder karminroten Blüten tragen. Die grünbelaubten Arten blühen in der Regel gelb, die rotbelaubten rot. Für den Steingarten eignen sich mehrere Arten. Die Vielzahl der Arten und durch Züchtung entstandenen Hybriden ist groß. Alle Hauswurzarten eignen sich für den Steingarten oder in Mauerfugen an sonnigen Standorten auf trockenem Boden. Eine schöne Art ist *S. arachnoideum* – Spinnweben-Hauswurz, mit spinnwebartig überzogener Rosette und rosa Blüten.

GRASNELKE

Die **Grasnelke** – *Armeria.* Die Gattung umfaßt etwa 50 in der gemäßigten Zone Europas und in den südamerikanischen Anden vorkommende Arten. Alle haben sehr dichte, schmale, grasartige, Blätter und weiß bis rote, langgestielte Blütenstände. Sie bilden dichte Teppiche. Die Grasnelke verlangt leichten Sandboden und eignet sich für Trockenmauern und die unteren Teile des Steingartens. Die meistgezüchtete Art ist *A. maritima*, die von Mai–Oktober blüht. Es gibt viele Sorten im Handel in verschiedenen Farben und Höhen.

Armeria maritima

Sempervivum arachnoideum

Semperivivum ornatum

Der **Beifuß** – *Artemisia.* Von den mehr als 250 Arten dieser Gattung eignen sich nur die zwergwüchsigen Hochgebirgsarten für den Steingarten. Die dekorativen silbrigen Blätter sollen zur Geltung kommen. Wir pflanzen ihn an trockenen, sonnigen Plätzen im Steingarten in leichten Boden, am besten in Steinfugen. Er breitet sich rasch aus und bildet schöne Polster. Besonders beliebt ist *A. nitida* (syn. *A. lanata*), der eine Höhe von etwa 10 cm erreicht und eine zart silbergraue Belaubung hat. In der freien Natur kommt er, mit Ausnahme von Australien, in der ganzen Welt vor.

Der **Alpenbalsam** – *Erinus alpinus* – ist eine niedrige Steingartenpflanze, die aus den Alpen und den Pyrenäen stammt. Es gibt nur eine Art. Sie bildet dichte Polster, die im Steingarten die Spalten zwischen den Steinen schön ausfüllen. Die kleinen rosa Blüten stehen in dichten Trauben an kurzen Stengeln. Sie blüht von April–Oktober. Die Vermehrung erfolgt durch Selbstaussamung, die älteren Pflanzen gehen häufig ein. Sie gedeiht gut in leichtem, kalkreichem, mit Kalkkiesel vermischtem Boden, am besten in leichtem Halbschatten. Sie verträgt aber auch Sonne, muß dann aber feucht gehalten werden. Es gibt noch die Sorten 'Albus', weiß und 'Dr. Hähnl', karminrot.

Die **Heide** – *Erica.* Die Heidekrautgewächse blühen vom zeitigen Frühjahr bis spät in den Herbst hinein. Die erste ist *E. herbacea* (syn. *E. carnea*) – Schneeheide. Sie blüht schon im Winter. Dann folgt die in den Farben Weiß, Karminrot und Rosa blühende *E. cinerea* – Grauheide – und als letzte im September und Oktober blüht *E. vagans. E. herbacea* wächst in den Alpen wild, von wo sie sich in westlicher Richtung bis nach Savoyen, in östlicher Richtung bis nach Mähren (Tschechische Republik) und auf den Balkan verbreitet hat. Man findet sie auch im Apennin. Das immergrüne 40 cm hohe Sträuchlein bildet hellgrüne Teppiche, die im März, oft schon im Winter, in Weiß, Rosa oder Rot erblühen.

Artemisia nitida

Erinus alpinus

Erica herbacea

EDELWEISS

Das **Edelweiß** – *Leontopodium* – eine weithin bekannte Gebirgspflanze, ist in den Hochgebirgen Europas und Asiens beheimatet. Es verlangt einen sonnigen Standort und armen, kalkreichen, steinigen und trockenen Boden. In humosen und nährstoffreichen Böden verliert es die schöne weißlichfilzige Farbe der Blätter und des Blütenstandes und wächst zu üppig. Im Steingarten pflanzen wir das Edelweiß in Felsspalten. Die bekannteste und meistgezüchtete Art ist *L. alpinum*, die nicht nur in den Alpen, sondern auch in den Pyrenäen, den Karpaten, auf dem Balkan, im Himalaja und in Japan wild wächst. Die schmalen, filzig behaarten Blätter bilden eine bodennahe Rosette; die Hauptzierde dieser schönen Steingartenpflanze sind die sternförmigen Blütenstände mit den weißfilzigen Blütenblättern, die sich pressen und trocknen lassen.

ALPENWALDREBE

Die **Alpenwaldrebe** – *Clematis alpina* – ist eine wegen ihres Blütenreichtums bemerkenswerte Art. Sie wächst als Unterholz in den Wäldern Mittel- und Südeuropas bis nach Nordostasien. In den Gärten, wo sie bis 2 m hoch wird, blüht sie im Mai mit schönen violetten bis zart lilarosa Blüten. Häufig blüht sie im Sommer noch einmal. Sie verlangt durchlässigen bis steinigen, humosen, angemessen feuchten Boden. Etwas früher blüht die aus China stammende *C. macropetala*. In Südosteuropa beheimatet ist die aufrechtwachsende, 50–80 cm hohe *C. integrifolia*. Man kann *Clematis* als Abgrenzung des Steingartens verwenden.

Leontopodium alpinum

Clematis alpina

Die **Glockenblumenart** – *Campanula portenschlagiana* – stammt aus Dalmatien. Sie bildet niedrige, etwa 10 cm hohe, immergrüne sehr dichte Polster, die aus reichverzweigten, von frischgrünen kleinen Blättern bewachsenen Stengeln zusammengesetzt sind. Sie hat kleine blaue Blüten. Besonders gut gedeiht sie im Halbschatten, in humosem, steinigem Boden mit genügend Kalkgehalt. Sie blüht von Juni–August. Außerordentlich schön und vom züchterischen Gesichtspunkt dankbar ist ihre Form 'Birch-Hybrid', die sich durch einen kompakten Wuchs, größere Blüten und eine dunkelviolette Färbung auszeichnet. Diese Art eignet sich besonders für Trockenmauern.

Der **Ehrenpreis** – *Veronica* – kommt in mehr als 300 Arten in den verschiedensten Gebieten der Erde vor. *Veronica cinerea* stammt aus Kleinasien und wird 10–12 cm hoch. Alle grünen Teile der Pflanze sind mit langen grauen Flaumhaaren dicht bewachsen. Sie hat einen kriechenden Wuchs und bildet dichte Bestände. Die Blüten sind hellblau bis weißrosa und stehen in Trauben. Im Steingarten verlangt sie eine sonnige und trokkene Lage und nährstoffarmen Boden.

Das **Steinäschel** – *Aethionema*. Die etwa 40 Arten dieser Gattung wachsen im Nahen Osten. Sie haben graugrüne Blätter und blühen weiß, rosa oder purpurrot. Sie werden im Steingarten an sonnigen Stellen in steinigem, kalkreichem Boden gezogen. *A. grandiflorum* wird 20–25 cm hoch und blüht von Mai bis Juli reich mit rosa Blüten. Ihr ähnelt *A. armenum* 'Warley Rose'. Sie blüht von Juni–August leuchtend rosa, wird 15–20 cm hoch und hat einen buschigen Wuchs.

Campanula portenschlagiana

Aethionema armenum 'Warley Rose'

Veronica cinerea

Der **Seidelbast** – *Daphne* – bildet kleine Sträucher mit abfallenden oder überwinternden Blättern. Zu den beliebtesten Arten gehört *D. cneorum* – Rosmarinseidelbast, der 25–30 cm hoch wird. Es ist ein kleiner Strauch mit überwinternden Blättern, rosa Blüten in endständigen Dolden und rotbraunen Steinfrüchten. Er wächst in den lichten Wäldern Süd- und Mitteleuropas wild. Im Steingarten pflanzen wir ihn an sonnigen Plätzen, in steinigen, humosen, mit Torf vermischten, sauren Boden.

Das **Johanniskraut** – *Hypericum* – mit seinen 200 Arten ist von den Tropen bis in die kalte Zone der nördlichen Halbkugel verbreitet. Es wird wegen seiner langen Blütezeit viel angepflanzt. Für den Steingarten sind vor allem die niedrigen Arten geeignet. *H. cerastioides* bildet dichte blaugrüne, polsterartige kleine Sträucher und blüht im Mai mit vielen leuchtend gelben Blüten. Außer dieser frühblühenden sind auch weitere Arten im Steingarten verwendbar, beispielsweise *H. coris* (etwa 10–15 cm hoch) und *H. olympicum* (20–30 cm hoch), großblütig, die von Juni bis August blüht.

Die **Kugelblume** – *Globularia*. Die Pflanzen dieser Gattung mit ihrem kugeligen, violettblauen Blütenstand sind eine Zierde des Gartens; sie sind niedrig, immergrün und anspruchslos. *G. cordifolia* stammt aus den Seealpen. Es ist ein niederliegender Strauch, der kleine Blattrosetten ausbildet, aus denen die kurzen Stengel mit dem kugelförmigen Blütenstand hervorkommen. Er wird in Steinspalten gepflanzt. Diese widerstandsfähige Steingartenpflanze erfordert keine besondere Pflege. Ihr ähnlich ist die aus Kleinasien stammende *G. elongata*, die einen größeren Blütenstand hat. Sie eignet sich für trockene, warme Stellen und verlangt einen kalkreichen Boden.

Daphne cneorum

Hypericum cerastioides

Globularia elongata

ZIERGRÄSER, FARNE UND WASSERPFLANZEN

Für die Anlage und Bepflanzung des Gartens ist es schwer, bestimmte Regeln aufzustellen. Dies wäre auch nicht richtig, denn einer der Grundsätze der Landschaftsgärtner lautet, daß jeder Garten individuell verschieden sein soll. Es gibt so viele Pflanzen und Möglichkeiten sie zu kombinieren, so daß die Gärten niemals gleich sind. Man kann hübsche Partien „abschauen" und kopieren, wie Pergolen, Wasserbecken, Wegführungen, aber jeder Garten sollte sich dennoch in Gestaltung und Bepflanzung unterscheiden.
Wenn wir nur die bekanntesten grundlegenden Pflanzenarten verwenden, können die Gärten leicht einander gleichen. Dazu kommt es beispielsweise, wenn ein Gartenarchitekt die Gärten eines ganzen Bezirkes entwirft und dabei überall die gleiche oder ähnliche Bepflanzung verwendet. Oft ist es die Be-

liebtheit einer Pflanze, daß sie von einem Garten in den anderen übernommen wird. Die Verschiedenartigkeit der Gartenanlagen ist durch die Verwendung einer breiten Auswahl von Pflanzen bedingt, was mit anderen Worten bedeutet, andere Pflanzen zu setzen, als sie der Nachbar besitzt. Daher sollte man Mut zur Anpflanzung wenig bekannter Arten haben. Zu diesen gehören die Wasserpflanzen, die Farne und die Ziergräser. Bis vor kurzem waren sie in den Gärten selten, in letzter Zeit sind sie jedoch in Mode gekommen und werden immer beliebter.
Ein Wasserbecken im Garten hat seinen eigenen Reiz; es schafft eine kleine Idylle. Dazu gehört auch das Leben, das sich im und am Wasser abspielt. Die Wasserflora hat ihre eigene Schönheit, die sich von der Landvegetation unterscheidet. Kein großer Garten, besonders kein Wohngarten, sollte ohne Wasserbecken mit **Wasser- u. Sumpfpflanzen** sein.
Die Bepflanzung von Wasserpartien, mag es sich nun um einen Weiher, einen kleinen Bach, Gartenteich oder nur um eine Vogeltränke handeln, ist gewissen gartenbaulichen Gesetzen unterworfen. Das wichtigste ist, daß im sowie am Wasser und in seiner Umgebung nur feuchtigkeitsliebende Pflanzen angepflanzt werden dürfen, so wie es in der freien Natur der Fall ist.
Die Wasserbecken im Garten werden flach, nur etwa 30 cm tief, angelegt. Für die Mehrzahl der Wasserpflanzen ist diese Tiefe ausreichend. Seerosen, die eine größere Tiefe verlangen, werden in Schächte versenkt. Für Wasserpflanzen, die eine geringere Tiefe bevorzugen, beispielsweise nur 5–10 cm, stellen wir eine Art Taschen her, in denen wir die Höhe der Oberfläche des Erdreichs unter dem Wasserspiegel nach Bedarf ändern können. An den Rändern der Wasserbecken können wir einen kleinen Sumpf anlegen – geeignet für Sumpfpflanzen. Wir können auch einen Springbrunnen einbauen, der die Partie sumpfig erhält und außerdem die Luftfeuchtigkeit erhöht, was für die Pflanzen vorteilhaft ist, und auch das Wasser im Becken, das an warmen Tagen stark verdunstet, laufend auffüllt. Der Wasserstand sollte im Becken ständig gleich bleiben.
Auch die Wasserpflanzen brauchen Pflege und vor allem Düngung, auch müssen die oberirdischen verblühten oder verwelkten Teile beseitigt werden. Wir düngen nur mit organischen Düngemitteln, wie Stalldünger oder Kompost. Damit das Erdreich und mit ihm das Düngemittel nicht an die Oberfläche steigt und das Wasser verschmutzt, wird der Grund mit Kieseln beschwert. Von Zeit zu Zeit wird es notwendig, eine Pflanze zu teilen, weil sie sonst weniger blüht.
Die Überwinterung der Wasserpflanzen ist meist ein Problem. Es gibt zwei Möglichkeiten. Die eine ist, daß wir im Winter das Wasser ablassen, die Pflanzenstengel bis zur Basis abschneiden und das ganze Becken mit Laub oder Fichtenreisig anfüllen. Darüber legen wir Bretter oder eine Deckfolie, damit weder Wasser noch Schnee Zutritt zu den Blättern haben. Ohne diese Vorkehrung würden sie bis zum Frühjahr verrotten. Im Frühjahr säubern wir dann das Becken, düngen die Pflanzen, lassen Wasser ein und die Pflanzen wachsen wieder nach. Die zweite Möglichkeit – die dankbarere – ist die, daß wir alle Wasserpflanzen in Kästen oder Töpfen halten, die wir so im Wasser versenken, daß die Oberfläche des Erdreichs mit der Kieselschicht abschließt. Dann ist es einfach, vor Wintereinbruch die Pflanzen zur Überwinterung in einen frostfreien Keller zu bringen und sie im Frühjahr wieder im Becken zu versenken. Vorsicht ist geboten, wenn wir das Becken im Winter nicht entleeren, kann es vom Frost gesprengt werden.
Auch die **Farne** haben im Garten ihren Platz. Es sind Pflanzen, die den Blick nicht durch bunte Blüte auf sich ziehen, sondern durch ihre schönen Wedel. Wir pflanzen sie an schattige,

feuchte Partien im Garten. Die Farne leben in der Natur als Unterwuchs in Wäldern, wo die meisten anderen Pflanzen an Lichtmangel leiden.
Diese Art von Standort wird auch die Wahl der Pflanzen bestimmend beeinflussen, mit denen sich die Farne im Garten gut kombinieren lassen: Vor allem sind es feuchtigkeitsliebende Pflanzen wie *Iris, Hemerocallis,* großblättrige Stauden wie *Hosta, Bergenia, Ligularia, Rodgersia, Brunnera.* Auch Vergißmeinnicht – *Myosotis* – und ähnliche Stauden, ferner *Caltha, Trollius, Filipendula* u.a. Die Farne lassen sich auch mit einigen kriechenden Pflanzen kombinieren – *Oenothera, Ajuga, Armeria, Stachys, Vinca minor*, mit verschiedenen Arten der Gattung *Saxifraga* u.ä. Auch Ziergräser passen im Aussehen zu den Farnen, obwohl es sich größtenteils um Steppenpflanzen handelt. Ungeeignet ist eine Kombination von Farnen mit buntblühenden Pflanzen.
An die Pflege stellen die Farne keinerlei Ansprüche – sofern wir ihnen zusagende Lebensbedingungen bieten. Meist genügt es, sie nicht verunkrauten zu lassen, von Zeit zu Zeit zusätzlich zu düngen und die vertrockneten Blätter zu entfernen.
Die **Ziergräser** gehören zu den Pflanzen, die im Garten viel Effekt machen. Die Auswahl an Ziergräsern für den Garten ist groß und mannigfaltig – von ganz niedrigen (5–10 cm) bis zu über 2 m hohen Pflanzen. Sie lassen sich zu sehr reizvollen Kompositionen zusammenstellen, die das ganze Jahr hindurch ihre dekorative Wirkung behalten. Dies ist der Vorteil der Pflanzen, deren Zierelement das Blattwerk ist. Dazu gehören neben der Mehrzahl der Farne auch die Ziergräser. Viele von ihnen blühen – und dies ist ein weiterer schmückender Faktor. Wir verwenden die Ziergräser im Garten größtenteils als Ergänzung, deren Hauptzweck es ist, die starken Kontraste zwischen blühenden Pflanzen und dem dunklen Habitus mancher Gehölze zu mildern. Wir können mit ihnen aber auch eine selbständige Partie bilden, eine Art Gräsergarten. Er sollte mit einem Wasserbecken oder mit runden, größeren Steinen kombiniert, durch Gehölze, passende Stauden, kriechende Pflanzen und Zwiebelblumen ergänzt werden. Ein durch Zwiebelblumen ergänzter Gräsergarten bekommt ein wenig Steppencharakter und die Mehrzahl der Pflanzen, die wir zur Verwendung empfehlen, gehört ja auch in die Steppengesellschaft. Wir brauchen dies jedoch nicht zu dogmatisch nehmen. Wenn eine Pflanze einer anderen Gesellschaft in diesen Gräsergarten paßt, können wir sie unbesorgt verwenden. Die Ziergräser lassen sich nach der Höhe in drei Hauptgruppen einteilen: Niedrige, bis 25 cm, deren wichtigste Vertreter die Schwingel – *Festuca* – sind; mittelhohe, bis 60 cm, kennzeich-

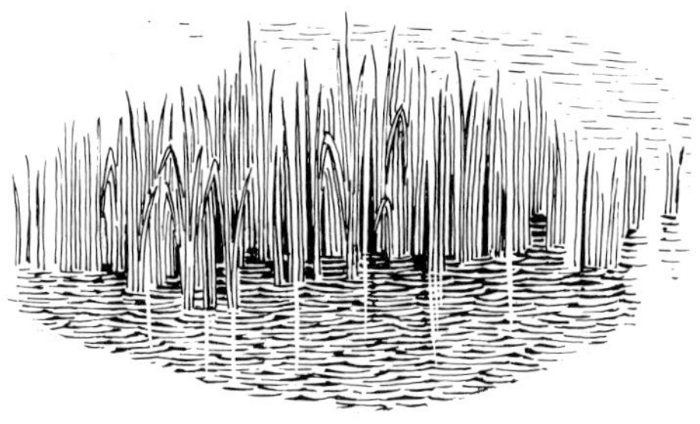

nende Vertreter sind die Hafer – *Avena*; bekannteste Vertreter der hohen Gräser sind die verschiedenen Arten von *Miscanthus.* Die niedrigen Polster setzen wir in den Steingarten oder in eine Heidepartie, die mittelhohen als Einfassungen oder solitär im Steingarten, die höheren nur als Solitärpflanzen. Um wirkungsvoll zur Geltung zu kommen, brauchen sie einen passenden Vordergrund, den zweifellos ein Rasenplatz darstellt. An Zucht und Pflege stellen die Ziergräser keine großen Ansprüche. Einige werden im Vorfrühling zurückgeschnitten, damit sie neue Triebe bilden, die Büsche werden durchgelichtet und geteilt, damit sie nicht zu dicht wachsen, sie sollen luftig wirken. Wir dürfen sie nicht verunkrauten lassen. Es empfiehlt sich, sie bei Trockenheit zu wässern und im Vorfrühling tüchtig zu düngen.
Wasserpflanzen, Farnen und Ziergräsern kommt zusammen mit den Gehölzen bei der Gestaltung eines modernen Gartens erstrangige Bedeutung zu.

HASENSCHWANZGRAS

Das **Hasenschwanzgras** – *Lagurus*. Von dieser Gattung gibt es nur eine Art, die in den Mittelmeergebieten wild wächst. Sein botanischer Name ist von den griechischen Wörtern lagos – Hase und oura – Schwanz abgeleitet. Der Blütenstand von eirunder bis langovaler Form, mit den langen weichen Grannen, erinnert an ein Hasenschwänzchen. *L. ovatus* ist eine Pflanze, die eine Höhe von 20–60 cm erreicht. Sie blüht, je nach der Zeit der Aussaat, im Mai oder erst im Juli. Es wird im April direkt an den Standort, oder, für die Frühjahrsblüte, Ende August in Saatkästen ausgesät. Dann muß das Gras in einem hellen, frostfreien Raum, überwintern. Die getrockneten Blüten werden zu Dauersträußen verwendet.

GLATTHAFER

Der **Glatthafer** – *Arrhenatherum*. Diese Gattung umfaßt 6 Arten, die in Europa, Afrika und Westasien wild wachsen. In den Gärten wird gern die ausdauernde buntblättrige Form *A. elatius* ssp. *bulbosum* 'Variegatum' gezogen, die besonders durch ihre länglichen, weißgrün gestreiften Blätter dekorativ wirkt. Das Gras erreicht eine Höhe von 30–40 cm, die kleinen Ähren stehen an 50 cm hohen Halmen, es hat flache rundliche Knöllchen. Die Blätter wachsen zeitig im Frühjahr, von Juni bis Juli zieht die Pflanze ein. Wir verwenden sie für trockene, sonnige Plätze.

Lagurus ovatus

Arrhenatherum elatius

Die Gattung **Schwingel** – *Festuca* – umfaßt etwa 200 Arten, die in der ganzen Welt, auch in den Tropen, verbreitet sind. Viele von ihnen haben Nutzwert, andere sind wertvolle Ziergräser. Ihre Horste sind ausdauernd, zartbelaubt, bevorzugen einen trockenen Standort. *F. gigantea* wächst in Europa, Asien und Afrika wild, erreicht eine Höhe von 30–40 cm und bildet große Horste mit breiten, bogig überhängenden Blättern. Die Ähren erreichen eine Länge von 60–100 cm. Der Schwingel gedeiht im Halbschatten und wird hauptsächlich als Ergänzung zu verschiedenen Gehölzen verwendet. Der Blauschwingel – *F. glauca* – stammt aus Europa, besitzt zähe, silbrigblaue Blätter und bildet kompakte, 15–20 cm hohe Horste. Diese immergrüne Art gehört zu den beliebtesten Schwingeln. Im Garten findet sie sowohl im Steingarten als auch in allen freien Naturpartien, besonders im Heidegarten, Verwendung. Am besten sagt ihr ein sonniger Standort und ein durchlässiger, nährstoffarmer Boden zu. Es gibt viele Sorten, die sich für den Garten eignen im Handel.

Festuca gigantea

Festuca glauca

PFRIEMGRAS

Das **Pfriemgras** – *Stipa*. Diese sehr breite Gattung umfaßt etwa 250 Arten, die in den Trockengebieten der gemäßigten Zone bis in die Tropen der ganzen Erde wachsen. Größtenteils bilden sie Horste mit sehr schmalen Blättern. Die Ähren haben lange Grannen. Diese ausgesprochen trockenheitsliebenden Gräser verlangen eine sonnige Lage und sandigen, kalkreichen Boden. In den Gärten werden nur einige Arten gezogen, so das Ausdauernde Federgras – *S. pennata* (syn. *S. joannis*), das nur 40–60 cm hoch wird und von Juni–Juli blüht.

ROHRGLANZGRAS

Das **Rohrglanzgras** – *Phalaris*. Von dieser Gattung, deren 12 Arten vorwiegend in den Mittelmeerländern verbreitet sind, wird in den Gärten nur das ausdauernde Rohrglanzgras – *P. arundinacea* – gezogen, das auf feuchten Wiesen und an Bachufern in ganz Europa wild wächst. Wir verwenden es an sonnigen bis halbschattigen Stellen in der Nähe kleiner Teiche oder in feuchtem Boden. Es hat gestreifte, 1–2 m hohe Blätter. Es breitet sich schnell aus und kann zu einem lästigen Unkraut werden. Es ist auch zum Schnitt geeignet.

Stipa pennata

Phalaris arundinacea 'Picta'

PAMPASGRAS

Das **Pampasgras** – *Cortaderia selloana* – ist eines der schönsten Gräser. Seine Heimat ist Südamerika. Das Pampasgras bildet schmalblättrige Horste und zeigt seine volle Schönheit im September, wenn es in Blüte steht. Die Ähren gleichen dichten, seidigen Wedeln, die bis über 50 cm lang sind und in der Sonne silbrig glänzen. Die Pflanze ist ziemlich anspruchsvoll, sie verlangt eine warme, geschützte Lage und guten durchlässigen Boden. Sie verträgt keine winterliche Überfeuchtung und braucht einen guten Winterschutz; Pflanze zusammenbinden und abdecken. Sie sollte als Solitärpflanze gesetzt werden. Geschnittene Ähren halten sehr lange.

ZITTERGRAS

Das **Zittergras** – *Briza.* Von den zahlreichen Arten dieser Gattung eignet sich für den Garten *B. media*, eine europäische ausdauernde und anspruchslose Art, die niedrige Horste mit schmalen grünen Blättern bildet und von Mai bis Juni blüht. Die zarten duftigen Ährchen können für winterliche Trockengestecke verwendet werden. Das Zittergras gedeiht in trockenem, kalkhaltigem Boden an einem sonnigen Standort.

Briza media

Cortaderia selloana

Das **Federborstengras** – *Pennisetum* – ist eine Gattung herrlicher Pflanzen, deren etwa 140 einjährige und ausdauernde Arten in den subtropischen und tropischen Regionen wild wachsen. Zur Anpflanzung im Garten eignet sich hauptsächlich die ausdauernde, bis 80 cm hohe Art *P. alopecuroides*, die neben schmalen, graugrünen Blättern am Ende des Sommers dichte Ähren ausbildet, die an Flaschenreiniger erinnern. Sie werden 10–20 cm lang. Blütezeit September–Oktober. Am besten gedeiht es an einem geschützten Standort, in gutem, durchlässigem Boden. Über den Winter empfiehlt es sich, die Pflanzen durch trockenes Laub zu schützen und die oberirdischen Teile erst im Frühjahr abzuschneiden.

Das **Chinaschilf**, (Eulalia) – *Miscanthus* – ist eine Gattung hoher, sehr effektvoller, ausdauernder Gräser. Es gibt 12 Arten, die im tropischen Afrika und Südostasien beheimatet sind. Da sie erst in der zweiten Frühlingshälfte austreiben, kommt ihre Schönheit bis zum Winter zur Geltung. Die oberirdischen Teile werden im zeitigen Frühjahr zurückgeschnitten. Am besten gedeihen diese Gräser in nährstoffreichem, durchlässigem Boden mit genügend Feuchtigkeit. Sie werden bis 3,5 m hoch. Im Winter brauchen sie Trockenheit. Es dauert zwei bis drei Jahre, bevor sich die jungen Pflanzen zu voller Schönheit entwickeln. *M. sinensis* wird 2,5 m hoch. Schöne Sorten sind 'Gracillimus', nur 1,5 m hoch und 'Zebrinus', mit quergestreiften gelben Blättern.

Pennisetum alopecuroides

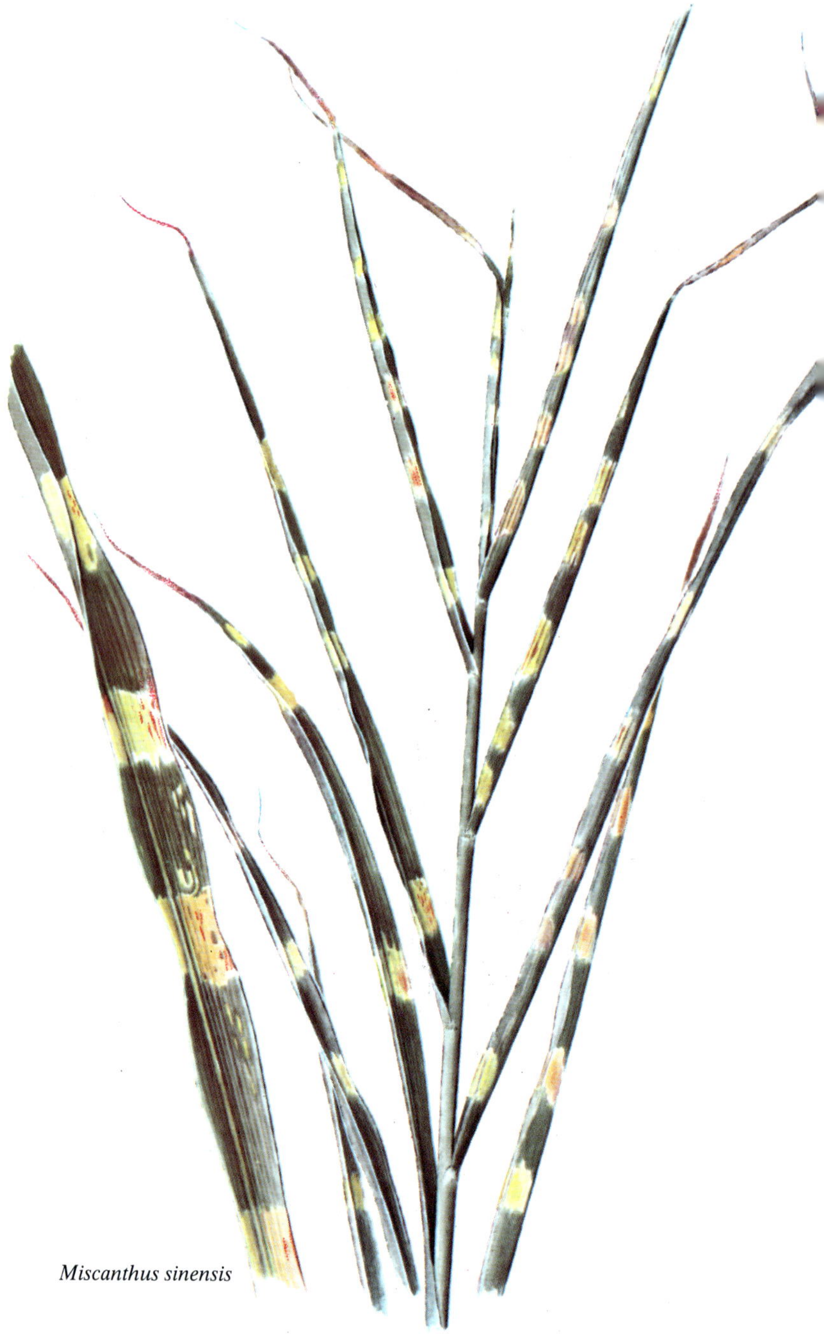

Miscanthus sinensis

Der **Tüpfelfarn** – *Polypodium*. Die Gattung umfaßt etwa 50 meist in den Tropen und Subtropen wachsende Arten. Nur die Art *P. vulgare* – Engelsüß – ist winterhart und eignet sich für den Garten. Es ist ein immergrüner, mittelhoher Farn, 20–40 cm hoch, bildet geschuppte, kriechende Rhizome. Er verträgt keinen Kalk, gedeiht gut in humosem Boden, im Halbschatten bis Schatten. Er wächst ziemlich langsam, ist aber sehr reizvoll und als Bodendecker im Schatten verwendbar. Es sind verschiedene Sorten im Handel.

Der **Streifenfarn** – *Asplenium* – ist mit 700 Arten in Europa, Asien und Nordamerika beheimatet. Es sind auf dem Boden und epiphytisch lebende Farne. Einige Arten sind winterhart und für mitteleuropäische Bedingungen, besonders für Trokkenmauern und Steingärten, geeignet. Am besten sagen ihnen Böden zu, die Torf und Waldstreu enthalten. Die einzelnen Arten sind einander ähnlich, doch sind einige kalkliebend und andere kalkfliehend. *A. fontanum* und *A. trichomanes* sind z.B. kalkliebend, während *A. septentrionale* keinen Kalk verträgt.

Polypodium vulgare

Asplenium septentrionale

RIPPENFARN

Der **Rippenfarn** – *Blechnum* – ist eine Gattung, die etwa 200 Arten umfaßt, die über die ganze Erde verbreitet sind. In der nördlichen gemäßigten Zone ist die Art *B. spicant* verbreitet, ein schöner, immergrüner und sehr dekorativer Farn, dessen junge Blätter in Rosetten angeordnet sind. Er erreicht eine Höhe bis 40 cm und gedeiht nur in saurem bis neutralem Boden gut. Er ist immergrün. Wie alle Farne liebt er Halbschatten.

Blechnum spicant

HIRSCHZUNGE

Die **Hirschzunge** – *Phyllitis scolopendrium*. Diese Gattung kommt überall auf der Erde vor, aber nur eine von den insgesamt sechs Arten ist unter mitteleuropäischen Bedingungen winterhart. Er ist ein Farn mit charakteristischen zungenförmigen, ganzrandigen Blättern, mit linealischen Sporangien, die senkrecht an der Längsachse des Blattes angeordnet sind. Er wächst in Bergwäldern wild und erreicht eine Höhe von 20–50 cm. Die jungen Blätter sind hellgrün, die älteren ledrig dunkelgrün. Am besten gedeiht die Hirschzunge in halbschattiger bis schattiger Lage in feuchten, kalkreichen Böden.

Phyllitis scolopendrium

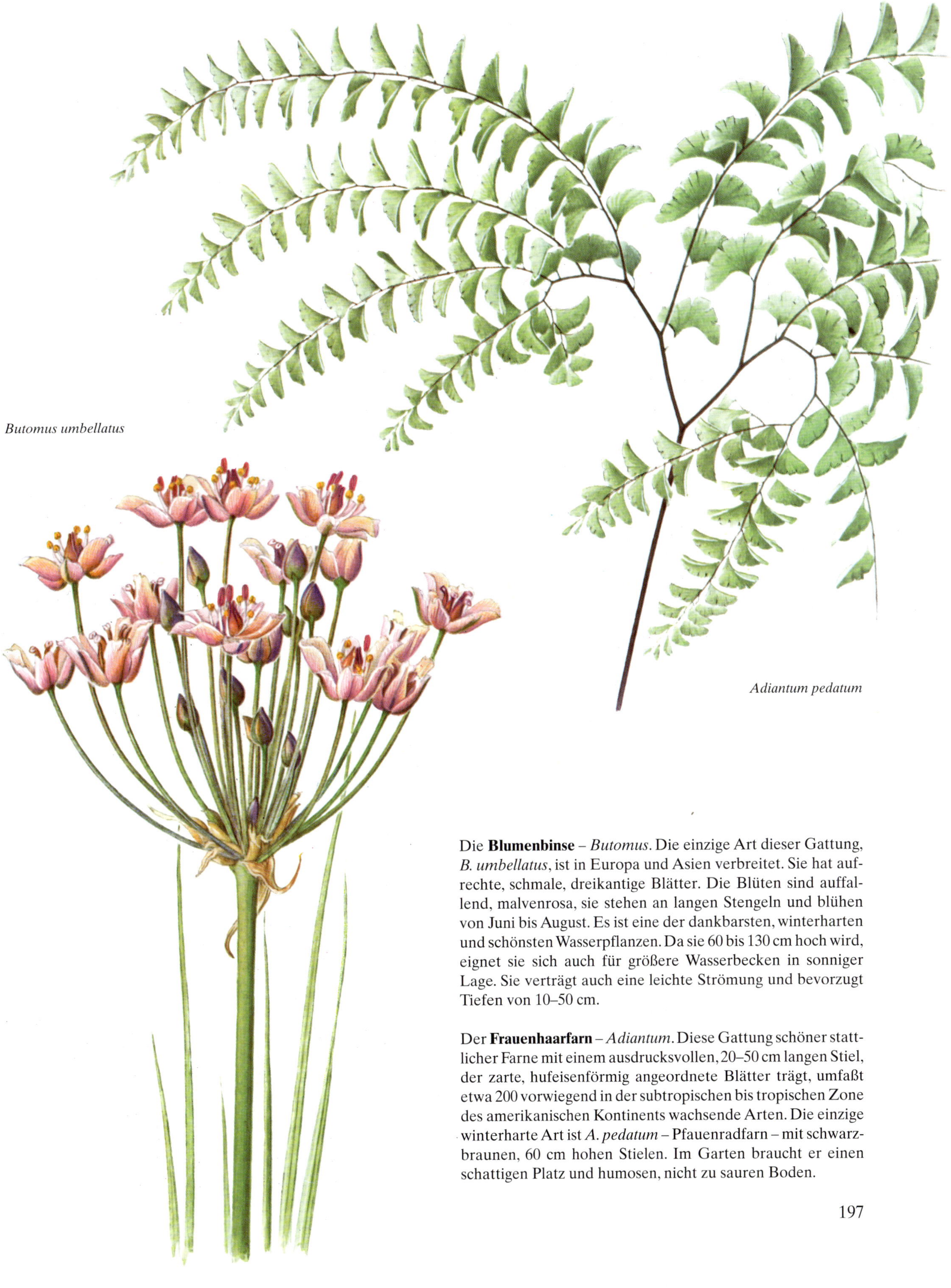

Butomus umbellatus

Adiantum pedatum

Die **Blumenbinse** – *Butomus*. Die einzige Art dieser Gattung, *B. umbellatus*, ist in Europa und Asien verbreitet. Sie hat aufrechte, schmale, dreikantige Blätter. Die Blüten sind auffallend, malvenrosa, sie stehen an langen Stengeln und blühen von Juni bis August. Es ist eine der dankbarsten, winterharten und schönsten Wasserpflanzen. Da sie 60 bis 130 cm hoch wird, eignet sie sich auch für größere Wasserbecken in sonniger Lage. Sie verträgt auch eine leichte Strömung und bevorzugt Tiefen von 10–50 cm.

Der **Frauenhaarfarn** – *Adiantum*. Diese Gattung schöner stattlicher Farne mit einem ausdrucksvollen, 20–50 cm langen Stiel, der zarte, hufeisenförmig angeordnete Blätter trägt, umfaßt etwa 200 vorwiegend in der subtropischen bis tropischen Zone des amerikanischen Kontinents wachsende Arten. Die einzige winterharte Art ist *A. pedatum* – Pfauenradfarn – mit schwarzbraunen, 60 cm hohen Stielen. Im Garten braucht er einen schattigen Platz und humosen, nicht zu sauren Boden.

SEEROSE

TEICHROSE

Nymphaea-Hybride

Nuphar lutea

SUMPFDOTTERBLUME

Die **Seerose** – *Nymphaea* – ist eine viel veredelte Gattung. Viele Sorten mit einfachen, halbgefüllten und gefüllten, weißen, gelben, kupferfarbenen, rosa und roten Blüten werden angeboten. Die Seerosen lieben warmes stehendes Wasser, je nach der Art von 30 bis 100 cm Tiefe und einen sonnigen Standort. Sie blühen lange. Die Blüten gehen nacheinander von Mai bis September auf.

Die **Teichrose** (Mummel) – *Nuphar lutea* – hat auffallend runde Blätter, ähnlich der Seerose. Die Blüten sind groß, rund, gelb und ragen bis 10 cm über den Wasserspiegel empor. Sie blüht von Juni bis August, duftet stark, liebt Sonne, verträgt auch leicht fließendes Wasser und Halbschatten. Sie braucht eine Wassertiefe von 50–60 cm.

SUMPFKALLA

Die **Sumpfdotterblume** – *Caltha palustris* – hat sattgrüne, nierenförmige Blätter und goldgelbe einfache Blüten. Sie blüht im April und Mai. Schön ist die gefüllte Sorte 'Multiplex'. Wir pflanzen sie an sonnige bis halbschattige Stellen. Sie gedeiht in sumpfigem Boden, an den Rändern der kleinen Teiche oder in einer Wassertiefe bis zu 10 cm.

Die **Sumpfkalla** – *Calla palustris* – hat hellgrüne, herzförmige Blätter, die innen weiße, außen grünliche Blüte gleich einem Köcher, aus dessen Mitte ein gelbgrüner keulenförmiger Kolben ragt. Sie blüht von Mai bis Juni. Im Herbst schmücken sie scharlachrote Beeren. Diese prächtige Pflanze gedeiht am besten im Sumpfbecken in Moorerde oder in einer Wassertiefe bis zu 20 cm. Sie ist giftig!

Caltha palustris

Calla palustris

PFEILKRAUT

Das **Pfeilkraut** – *Sagittaria*. Die etwa 20 Arten dieser Gattung sind in den gemäßigten sowie den tropischen Zonen Amerikas beheimatet. Es sind sehr abgehärtete Pflanzen, die sich der Wassertiefe anpassen. Sie sind besonders für unsere Zwecke geeignet. *S. sagittifolia* wächst in Europa bis Asien. Sie hat elegante pfeilförmige Blätter, die bis 70 cm lang werden. Die Blütenstengel werden bis 1 m hoch. Die Blüten sind weiß, mit einem purpurnen Fleck am Grund. Das Pfeilkraut blüht von Juni–August. Am besten gedeiht es in 30–50 cm Wassertiefe. In größeren Tiefen blüht es schlecht. Die Pflanze breitet sich durch Ausläufer aus, die lästig werden können. Daher empfiehlt es sich, sie in kleineren Becken in große Töpfe zu pflanzen, um die Ausbreitung zu verhindern.

Sagittaria sagittifolia

KALMUS

Der **Kalmus** – *Acorus*. Von den zwei Arten dieser Gattung ist nur *A. calamus* von Bedeutung. Er stammt aus Asien, ist aber heute in Europa verwildert. Er hat schmale, schwertförmige Blätter. Die dicken fleischigen Wurzelsprossen (*Rhizome*) haben einen herb aromatischen Geschmack und Duft. Der Blütenstand ist kolbenförmig, 10–20 cm lang, anfangs gelbgrün, später braun, im ganzen unauffällig. Er blüht im Juni und Juli. *Acorus* ist eine abgehärtete, anspruchslose Pflanze, die für Sümpfe und Wasserbecken von 20–30 cm Tiefe verwendet werden kann. Sie läßt sich durch Teilung der Ausläufer leicht vermehren. Diese Art hat eine hübsche, dekorative buntblättrige Sorte, 'Variegatus', mit gelb-weiß längsgestreiften Blättern.

Acorus calamus

Die **Simse** – *Scirpus*. Diese sehr verzweigte Gattung besteht aus großen, robusten Pflanzen. Ihr bekanntester Vertreter *Scirpus lacustris* (Seebinse) ist eine 100–350 cm hohe Pflanze, die große Horste bildet. Der eigenartige Blütenstand ist braun. Blütezeit sind die Monate Juli und August. Der Teichbinse ist sehr anspruchslos und abgehärtet. Auf dem Grund der Becken und Weiher breitet sie sich stark aus und unterdrückt andere Wasserpflanzen. Daher ist es gut, sie in einen größeren Topf zu pflanzen und auf den Grund zu versenken. Sie paßt sich der Wassertiefe an, wächst auch in Tiefen von 1 m. Interessant ist, daß sie immer in gleicher Höhe über den Wasserspiegel herausragt, ohne Rücksicht auf die Tiefe, in der sie wurzelt. Die Art *S. tabernaemontani* ist etwas niedriger, etwa 1–1,50 m; sie hat eine sehr schöne und dekorative Sorte, 'Zebrinus', mit weiß-quergebänderten Blättern. Am besten sagt ihr eine Wassertiefe von 30 cm zu.

Der **Rohrkolben** – *Typha*. Die ungefähr 15 Arten dieser Gattung wachsen auf der ganzen Erde. Es sind typische Pflanzen der mitteleuropäischen Teiche, mit langen, schmalen Blättern und einem kolbenförmigen Blütenstand. Diese braunschwarzen Kolben werden gern für große Vasen genommen. Diese hübsche Wasserpflanze eignet sich auch für größere Gartenbecken. Für tiefe Becken empfehlen sich die robusten Arten *T. angustifolia, T. latifolia*. Beide Arten gedeihen am besten in Becken mit einer Wassertiefe von etwa 40 cm. Sie erreichen eine Höhe von ungefähr 2 m. Sie sind anspruchslos und winterhart, blühen im Juli und August und werden durch Teilung vermehrt. Die Art *T. minima* wird nur 75 cm hoch und kann daher in kleinen Becken mit einer Wassertiefe bis zu 20 cm genommen werden. Sie hat sehr schmale (nur etwa 2 mm breite) Blätter und kleine, eiförmige bis kugelrunde Blütenkolben.

SOMMERBLUMEN

Die Sommerblumen zieren unsere Gärten in der zweiten Hälfte der Vegetationsperiode. Da sie nur einjährig sind, können wir die Auswahl der Arten nach Farben, Wuchs und Ansprüchen an den Boden treffen und jährlich wechseln. Pflanzen, die uns nicht gefallen oder am Standort nicht gedeihen, werden wir nicht mehr anpflanzen.
Auf ein buntes Sommerblumenbeet pflanzen wir verschiedene Arten; dabei bleibt es jedem Gartenbesitzer überlassen, ob er farbige Kontraste oder völlige Harmonie bevorzugt.
Ein Beet mit Sommerblumen hat einen doppelten Nutzen – es erhöht die Schönheit des Gartens und ziert als Schnittblumen die Wohnung. Viele Arten werden nach dem Abschneiden des Haupttriebes durch Ausbildung weiterer Seitentriebe dichter: Astern – *Callistephus,* Löwenmaul – *Antirrhinum,* Ringelblumen – *Calendula*, Chrysanthemen – *Chrysanthemum,* Wicke – *Lathyrus* u.a. Die Zahl der Sommerblumen zum Schnitt ist groß. Wir nennen die Chabaud-Nelken – *Dianthus caryophyllus*, die Levkojen – *Matthiola*, die Zinnien – *Zinnia*, Studentenblumen – *Tagetes,* Strandnelken – *Limonium,* Kosmeen – *Cosmos*, Rittersporn – *Delphinium,* Sonnenblumen – *Helianthus*, Flammenblumen – *Phlox,* Skabiosen – *Scabiosa,* Mädchenauge – *Coreopsis*, Schleierkraut – *Gypsophila* u.a.
Sehr beliebt sind die rankenden Sommerblumen. Wir verwenden sie zur Bedeckung von Zäunen und als Sichtschutz an Veranden und Balkonen. Als Stützgerüst bauen wir ihnen kleine Gitter; in der Regel ist dafür dünner Draht oder Bindfaden ausreichend, da die Pflanzen nicht schwer sind. Am bekanntesten und dankbarsten ist die Wicke (Wohlriechende Platterbse) – *Lathyrus*. Sommerblumen eignen sich im **Staudenbeet** zur Auffüllung von Lücken, besonders solcher, die ihrem Wuchscharakter nach den Stauden ähnlich sind: Kokardenblumen – *Gaillardia*, Sonnenhut – *Rudbeckia*, Verbenen – *Verbena*, Flockenblumen – *Cebtaurea*, Sonnenblumen – *Helianthus*, Wucherblume – *Chrysanthemum* u.a.
Für den **Steingarten** – zur Bereicherung seiner Farbenpracht und damit er auch im Spätsommer und Herbst in reicher Blüte steht – empfehlen wir Portulak – *Portulaca,* Mittagsblume – *Dorotheanthus,* Gazanien – *Gazania,* Goldmohn – *Eschscholtzia,* Steinkraut – *Alyssum,* Leberbalsam – *Ageratum* u.a.
Für **Einfassungen** von Beeten steht eine Menge hübscher niedriger Arten zur Verfügung, z.B. Steinkraut – *Alyssum,* Goldmohn – *Eschscholtzia,* Gazanien – *Gazania,* Lobelien – *Lobelia,* Leberbalsam – *Ageratum,* niedrige Astern – *Callistephus,* Portulakröschen – *Portulaca,* Salbei – *Salvia,* Verbenen – *Verbena*, Petunien – *Petunia*, immerblühende Begonien – *Begonia semperflorens*, niedrige Studentenblumen – *Tagetes patula, T. tenuifolia* u.a. Zu diesem Zweck pflanzen wir sie dichter. **Für Beete, die nach dem Abblühen von Zwiebelblumen freigeworden sind**, wählen wir vor allem wärmeliebende Arten, die erst in der zweiten Maihälfte ausgepflanzt werden. Dies sind Astern – *Callistephus*, Studentenblumen – *Tagetes,* Sonnenhut – *Rudbeckia,* Gazanien – *Gazania,* Balsaminen – *Impatiens,* Zinnien – *Zinnia,* Skabiosen – *Scabiosa*, Petunien – *Petunia*, immerblühende Begonien – *Begonia semperflorens* u.a.
Zum **Trocknen** der Blüten zur winterlichen Verwendung in der Vase eignen sich am besten Strandnelken – *Limonium,* weit beliebter ist aber die 'echte' Strohblume – *Helichrysum.* Für **keramische Schalen und Vasen** bevorzugen wir ausdrucksvolle Sommerblumen, z.B. Salbei – *Salvia,* Godetie (Atlasblume) – *Godetia,* Lobelie – *Lobelia,* Leimkraut – *Silene,* Portulakröschen – *Portulaca,* Schleifenblumen – *Iberis* u.v.a. Während einer Vegetationsperiode können zwei oder auch drei verschiedene Blumenarten aufeinanderfolgen.
Ferner eignen sich die Sommerblumen auch zur Bepflanzung von **Balkonkästen**. Die Auswahl ist hier riesengroß. Am dankbarsten sind Petunien – *Petunia,* aber auch Lobelien – *Lobelia,* Schleifenblumen – *Iberis,* Studentenblumen – *Tagetes,* Balsaminen – *Impatiens,* niedrige Astern – *Callistephus*, aber auch Wicken – *Lathyrus* kann man nehmen.
Interessant kann man den Garten durch die Verwendung von Sommerblumen **mit auffallenden Blättern** oder ungewöhnlichem Habitus gestalten, z.B. Kochie – *Kochia,* Fuchsschwanz – *Amaranthus*, der vor allem zu modernen gartenarchitektonischen Elementen paßt oder Rizinus (Christpalme) – *Ricinus,* eine robuste Sommerblume, die Ziersträucher ersetzen kann. Theoretisch können wir alle Sommerblumen direkt auf das Beet säen. Einige haben jedoch eine lange Vegetationszeit, so daß sie erst spät im Herbst aufblühen würden. Diese müssen wir vorkultivieren, damit sie rechtzeitig im Sommer blühen. Durch die Vorkultur beschleunigen wir den Vegetationszyklus. Nach diesen Gesichtspunkten lassen sich die Sommerblumen in fünf Gruppen einteilen:
1. Arten, die im Treibhaus vorkultiviert werden müssen; dies bleibt den Fachbetrieben vorbehalten, in den Gärten werden nur gekaufte Setzlinge ausgepflanzt (z.B. Petunien – *Petunia*).
2. Arten, die in einem halbwarmen Frühbeet vorkultiviert werden müssen; ihre Setzlinge kauft der Gärtenbesitzer am besten beim Gärtner (z.B. Löwenmaul – *Antirrhinum*).
3. Sommerblumen, die sich unter einer Folie oder in einem kalten Frühbeet züchten lassen; auch da ist es besser, die Setzlinge

zu kaufen, aber häufig werden sie von den Gartenbesitzern in Saatschalen selbst herangezogen (z.B. Astern – *Callistephus*).
4. Sommerblumen, die auf ein Saatbeet gesät und als vollentwickelte Setzlinge auf das Beet gepflanzt oder direkt auf das Beet gesät werden (z.B. Ringelblumen – *Calendula*).
5. Sommerblumen, die direkt an den Standort gesät werden müssen, weil sie eine Umpflanzung nicht vertragen; nach dem Keimen werden sie vereinzelt (z.B. Goldmohn – *Eschscholtzia*).
Die Ansprüche an die Vorkultur überschneiden sich bei einigen Arten, bei anderen müssen sie streng eingehalten werden; aber wenn wir wollen, daß sie früh, gut und lange blühen, ist es besser, diese Ansprüche genau zu berücksichtigen.
Die Zucht von Sommerblumen ist nicht schwierig. Alle sollen in der Sonne wachsen: im Halbschatten vegetieren sie und im

Schatten wachsen sie gar nicht. Sie sollen nicht dem Winde ausgesetzt sein, dies gilt besonders für die höheren Arten und Sorten, denn sie haben zerbrechliche Stengel, die sich biegen oder auch brechen. Einige brauchen eine Stütze, bei anderen muß der Busch zusammengebunden werden. Je nährstoffreicher der Boden ist – er darf weder zu naß noch zu trocken, weder zu leicht noch zu schwer sein – desto schöner sind die Blüten. Während des Wachstums ist es wichtig, die Pflanzen, die viel Grünmasse ausbilden, rankende Sommerblumen und solche, die zum Schnitt geeignet sind, zusätzlich zu düngen. Wir gießen und jäten sie regelmäßig; es darf sich keine Bodenkruste bilden. Ein leichtes Auflockern des Bodens durch Jäten begünstigt das Wachstum der Pflanze, da die Wurzeln Luft brauchen. Nach dem Verblühen lassen wir den Samen nicht ausreifen, damit die Pflanze nicht geschwächt wird. Sowie sich an einzelnen Pflanzen Krankheitserscheinungen zeigen, müssen wir etwas dagegen unternehmen. Viele Sommerblumen haben nur eine kurze Vegetationszeit; daher werden ihre Setzlinge entweder in gewissen Zeitabständen nacheinander aus dem vorbereiteten Pflanzgut ausgepflanzt oder nach und nach ausgesät. Ein typisches Beispiel dafür ist die Wicke – *Lathyrus*. Wir säen sie ab Ende März alle vierzehn Tage bis Mitte August nach. Die Pflanzen vom März blühen im Juni und verblühen im Juli, die im August gesäten blühen bis zum Frost. Ähnlich lassen sich Ringelblumen – *Calendula*, Flockenblumen – *Centaurea*, Rittersporn – *Delphinium,* Winde – *Convolvulus*, Goldmohn – *Eschscholtzia,* Schleierkraut – *Gypsophila*, Schwarzkümmel – *Nigella,* Mohn – *Papaver* u.a. aussäen. Einige Sommerblumen können wir bereits im Herbst säen, nach Mitte Oktober; der Samen geht zwar nicht mehr auf, keimt aber sehr zeitig im Frühjahr und sie blühen dann frühzeitig. Dies ist z.B. bei Ringelblumen – *Calendula,* Klarkie – *Clarkia*, Rittersporn – *Delphinium,* Godetie – *Godetia*, Goldmohn – *Eschscholtzia*, Mohn – *Papaver* u.a. möglich.

Das **Löwenmaul** – *Antirrhinum majus* – ist eine vielverwendbare Sommerblume. Sie wächst wild in allen wärmeren Gegenden Europas, Asiens und Amerikas, wo sie ausdauernd ist. Wenn sie unseren Winter überstehen könnte, würde sie bei uns ebenfalls als Staude wachsen. In vielen Sprachen drückt ihr Name die Ähnlichkeit mit einem Löwen- oder Hasenmaul aus. Das Löwenmaul weist zwei grundlegende Pflanzentypen auf – hohe (bis 90 cm) und niedrige (bis 25 cm). Es gibt auch halbhohe Sorten (40–50 cm), die allerdings seltener gezüchtet werden. Auch das Löwenmaul blüht in einer breiten Palette schöner Farben, hübsch sind auch einige zweifarbige Sorten. Die Blütezeit beginnt schon Ende Juni und währt bis zum Frost. Das Abschneiden der obersten Triebe fördert die Ausbildung weiterer Seitentriebe.
Der Samen keimt nach 7–12 Tagen und bewahrt seine Keimkraft bis zu sechs Jahren. Er wird ab Ende Februar in ein halbwarmes Mistbeet oder im April in ein Saatbeet gesät. Wenn die Setzlinge etwa 10 cm hoch sind, werden sie umgepflanzt, die hohen Sorten in etwa 35 cm, die niedrigen in etwa 20 cm Abstand. Da sie nicht allzu kälteempfindlich sind, kann dies schon Ende April geschehen. Sie brauchen Sonne, einen gedüngten Boden und müssen immer ausreichend gewässert werden.
Das Löwenmaul eignet sich für bunte Sommerblumenbeete. Beide Sorten, die hohen wie die niedrigen, werden mit Pflanzen von ähnlichem Wuchs kombiniert. Zu den satten Farben des Löwenmauls müssen wir die Kombinationspflanzen mit viel Fingerspitzengefühl auswählen. Ihre Farben sollten eher zarter sein, damit eine Kontrastwirkung erzielt wird. Wir können aber ein Beet auch mit Löwenmaul allein in einer bunten Mischung bepflanzen. Die hohen und halbhohen Sorten werden meist zum Schnitt verwendet. Als Ergänzung zu farbigem Löwenmaul in der Vase eignet sich die weiße Margerite, zu gelbem, orangefarbigem und weißem Löwenmaul die Kokardenblume. Ein einfaches, schönes Arrangement entsteht durch Kombination von Löwenmaul – Ringelblumen oder Schmuckkörbchen. Ein Strauß nur aus Löwenmaul macht sich ebenfalls sehr gut.

Antirrhinum majus

Die **Sommeraster** – *Callistephus chinensis* – ist eine der dankbarsten und beliebtesten Sommerblumen. Sie stammt aus China und wurde im Jahre 1732 nach Europa gebracht, zunächst nach Frankreich, von wo aus sie sich schnell weiter verbreitete. Ihr Name setzt sich aus den griechischen Worten callos – hübsch und stephos – Kranz zusammen.

Die Astern haben zahlreiche verschieden gefärbte und gestaltete Blüten an 15–70 cm hohen Stengeln. Die ganze Gattung ist sehr umfangreich und umfaßt viele Sorten. Wir teilen die Pflanzen vor allem nach der Höhe ein – die hohen sind über 50 cm, die halbhohen 35–50 cm und die niedrigen nur bis 35 cm hoch. Die hohen und halbhohen werden vor allem als Schnittblumen verwendet, die niedrigen für Beete und Einfassungen, die Zwergformen, die kompakte Büsche bilden, auch als Topfblumen.

Wir teilen sie jedoch auch nach der Blütenform ein. Die erste Gruppe, mit einfachen Blüten, sieht den Margeriten ähnlich. Wir begegnen ihnen in bunter Mischung mit anderen Sommerblumen. Die zungenblütigen Astern sind wegen der eleganten Form ihrer Blüte, die sich aus schmalen Blütenblättern zusammensetzt, sehr gefragt. Andere ähneln den Chrysanthemen, sie haben nadelförmige, krallenartige Blütenblätter. Die Gruppe der röhrenblütigen Astern ist die widerstandsfähigste, sie bleibt in der Vase lange frisch. Die Gruppe der Straußenfeder-Astern hat kugelige Blütenkörbchen.

Alle Astern zeichnen sich durch eine breite Skala leuchtender und reiner Farben aus. Mehrfarbige Astern werden nicht gezüchtet. Mitte Mai ins Freiland ausgepflanzte Astern beginnen in der zweiten Junihälfte zu blühen. Sie sind reich verzweigt; wenn die oberste Blüte für die Vase geschnitten wird, wachsen die Seitenstengel kräftiger und bringen weitere schöne Blüten hervor. Viele Pflanzen blühen bis in den September hinein, später im Juni gepflanzte bis zum Frost.

Der Asternsamen keimt nach 7–14 Tagen und behält drei bis vier Jahre seine Keimkraft. Er wird im März und April in ein halbwarmes Mistbeet oder ins Frühbeet gesät. Die jungen Pflanzen werden pikiert und können, wenn sie zwei echte Blätter bekommen haben, ausgepflanzt werden. Die Pflanzweite beträgt bei den hohen etwa 40 cm, bei den halbhohen 30 cm, bei den niedrigen 20 cm. Wir pflanzen sie an einen sonnigen Platz, in gut gedüngten Boden, der nach dem Gießen nicht verkrustet. Sie dürfen nicht auf mit frischem Dünger gedüngte Beete und nach Tomaten gepflanzt werden, denn dann leiden sie an Fusariumwelke (*Fusarium*), die sich mehrere Jahre im Boden hält.

Die Astern sind die wichtigsten Sommerblumen zum Schnitt. In der Vase verwenden wir sie meist ohne Ergänzungen, am besten in einer Farbmischung, und wechseln ziemlich oft das Wasser. In modernen Arrangements, in Steckschalen, können sie mit anderen Blumen ähnlichen Charakters kombiniert werden. Eine effektvolle Gruppierung geben Astern und Löwenmaul.

Gelbe Ringelblumen ergeben einen hübschen abweichenden Farbkontrast zu Astern, desgleichen rosa Kosmeen zu weißen Astern oder Studentenblumen zu blauen oder rosa Astern.

Callistephus chinensis – Gruppe 'Straußenfeder' (links hinten),
Gruppe 'Nadelförmige' (rechts oben),
Gruppe 'Prinzeß' (vorn unten)

Die **Klarkia** (Mandelröschen) – *Clarkia* – stammt aus Nordamerika. In den Gärten werden zwei Grundsorten gezüchtet – *Clarkia unguiculata* (syn. *C. elegans*), bis 60 cm und *Clarkia pulchella*, etwa 40 cm hoch, sowie die Sorte *C.p.* 'Nana', niedrig, nur bis 30 cm hoch. Die Blüten wachsen an Stengeln aus den Blattwinkeln und sind rot, rosa und weiß. Sie blüht im Juli und August.

Diese anspruchslose Sommerblume wird im April direkt auf ein sonniges Beet gesät, nach dem Keimen werden die kleinen Pflänzchen auf 30 cm Abstand vereinzelt. Sie müssen reichlich gegossen werden. Einige Pflanzen werden bei 10–15 cm gestutzt, was die Blütezeit verlängert. Der Samen behält seine Keimkraft 3–4 Jahre. Sie eignen sich nicht zum Schnitt. Sehr schön nehmen sie sich in bunten Blumenbeeten aus. Man kann aber auch verschiedenfarbige Klarkien nebeneinanderpflanzen.

Die **Zinnie** – *Zinnia* – ist eine viel gezüchtete Sommerblume. Ihre Heimat ist Mittelamerika, von wo sie im Jahre 1759 nach Europa gebracht wurde. Ihren Namen erhielt sie von dem deutschen Botaniker J. G. Zinn. In den Gärten werden nur zwei Sorten gezüchtet: *Zinnia elegans*, 30–100 cm hoch, mit einfachen und gefüllten, im Durchmesser 7–10 cm großen Blüten in verschiedenen Farben, und *Zinnia angustifolia* (syn. *Z. haageana*), niedriger, 30–40 cm hoch, mit kleineren, orangefarbenen Blüten oder in einer bunten Farbmischung.

Bei der Anzucht wird der Samen in Pflanzschalen oder ein Frühbeet gesät, die Sämlinge werden Mitte Mai in einem Abstand von 10 cm die niedrigeren und 20 cm die höheren ausgepflanzt. Sie verlangen gute Böden und sonnige Standorte. Der Samen keimt 4–7 Tage und behält seine Keimkraft 4–6 Jahre.

Die niedrigen Zinnien eignen sich zu Beeteinfassungen, die höheren für bunte Beete. Sie sind gute Schnittblumen, denn sie bleiben bis zu 2 Wochen frisch. Man solte sie in einer bunten Farbmischung in die Vase stellen. Es kann ihnen Schleierkraut beigegeben werden. Ein effektvolles Arrangement ergeben rote Zinnien mit dem gelben Sonnenhut. Kombinationsmöglichkeiten bieten sich zwischen Zinnien und Löwenmaul, zu hellgelben Studentenblumen passen rote Zinnien.

Clarkia unguiculata

ZINNIA

STUDENTENBLUME

Die **Studentenblume** – *Tagetes* – ist eine unentbehrliche Sommerblume für Beete und zum Schnitt. Sie stammt aus Mexiko und Nordamerika und erhielt ihren Namen von dem etruskischen Gott Tages. Bekannt als Kulturpflanzen sind die Abkömmlinge der drei Sorten *Tagetes erecta* – bis 75 cm hoch, *Tagetes patula* – 15–40 cm hoch und *Tagetes tenuifolia* – bis 20 cm hoch, aber mit schmalen, gefiederten Blättern. Die Blüten sind gefüllt oder einfach, gelb, orange oder mit braunroten Schatten, und haben einen typischen Geruch.

Es ist eine anspruchslose Pflanze, sie wird ab März in Saatschalen vorkultiviert oder im April direkt auf das Beet gesät, spätere auf 25 cm Abstand vereinzelt. Sie verlangt viel Sonne und kann jederzeit, auch während der Blüte, umgepflanzt werden. Der Samen keimt nach etwa 7 Tagen und behält seine Keimkraft 3–4 Jahre.

In der Vase ist die Studentenblume allein oder mit Rittersporn, Prachtscharte, Schwertlilien, Verbenen, Zinnien und Margeriten sehr wirkungsvoll.

Zinnia elegans

Tagetes erecta

Der **Mohn** – *Papaver* – ist eine alte Heil- und Nutzpflanze. Im alten Ägypten wurde der Mohnsud als schmerzstillende Medizin verwendet. Einige der 100, zum Großteil aus Europa und Asien stammenden Arten, werden schon lange in den Gärten als Zierpflanzen gezogen. *P. somniferum* (Garten- oder Schlafmohn) zeichnet sich durch effektvolle Blüten in vielen Farbschattierungen aus. Die große Zahl der verschiedenen Sorten wird nach der Blütenform in zwei Gruppen eingeteilt.
Päonien-Mohn und Schlitzmohn. Die erste Sorte hat einfache oder gefüllte Blüten mit ganzrandigen oder leicht gewellten Kronblättern, die zweite nur gefüllte Blüten, mit fein geschnittenen Kronblättern. Die Blüten sind prächtig und wirken exotisch, sie blühen jedoch nur kurze Zeit. Daher muß eine Nachfolgepflanzung vorgenommen werden. Mohn pflanzt man gern in großen selbständigen Gruppen. Als Schnittblume ist er nicht so sehr geeignet, da die Blüten bald abfallen. Sie müssen noch in der Knospe geschnitten werden, wenn sie sich gerade zu entfalten beginnen.

Die **Ringelblume** – *Calendula* – blüht in den warmen südlichen Gegenden das ganze Jahr und darauf bezieht sich ihr botanischer Name. Das lateinische Wort *calendae* bezeichnet den ersten Tag im Monat, was in übertragenem Sinne bedeutet: das ganze Jahr lang. *C. officinalis* stammt aus Südeuropa und wurde ursprünglich nur als Heilpflanze gezüchtet. Heute ist sie eine der bekanntesten Blumen, die unsere Gärten mit ihren gelben bis orangefarbenen Blüten den ganzen Sommer hindurch zieren. Es ist eine anspruchslose Pflanze, die sich für jeden Boden eignet, am besten gedeiht sie in der Sonne, in kalkreichem Boden. Sie wird ab April direkt an den Standort gesät, durch wiederholte Aussaat in Zeitabständen gewinnen wir voll blühende Pflanzen während des ganzen Sommers. Die Aussaat kann schon im Herbst erfolgen. Nach dem Verblühen müssen die Blüten abgeschnitten werden, denn sobald an der Pflanze die Samen zu reifen beginnen, werden die weiteren Blüten kleiner, einfacher und sie setzt keine neuen mehr an. Mit den klaren, leuchtenden Farben der Blüten wirkt sie effektvoll, nicht nur in bunten Sommerblumenbeeten, sondern auch in selbständigen Gruppen, besonders vor dunklen Nadelgehölzen oder blauem hohem Rittersporn (*Delphinium*). Sie eignet sich auch zum Schnitt.

Papaver somniferum

RINGELBLUME

Calendula officinalis

LEVKOJE

Die **Levkoje** – *Matthiola* – wurde nach dem berühmten Botaniker des 16. Jahrhunderts Matthioli benannt. *M. incana* stammt aus den Mittelmeerländern und wird schon seit dem 16. Jahrhundert, als sich Matthioli um ihre Verbreitung verdient machte, in den Gärten gezüchtet. Es ist eine herrliche Sommerblume mit in dichten oder lockeren Trauben angeordneten Blüten in vielen Schattierungen von Weiß bis Violett. Sie sind einfach oder gefüllt und duften intensiv. In den Gärten werden nur die gefüllten Sorten angepflanzt. Die halbhohen und hohen Sorten werden für bunte Beete verwendet. Remontierende Sorten blühen bis in den Herbst hinein. In der Vase ist die Levkoje sehr dekorativ und wegen ihres Duftes geschätzt.

Matthiola incana

Rudbeckia bicolor (links),
Rudbeckia hirta (rechts)

Der **Sonnenhut** – *Rudbeckia* – erhielt seinen Namen nach dem schwedischen Botaniker K. Rudbeck. Es ist eine umfangreiche Gattung meist ausdauernder Blumen, die in Nordamerika zu Hause ist. Als Sommerblumen werden mehrere Arten gezüchtet; *R. bicolor*, 30–50 cm hoch, hellgelb, mit schwarzer Scheibe. Die neuen Sorten sind höher, bis 1 m, und die Blüte hat außer der dunklen Scheibe einen rotbraunen Ring im Gelb der Blumenblätter. Bekannter ist *R. hirta*, die sich strauchig verzweigt und viele Blüten mit einem Durchmesser von ca. 10 cm trägt. Sie sind gelb, einige Sorten mit einem rotbraunen Ring. Alle haben eine schwarze, hochgewölbte Scheibe. Wegen ihrer langen Blütezeit, von Juli bis zum Frost, gehören sie zu den dankbarsten Sommerblumen. Die Pflanzen werden in 30 cm Abstand in selbständigen Gruppen oder auf bunte Beete gepflanzt. Es ist eine zum Schnitt gut geeignete Sommerblume, die bis zu 14 Tagen in der Vase hält. Die Blüten werden voll erblüht geschnitten und gleich ins Wasser getaucht, halb erblühte welken schnell. In der Vase kann man sie mit anderen Blüten kombinieren, am schönsten wirken sie für sich allein.

Der **Rittersporn** – Delphinium – ist bekannt als effektvolle, ausdauernde Blume. Als Sommerblume nimmt man vor allem *D. ajacis*, die aus dem Mittelmeergebiet stammt. Die Pflanzen sind hoch, schlank und haben rosa, blaue und weiße Blüten. Sie blühen nur verhältnismäßig kurze Zeit.
Wir säen sie direkt in den Boden aus, am besten im Herbst oder zeitig im Frühjahr und vereinzeln sie auf 15 cm, so daß zwei Pflanzen nebeneinander stehenbleiben. Sie eignen sich für bunte Sommerblumenbeete in einer Mischung oder einfarbig. Für Vasen werden die ganzen Pflanzen ausgerissen und abgeschnitten.

Die **Sonnenblume** – *Helianthus*. Der botanische Name dieser Pflanze ist von den griechischen Worten helios – Sonne und anthos – Blüte abgeleitet. Sie wird in allen Sprachen als 'Sonnenblume' bezeichnet, da ihre Blüte an die Sonne erinnert. Ihre Heimat ist Nordamerika. Es gibt ausdauernde wie einjährige Arten. Als Sommerblume wird meist *H. annuus* gewählt, die baumartig 2–3 m hoch wird, rauhe Blätter und 20–30 cm breite, hellgelbe Blüten hat. Es gibt einfache und gefüllte, riesenköpfige und mittelköpfige Sorten. Der Samen wird direkt an den Standort in Abständen von etwa 40 cm ausgelegt. Bei der Vereinzelung wird nur eine Pflanze stehengelassen. Die Sonnenblume eignet sich zur hinteren Begrenzung von Beeten, zur Verschönerung von Mauern, Zäunen u.ä. Zum Schnitt säen wir den Samen dichter in etwa 25 cm Abstand; die Blüten schneiden wir, wenn sie etwa zweidrittel aufgeblüht sind.

Delphinium consolida

Helianthus annuus

GODETIE

Die **Godetie** (Atlasblume) – *Godetia* – ist nach dem Schweizer Botaniker C. H. Godet benannt, der im 19. Jahrhundert lebte. Sie stammt aus Nord- und Südamerika. In den Gärten werden die Hybriden der *Grandiflora*-Gruppe gepflanzt, die eine Höhe von 60–80 cm erreichen. Die Blüten sind gefüllt, karminrosa, oder der Whitneyi-Gruppe mit den Sorten einfach, halbhoch, halbhoch gefüllt und niedrig einfach.
Die Godetie verlangt leichte Böden, verträgt Trockenheit; wenn wir das Beet bei Sonne gießen, gehen viele Pflanzen ein. Die vorkultivierten Pflanzen blühen von Ende Juni bis Juli, die direkt in das Beet gesäten einen Monat später. Godetien pflanzen wir auf Beete oder als Einfassungen nur allein; mit anderen Pflanzen vermischt sind sie nicht so ausdrucksvoll. Da sie nur kurze Zeit blühen, müssen wir eine Ersatzpflanzung vornehmen. Sie werden auch zum Schnitt verwendet; die entfalteten Blüten verblühen zwar bald, dafür blühen aber alle Knospen in der Vase auf.

Godetia grandiflora-Gruppe

SKABIOSE

Die **Skabiose** – *Scabiosa*. Die botanische Bezeichnung ist von dem lateinischen Wort *scabies* – rauh abgeleitet, da einige Arten eine rauhe Blattoberfläche haben. In Südeuropa, Afrika und Asien sind etwa 80 einjährige wie ausdauernde Arten verbreitet. In den Gärten wird die Purpurkabiose – *Scabiosa atropurpurea* – als Sommerblume gezüchtet, die aus Südeuropa stammt. Von dieser Art wurden mehrere Sorten für den Garten kultiviert. Sie werden in vielen Farben im Handel angeboten. Die Skabiose verlangt einen durchlässigen Boden. Skabiosen machen sich gut allein in bunter Farbmischung oder in Kombination mit Stauden in einem bunten Beet. Die Blüten haben einen langen, festen Stiel und eignen sich daher sehr gut zum Schnitt. In der Vase bleiben sie 5–10 Tage frisch.

Scabiosa atropurpurea

WUCHERBLUME

Die **Wucherblume** – *Chrysanthemum* – ist eine weitverbreitete Blumengattung. Ihre Bezeichnung entstand durch Verbindung der griechischen Worte chrysos – Gold und anthemos – Blume. Es sind größtenteils Stauden. In den Gärten werden als Sommerblumen gepflanzt:

Ch. carinatum, aus Afrika, mit 6–8 cm breiten Blüten in verschiedenen Farben, viele Sorten mit ausdrucksvollen Ringen um die Scheibe.

Ch. coronarium, aus Südeuropa, mit gefüllten weißen oder gelben, etwa 4 cm breiten Blüten.

Ch. segetum, aus Europa und Nordafrika, mit meist hellgelben, etwa 8 cm breiten Blüten mit brauner Mitte. An einer Pflanze erblühen bis 80 Blüten.

Ch. parthenium, aus Kleinasien, mit kleinen weißen oder gelben, etwa 1,5 cm breiten Blüten.

Da die einjährigen Wucherblumen feste Stengel haben, werden sie gern als Schnittblume verwendet. Sie bleiben in der Vase sehr lange frisch. In bunten Beeten sehen sie schön aus. Sie blühen lange, da sie nacheinander aufgehen. Die verblühten Blüten müssen gleich entfernt werden.

Chrysanthemum carinatum

KOKARDENBLUME

Die **Kokardenblume** – *Gaillardia* – wurde nach dem französischen Adeligen Gaillard de Merentonneau benannt. Diese Gattung umfaßt mehr- wie einjährige Arten. Als Sommerblumen werden die Hybriden aus der Kreuzung *G. aristata* mit der aus Nordamerika stammenden *G. pulchella* gepflanzt. Man begann sie schon im Jahre 1786 als Kulturpflanze zu züchten. Blütezeit von Juni–September. Es gibt die einfache und die gefüllte Form. Sie bilden dichte kleine Sträucher, die bis 50 Blüten hervorbringen. Es sind dankbare Blumen, wenn sie in guten Boden an einen sonnigen Standort gepflanzt werden. Besser ist es, sie vorzukultivieren und im April ins Freilandbeet zu pflanzen, denn direkt gesät, blühen sie später und haben schwache Stengel.

Die Kokardenblume ist eine gute Schnittblume, die bis 8 Tage in der Vase hält.

Gaillardia-Hybride

FLOCKENBLUME

Die **Flockenblume** – *Centaurea* – wurde nach der legendären Gestalt des Kentauren Chiron benannt, der mit ihren Blättern Wunden heilte. Sie wächst in mehr als 500 einjährigen und ausdauernden Arten in der ganzen Welt wild. Von den einjährigen Arten – den Sommerblumen – ist am bekanntesten *C. cyanus* – die Kornblume, an die sich Aberglaube und Märchen knüpfen. Die Pflanzen wachsen aufrecht und 60–90 cm hoch. Die Gartensorten blühen blau, rosa, weiß und violett. Es werden gefüllte und ungefüllte, meist in bunter Farbmischung, im Handel angeboten. Die Flockenblume eignet sich für alle Böden, liebt aber einen sonnigen Standort.
Die nahe Verwandte, *Amberboa moschata*, wurde früher zur Gattung *Centaurea* gezählt. Sie stammt aus Vorderasien und blüht dort mit wenigen Arten wild. Im Garten wird sie 80 cm hoch und hat duftende Blüten, daher auch ihr Name 'Duftende Flockenblume'. Sie ist für bunte Sommerbeete geeignet. Geschnittene Blüten bleiben in der Vase 4–8 Tage frisch, blassen aber allmählich aus.

KAISERNELKE

Die **Kaisernelke** – *Dianthus chinensis* – stammt aus Japan, von wo sie bereits in ihren Gartenformen nach Europa gebracht wurde. Sie wird 20–40 cm hoch, hat einen zarten, verzweigten Wuchs, eine reiche Belaubung und einfache wie gefüllte, mehrfarbige, geruchlose Blüten. Es werden viele Sorten im Handel angeboten. Nach der ersten Blüte bringt ein kräftiger Rückschnitt eine zweite Blüte im Spätsommer. Sie wird zur Bepflanzung von Rabatten, meist in Gruppen, verwendet. Sie eignet sich nicht gut zum Schnitt, da ihre Stiele zu kurz sind.

Amberboa moschata

Dianthus chinensis

VENIDIE

Venidie – *Venidium fastuosum* – stammt aus Südafrika und ist dafür bekannt, daß sich die Blüten nachts und bei Regenwetter schließen. An einer Pflanze wachsen bis 50 Blüten, die sich nach der Sonne drehen. Sie sind weiß, gelb, orange und rot, mit einem farbigen Streifen um die Scheibe. Auf sonnigen, trockenen Beeten blüht die Pflanze mehrere Wochen hindurch, bei länger anhaltendem Regen geht sie ein. Die Venidie eignet sich für bunte Blumenbeete. Als Schnittblume hält sie besonders lange in der Vase, wenn die Blüten ab und zu in Wasser getaucht werden.

TROMPETENZUNGE

Der Name der **Trompetenzunge** – *Salpiglossis* – setzt sich aus den beiden griechischen Wörtern salpinx – Röhrchen und glossa – Zunge zusammen. Sie stammt aus Südamerika. Es ist eine schöne Blume, die aber im Winde leicht bricht. Die Blüten sind 7–8 cm groß. Sie verlangt einen sonnigen, trockenen Standort. Wir verwenden sie für bunte Sommerblumenbeete, für Zierschalen und zum Schnitt. In der Vase bleibt sie 7 Tage frisch.

Venidium fastuosum

Salpiglossis sinuata

MÄDCHENAUGE

Das **Mädchenauge** – *Coreopsis* – erhielt seinen botanischen Namen von den wanzenähnlichen Blütenknospen – griechisch koris – Wanze, opsis – schauen. Seine Heimat ist ganz Amerika und das tropische Afrika. Von den vielen Arten, unter denen es auch Stauden gibt, werden als Sommerblumen am häufigsten *C. stillmanii* und *C. tinctoria* gezogen, die 30–60 cm hoch werden und bis 8 cm breite Blüten haben. Selten wird auch *C. basalis* angepflanzt. Die hohen Sorten sollten einen windgeschützten Platz bekommen. Sie eignet sich für bunte Sommerblumenbeete und zum Schnitt. In der Vase bleiben die Blüten 8–10 Tage frisch.

Coreopsis basalis

BÄRENOHR

Arctotis-Hybride

Das **Bärenohr** – *Arctotis* – eine südafrikanische Blume, erhielt seinen Namen, eine Verbindung der griechischen Wörter arctos – Bär und oto – Ohr, wegen der feinen wolligen Behaarung der Stengel und Blätter. Die Blüten sind mehrfarbig, voll öffnen sie sich nur bei Sonnenschein und dann nur von morgens bis nachmittags. Wir pflanzen es an sonnige, geschützte Plätze. Da das Bärenohr sehr lange blüht, von Juni bis in den Herbst hinein, eignet es sich besonders für bunte Blumenbeete. Auch als Schnittblume gut geeignet.

JUNGFER IM GRÜNEN

Die **Jungfer im Grünen** (Schwarzkümmel) – *Nigella damascena* – deren botanischer Name von dem lateinischen Wort *nigellus* – schwärzlich nach der Farbe der Samen abgeleitet ist. Sie wird in drei Farbsorten angeboten; Weiß, Blau und Violett. Sie blüht von Juni bis September, wirkt auch vor der Blüte durch ihre grazilen Hochblätter dekorativ.
Wir verwenden sie in bunten Blumenbeeten oder zu Einfassungen. Die blasigen Fruchtkapseln werden getrocknet und für moderne Gestecke verwendet.

Nigella damascena

PHLOX

Phlox drummondii

Der **Phlox** (Flammenblume) – *Phlox* – wächst in Nordamerika und Sibirien wild. Alle Arten sind ausdauernd, mit Ausnahme der einjährigen *P. drummondii*. Die leuchtende Blütenfarbe gab dieser Blume den Namen (griechisch phlox – Flamme). Es gibt hohe bis 80 cm, mittlere 20–25 cm und niedrige Sorten 10–15 cm hoch, die sich besonders für Steingärten eignen. Die Pflanzen blühen von Anfang Juni den ganzen Sommer hindurch und passen mit ihren leuchtenden Farben in ein buntes Staudenbeet. Sie lieben einen sonnigen Standort und nährstoffreichen Boden. Sie vertragen größere Trockenheit.

GARTENRESEDA

Die **Gartenreseda** – *Reseda odorata*. Der Name ist von dem lateinischen Wort *resedare* – heilen, beruhigen – abgeleitet. Die Pflanze stammt aus Nordafrika. Wir sehen sie meist in Bauerngärten, sie erreicht eine Höhe von 40 cm. Sie wird in bunte Blumenbeete ausgesät, wo sie nicht durch besondere Schönheit ihrer Blüten, sondern durch den eigenartigen Duft auffällt. Sie kann auch als Balkonblume in Töpfen gezogen oder als Schnittblume zu bunten Vasensträußen verwendet werden.

SCHLEIERKRAUT

Das **Schleierkraut** – *Gypsophila elegans*. Der botanische Name entstand aus der Verbindung der griechischen Wörter gypsos – Kalk und phile – Freundin. Die mehr als 80 Arten stammen aus dem östlichen Klein- und Mittelasien und sind überwiegend Stauden. Nur wenige Arten sind einjährig. Die niedrigen Sorten eignen sich für den Steingarten und für trockene Plätze, z.B. Ziermauern. Das Schleierkraut wird meistens als Beigabe zu bunten Sträußen verwendet.

Reseda odorata

Gypsophila elegans

KAPRINGELBLUME

Der botanische Name der **Kapringelblume** (Goldblume) – *Dimorphotheca* – setzt sich aus den griechischen Wörtern dimorphos – doppelförmig und theca – Kasten zusammen und bezieht sich auf die zweierlei Samenformen. Sie stammt aus Südafrika. Der Stengel sowie die Blätter sind mit kleinen Flaumhärchen bedeckt, die bei Berührung einen intensiven Duft ausströmen. *D. sinuata* (syn. *D. aurantiaca*) ist mit vielen Sorten im Handel. Es gibt sie in Weiß, Orange bis Violett. Die Pflanzen blühen von Juni bis in den Herbst hinein, die Blüten öffnen sich nur bei Sonnenschein. Sie liebt sonnige Plätze und durchlässigen Lehm/Sandboden.

Dimorphotheca sinuata

SCHLEIFENBLUME

Die **Schleifenblume** – *Iberis* – wächst mit 20 Arten im Mittelmeerraum und Europa bis Kleinasien wild und darauf bezieht sich auch ihr botanischer Name. Als Sommerblumen werden zwei Arten angeboten; *I. amara* mit kleinen symmetrischen, zu einer dichten Traube gehäuften Blüten in weißer Farbe, und *I. umbellata*, die verzweigter ist und viel mehr Blütentrauben ausbildet. Außer in Weiß gibt es sie noch in Lila und Purpur. Beide Arten blühen von Mai bzw. Juni bis August. Die Pflanzen sind etwa 30 cm hoch. Wir säen sie direkt im Steingarten, in bunte Beete, in Blumenschalen, Kästen oder auch einzeln in Töpfe aus. Sie eignen sich auch zum Schnitt, in der Vase bleiben sie 7–10 Tage frisch.

Iberis umbellata

VERBENE

Die **Verbene** (Eisenkraut) – *Verbena* – war im Altertum eine heilige Pflanze, auf die geschworen wurde, daher auch die lateinische Bezeichnung *verbum* – Wort. Durch Kreuzung der ursprünglich ausdauernden Arten aus Nordafrika und Asien entstanden viele Sorten und Formen, die als Sommerblumen zu beliebten Gartenblumen wurden.
V.-Hybriden sind eine Kreuzung von *V. peruviana*, *V. phlogiflora* und *V. platensis*. Es entstanden neue Sorten mit schön gefärbten Trugdolden duftender kleiner Blüten in helleuchtenden Farben. Es gibt 20–50 cm und 20–30 cm hohe Sorten. Die Verbene bevorzugt einen sonnigen, trockenen Standort und guten durchlässigen Boden.
V. bonariensis stammt aus Amerika, wo sie als Staude wächst. Bei uns werden diese aufrechten, 50 bis 100 cm hohen, stark verästelten Pflanzen als Sommerblumen gezüchtet. Die Blüten sind hell- bis dunkelviolett und stehen dicht zusammen. Die Pflanzen blühen von Juli bis Oktober. Sie werden für Beete mit hohen Sommerblumen und zum Schnitt verwendet.
V. rigida ist in Amerika als ausdauernde Pflanze verbreitet. In unseren Gärten wird sie als Sommerblume gepflanzt. Sie wird 30–40 cm hoch, breit ausladend, die kleinen Blüten sind hellviolett.
Die Verbenen eignen sich für schmale, lange Beete oder an Wege, für Terrassen, Balkonkästen und Blumenschalen. Sie gehören zu den Sommerblumen, die sich gut zur Pflanzung nach Zwiebelblumen eignen. Als Schnittblumen nehmen sie sich sowohl allein als auch in passenden Farbkombinationen mit anderen Arten gut aus.

Verbena-Hybride

Verbena bonariensis (links),
Verbera rigida (rechts)

SALBEI

LEIN

Der **Salbei** – *Salvia* – wurde schon im Altertum gezüchtet und als Heilmittel gegen viele Krankheiten verwendet – daher auch die lateinische Bezeichnung *salvare* – heilen.
Von den 900 Arten sind nur einige als Zierpflanzen von Bedeutung; *S. coccinea* stammt aus dem südlichen Nordamerika. Die Pflanze ist graufilzig, 30–60 cm hoch, ausladend, die Blüten sind scharlachrot. Sie blüht von Juni bis in den Herbst. *S. viridis* (syn. *S. horminum*) stammt aus Südeuropa, wird etwa 70 cm hoch und blüht gleichfalls von Juni bis August. Die Blüten sind rosa oder blau. Die rot oder violett gefärbten Deckblätter am Ende der Triebe wirken sehr zierend. *S. farinacea* wächst als ausdauernde Pflanze in Texas wild. Bei uns wird sie als Sommerblume gezogen. Sie ist dicht verzweigt, 60–80 cm hoch und blüht während des ganzen Sommers.

Der **Lein** – *Linum*. Als Zierpflanze ist nur die aus Algerien stammende Art *L. grandiflorum* von Bedeutung, die auf bunte Sommerblumenbeete ausgesät wird. Die Pflanzen sind licht, verzweigt, etwa 40 cm hoch, die Blüten breit geöffnet, 3–4 cm breit, rot, mit dunkler Mitte.

Salvia coccinea (links),
Salvia viridis (syn. *S. horminum*) (Mitte),
Salvia farinacea (rechts)

Linum grandiflorum

KURZSCHOPF

Der **Kurzschopf** – *Brachycome* – hat beflaumte Schalenfrüchte (griechisch brachys – kurz, kome – Haar). In den Gärten wird *B. iberidifolia* gepflanzt, die aus Australien stammt. Die Pflanzen sind 25 cm hoch und haben wohlriechende, kleine Blüten in blauvioletter, weißer und roter Farbe. Der Kurzschopf blüht ab Mitte Juni den ganzen Sommer hindurch. Er eignet sich für den Steingarten, für Einfassungen, bunte Beete nach verblühten, Zwiebelpflanzen oder für Blumenschalen.

GOLDMOHN

Der **Goldmohn** (Schlafmützchen) – *Eschscholtzia californica* – in Kalifornien beheimatet, ist nach dem russischen Botaniker F. Eschscholtz benannt. Es ist eine langstielige, 20–50 cm hohe Pflanze. Die Blüten in den Farben Weiß, Orange, Gelb, Rot bis Rosa, die sich nur bei Sonnenschein öffnen, verblühen schnell, wachsen jedoch ständig nach. Der Goldmohn wird selbständig und in Gruppen im Steingarten, an Ziermauern und niedrigen Rabatten ausgesät. Dies kann schon im Herbst geschehen. Er darf nicht umgepflanzt werden.

Brachycome iberidifolia

Eschscholtzia californica

NEMESIA

Die **Nemesia** – *Nemesia* – stammt aus Südafrika. Die Nemesie-Hybriden stammen von *N. strumosa* und *N. versicolor* ab. Es sind nur etwa 25 cm hohe Sträuchlein, die von Mai bis August blühen. Nach dem Verblühen müssen sie zurückgeschnitten werden, dann treiben sie erneut aus und blühen ein zweites Mal. Ihre Blüten sind interessant geformt und leuchten in allen Schattierungen. Daher eignen sich die Pflanzen für bunte Beete sowie als selbständige Pflanzung entweder in reinen Farben oder in einer Farbmischung. Sie können auch in Töpfen und Schalen gezogen werden. Geschnittene Blüten bleiben im Wasser sehr lange frisch.

SPRINGKRAUT

Das **Springkraut** – *Impatiens balsamina* – dessen Heimat Indien und China ist, verdankt seinen botanischen Namen der Eigenschaft der Samenkapseln, bei der geringsten Berührung zu springen (lateinisch *impatiens* – empfindlich). Es sind robuste, etwa 50 cm hohe Pflanzen, mit kräftigen fleischigen Stengeln. In den Blattwinkeln wachsen rote, ziemlich große Blüten an kurzen Stielen. Sie blühen von Juni bis Ende September. Wir pflanzen sie in bunte Beete, die niedrigen, gefüllten Sorten auch in Schalen, Kästen und Töpfe. Die Pflanzen vertragen es, in voller Blüte umgepflanzt zu werden, doch brechen sie leicht, daher muß man vorsichtig mit ihnen umgehen.

Nemesia strumosa

Impatiens balsamina

Die **Immerblühende Begonie** – *Begonia semperflorens* – ist die einzige aus der riesigen Gattung *Begonia,* die wir wegen ihrer Verwendung unter die Sommerblumen einreihen. Die Gattung wurde nach Michael Begon, Gouverneur von San Domingo im 17. Jahrhundert benannt. Hinsichtlich ihrer Bedeutung und ihrere Ansprüche ist sie den Petunien ähnlich.
Die *Semperflorens*-Hybriden gibt es in verschiedenen Sorten; halbhohe und niedrige, grünblättrige und rotblättrige. Die Blüten gibt es in Rosa, Weiß und Rot. Die niedrigen Sorten werden 15–20 cm hoch, die hohen 30 cm. Die Begonien werden sehr gern als Grabbepflanzung genommen, aber auch für Schalen, Balkonkästen, Kübel und als Beeteinfassungen sind sie geeignet. Man kauft die Begonien am besten im Mai beim Gärtner und setzt die Pflanzen dann an ihren Platz. Die Begonien wollen einen sonnigen Standort haben und einen leichten, nährstoffreichen Boden. Abgeblühte Blüten müssen entfernt werden.

Begonia semperflorens

Die **Petunie** – *Petunia* – ist eine der dankbarsten Sommerblumen, stellt jedoch höchste Ansprüche an Zucht und Pflege. Ihre Heimat ist Brasilien und Argentinien. In der ganzen Welt wurde sie veredelt, und es gibt eine nahezu unübersehbare Menge von Sorten. Nach dem Zweiten Weltkrieg werden größtenteils heterose Sorten gezüchtet, die widerstandsfähiger gegen ungünstige Witterung sind und reich blühen. Heteros bedeutet, daß der Samen dieser Sorten aus der alljährichen Kreuzung von Elternpaaren gewonnen wird, da die Sorte sonst rasch ihre wertvollen Eigenschaften, die sie nur in der ersten Generation nach der mit F bezeichneten Kreuzung besitzt, verlieren würde. Deshalb tragen die modernen, besten Sorten hinter dem Namen die Abkürzung F.
Die Petunien werden in mehrere Gruppen eingeteilt. Die großblütigen Sorten der *Grandiflora*-Gruppe gehören vor allem in Balkonkästen, auf Beete nur in warmen und trockenen Gebieten. Die kleinblütigen Sorten der *Multiflora*-Gruppe passen in erster Linie auf Beete, sind aber auch in Balkonkästen verwendbar.
Besonders gut für Balkonkästen, Ampeln und Kübel sind die hängenden Sorten der *Pendula*-Gruppe zu verwenden. Die Blüten der *Fimbriata*-Gruppe sind gefranst und daher besonders wirkungsvoll. Man kann sie sowohl für Balkonkästen als auch für Beete nehmen. Nur für einen geschützten Standort (überdachte Terrasse oder Balkone) geeignet sind die Petunien der *Superbissimo*-Gruppe. Es gibt hohe und niedrige Sorten, die Blütenränder sind gewellt. Ebenfalls nur für geschützte Standorte eignet sich die *Plena*-Gruppe. Einzelne Sorten können wegen der Vielzahl nicht genannt werden.
Petunien kauft man am besten in der zweiten Maihälfte beim

Gärtner und pflanzt sie dann aus. Sie lieben einen sonnigen Platz und einen gutgedüngten Boden. Im Laufe des Sommers müssen sie zusätzlich gedüngt und gewässert werden, da sie eine große Anzahl Blüten ausbilden. Die verblühten Blüten müssen beseitigt werden. Die Petunien blühen, bis sie der Frost vernichtet.

Der **Leberbalsam** – *Ageratum* – leitet seinen botanischen Namen von dem griechischen Wort ageratos ab, d.i. der Nichtalternde, Ewigjunge. Die Pflanzen blühen während des ganzen Sommers und überwachsen und bedecken mit ihren Blüten alles. Von den vielen Arten wird in den Gärten meist nur *A. houstonianum*, der aus Mexiko bis Peru stammt und eine Höhe von 15–25 cm hat, verwendet. Er blüht von Mai bis in den Herbst meist blau.
Leberbalsam läßt sich in jeden Gartenboden pflanzen, am besten gedeiht er jedoch in leichtem Boden, in sonniger Lage. Wir pflanzen ihn in der zweiten Maihälfte aus. Da er eine Umpflanzung sehr gut verträgt, kann er im Herbst in Töpfe umgepflanzt werden und blüht im Zimmer weiter. *Ageratum* wird meist für Beeteinfassungen, Rabatten, in Parks und als Grabbepflanzung verwendet, eignet sich aber auch für Balkonkästen.

Petunia-Hybride

Ageratum houstonianum

Die **Lobelie** – *Lobelia* – wurde nach dem flandrischen Botaniker De l'Obel benannt. Viele ihrer Arten wachsen in den Tropen und Subtropen wild. In der Natur kommen sie als einjährige und ausdauernde Pflanzen sowie als Sträucher vor; in unseren Gärten werden sie als Sommerblumen gezogen, besonders *L. erinus* (Männertreu), aus der viele Sorten gezüchtet wurden, vorwiegend in blauer Farbe; es werden jedoch auch weiß, rosa oder karminrot blühende Sorten angeboten. Die Pflanzen werden 10–15 cm hoch, beginnen schon im Frühbeet oder bald nach der Auspflanzung zu blühen und stehen den ganzen Sommer über in Blüte. Da sie frostempfindlich sind, werden sie erst Ende Mai ausgepflanzt. Umpflanzung vertragen sie gut, auch in Vollblüte. Durch rechtzeitigen Rückschnitt nach dem Verblühen um 1/2–2/3 zwingen wir die Pflanze zu einer zweiten Blüte. Der erste Herbstfrost vernichtet sie. *Lobelia* wird als Einfassung auf selbständigen Rabatten oder in Gruppen auf bunten Blumenbeeten gepflanzt. Sehr gut macht sie sich auch zusammen mit anderen Arten in Blumenschalen. Für Balkonkästen und Terrassen eignen sich die Ampellobelien, die auch Halbschatten vertragen, besonders gut.

Das **Leimkraut** – *Silene* – wurde nach dem Silen aus dem Gefolge des Gottes Bacchus benannt. Die mehr als 400 Arten sind über die ganze Welt verbreitet. In den Gärten wird *S. coeli* – rosa (syn. *Viscaria oculata*) gepflanzt, die bis 80 cm hoch wird und dichte, regelmäßige Blüten hat. Sie ist nur als Farbmischung im Handel. *S. pendula*, die aus den Mittelmeergebieten stammt, wird 25 cm hoch. Es gibt sie in den Blütenfarben Weiß, Rosa, Leuchtendrot und Purpur. Sie werden in bunte Blumenbeete, an Trockenmauern und trockenen Hängen gepflanzt, wo die leuchtenden Farben ihrer Blüten die Aufmerksamkeit auf sich ziehen. Wenn wir das Leimkraut im August aussäen und die jungen Pflanzen im Frühbeet überwintern, können wir sie zeitig im Frühjahr auspflanzen. Sie blühen dann von Mai–Juni. Im April direkt ausgesäte Pflanzen blühen später.

Die **Studentenblume** – *Tagetes* – ist auf Seite 207 in ihrer hohen Form *T. erecta* abgebildet. Auf dieser Zeichnung stellen wir die verbreitete Art *Tagetes* – *T. patula* vor. Die *Patula*-Hybriden werden in halbhohe, gefüllte, 30–40 cm hohe, dichtverzweigte und reichblühende eingeteilt. Die Blütenkörbchen sind kleiner, gelb, orange bis rotbraun. Sie blühen verhältnismäßig zeitig.
Niedrige gefüllte, 20–30 cm hohe, dichtverzweigte, von kompakten Wuchs. An einer Pflanze erblühen 60–100 Blüten in den üblichen Farben oder zweifarbig.
Niedrige einfachblühende, 20–30 cm hohe, im Wuchs den gefüllten Sorten ähnlich. An einer Pflanze blühen bis 200 Blütenkörbchen auf.
Die Studentenblume gehört zu den beliebtesten Sommerblumen, da sie Trockenheit wie Regen verträgt, in jedem Gartenboden gedeiht und sehr vielseitig verwendbar ist. Die höheren gefüllten Sorten werden entweder als selbständige Gruppen oder in Kombinationen gepflanzt und können auch zum Schnitt verwendet werden. Geschnittene Blüten bleiben in der Vase eine Woche, ja sogar 14 Tage frisch. Die niedrigen Sorten werden als Einfassungen oder auf größere Flächen gepflanzt oder gesät. Sie eignen sich auch für Balkonkästen und Blumenschalen. Sie haben einen typischen, kräftigen Geruch, der bei den neuen Züchtungen sehr gemildert ist.

Lobelia erinus

LEIMKRAUT

Silene pendula

STUDENTENBLUME

Tagetes patula

GAZANIE

MITTAGSBLUME

Gazania-Hybride

Dorotheanthus bellidiformis

Die **Gazanie** (Mittagsgold) – *Gazania* – wurde nach dem italienischen Wissenschaftler Theodor Gaza benannt, der Ende des 15. Jahrhunderts in Rom lebte. Sie stammt aus Südafrika, wo etwa 20 Arten als Halbsträucher, Stauden sowie Sommerblumen wild wachsen.
G.-Hybriden entstanden durch Kreuzungen der Arten *G. rigens, G. longiscapa, G. nivea*. Die Pflanzen haben eine reichverzweigte Blattrosette und die großen Blüten sitzen an einem festen, glatten Stiel. Die Farbskala ist sehr groß und alle Schattierungen sind interessant, sie reicht von Gelb bis Rotbraun. Ein Nachteil dieser herrlichen Blume ist, daß sich ihre Blüten nur bei Sonnenschein, von zehn bis sechzehn Uhr öffnen. Ebenso verhalten sich die Blüten in der Vase. Die Gazanie blüht von Ende Juni bis in den Spätherbst und auch die ersten schwächeren Fröste schaden ihr noch nicht. Wir können sie in Gruppen als Einfassungen, an sonnigen Hängen, im Steingarten und in bunte Blumenbeete pflanzen.

Die **Mittagsblume** – *Dorotheanthus* – benannte der deutsche Botaniker Schwantes zu Ehren seiner Mutter Dorothea, deren Namen er das griechische Wort anthos – Blüte anfügte. Die Pflanze stammt aus Südafrika. *D. bellidiformis* sind niedrige, kriechende Pflanzen mit schmalen, länglichen, fleischigen Blättern und rötlichen Stengeln. Die einfachen, weit offenen Blüten gibt es in vielen Farben von Weiß, Gelb, Rosa, Lachsfarben bis Karminrot. Im Handel werden nur Farbmischungen angeboten. Sie gedeiht am besten in sandigen, trockenen Böden in sonniger Lage. Da sie keine Nässe verträgt, geht sie bei längerem Regen ein. Sie wird direkt an den Standort gesät oder in kleinen Töpfen vorkultiviert. Am besten pflanzen wir sie in Gruppen nach verblühten Zwiebelblumen. Sie eignet sich für Steingärten, in die Fugen der Trockenmauern und an trockene, besonnte Hänge oder zwischen Steinplatten auf Terrassen. Die buntfarbigen Blüten bilden auf den Beeten einen herrlichen Teppich. Ein Nachteil ist, daß sich die Blüten nur bei Sonne öffnen.

Der **Salbei** – *Salvia splendens* – stammt aus Brasilien und ist die wichtigste und meistgezüchtete Art der Gattung *Salvia*. Die Pflanzen sind 15–45 cm hoch, blühen rot, weiß oder violett. Die beliebtesten und meistverbreiteten sind die niedrigen Sorten mit feuerroten Blüten, wie wir sie von den weithin leuchtenden Beeten in den Parks kennen. Aus der ursprünglichen brasilianischen Form – einem Halbstrauch, der nicht mehr gezüchtet wird – wurden viele schöne, niedrige, reichblühende Sorten von kompaktem, festem und aufrechtem Wuchs veredelt. In der zweiten Maihälfte, an einen sonnenbeschienenen Platz ausgepflanzt, blüht sie reich bis zum Frost. Es ist eine der beliebtesten Sommerblumen, die wegen der langen Blütezeit und der hellen leuchtenden Farbe bei der Bepflanzung bunter Rabatten, besonders in Kombinationen mit Blumen in Kontrastfarben, Verwendung findet. Die niedrigsten Sorten können wir auch in Töpfen, Kästen und Steingutschalen ziehen. Umpflanzung verträgt sie gut, die Setzlinge können bereits aufgeblüht ausgepflanzt werden.

Salvia splendens

Die **Gauklerblume** – *Mimulus*. Der Name kommt vom lateinischen *mimus* – Schauspieler. In der gemäßigten Zone der ganzen Welt sind etwa 120 Arten verbreitet. Da die Pflanze im ersten Jahr nach der Aussaat am besten blüht, wird sie als Sommerblume angepflanzt. Sie verlangt einen sonnigen bis halbschattigen Standort und einen feuchten Boden. Man kann sie im April direkt ins Beet säen.

Mimulus luteus

M. luteus stammt aus Chile und ist eine Staude, die bei uns jedoch als Sommerblume gezüchtet wird. Die Pflanzen sind 20–60 cm hoch, die gelben Blüten sind rotgefleckt und zu einer lockeren Traube zusammengestellt. *M. cupreus* ist der vorgenannten ähnlich, aber niedriger (15–25 cm).
Die M-Hybriden sind Kreuzungen der eben angeführten Arten. Die Pflanzen haben einen mehr lockeren, strauchigen Wuchs, sind 20–30 cm hoch, die breiten Trichterblüten sind gelb, dunkelrot gefleckt. Bei guten Bedingungen blühen an einer Pflanze 100–150 Blüten. Die Gauklerblume ist anspruchslos, gedeiht auch im Halbschatten. Das Abbrechen der Spitzen der jungen Pflanzen fördert die Verzweigung und damit auch ein reicheres Blühen. Die Gauklerblume eignet sich für niedrige Rabatten und bunte Blumenbeete, besonders an feuchteren, leicht beschatteten Plätzen, kann aber auch in Kästen, auf Terrassen und Balkonen gepflanzt werden, sofern sie wenigstens einen Teil des Tages beschattet ist, vor allem dürfen die Pflanzen in den Gefäßen nicht austrocknen.

Der **Portulak** – *Portulaca* – trägt einen altlateinischen Namen. Diese Gattung niedriger, kriechender kleiner Pflanzen für trockene, sandige arme Böden kommt in den Tropen und Subtropen der ganzen Welt in etwa 100 Arten vor. *P. grandiflora* stammt aus Argentinien und Brasilien. Der fleischige, kriechende Stengel ist bei den weiß blühenden Pflanzen grün, bei den bunt blühenden rötlich. Die Blätter sind linealisch, fleischig, die schönen Blüten sind einfach und gefüllt, 4 cm breit, von weißer, gelber, rosa bis karminroter Farbe. Sie öffnen sich nur bei Sonnenschein. Bei kühlem und regnerischem Wetter gehen die Pflanzen häufig ein. Im Schatten gedeihen sie nicht, auch vertragen sie keine schweren, lehmigen und nassen Böden. Die in schönen leuchtenden Farben blühenden Pflanzen wirken zauberhaft, gleich ob sie nun einzeln oder in größeren Gruppen gepflanzt sind. Sie eignen sich für den Steingarten, für Trockenmauern, trockene, sonnige Hänge. Sehr gut gedeihen sie in Steingutschalen und Kästen, auch in praller Sonne. Sie lassen sich überall gut verwenden, wo die übrigen Blumen wegen großer Trockenheit und Bodenmangels nur vegetieren.

Portulaca grandiflora

Das **Büschelschön** (Bienenfreund) – *Phacelia* – sein botanischer Name ist von dem griechischen Wort phakelos – Bündel (nach der Form des Blütenstandes) abgeleitet – ist in etwa 100 Arten in Nordamerika und Chile verbreitet. Es wird mehr als Honigdenn als Zierpflanze gezüchtet. Von den vielen früher gezüchteten ist für dekorative Zwecke hauptsächlich *P. campanularia* von Bedeutung, die aus Nordamerika stammt. Sie ist reich verzweigt, 15–25 cm hoch. Die enzianblauen Blüten an rötlichen Stielen haben Glockenform, sind 2,5 cm breit, mit ausdrucksvollen weißen Staubfäden und werden von den Bienen fleißig aufgesucht. Die Pflanze ist anspruchslos und gedeiht auch dort, wo andere Pflanzen nicht wachsen, verträgt jedoch keine große Feuchtigkeit. Sie blüht von Anfang Juli bis September. Sie samt sich selbst aus und die neuen Pflänzchen blühen oft noch im selben Jahr. Wir säen die *Phacelia* in Blumenbeete, besonders auf neuangelegte Flächen. Sie kann auch zur Nachpflanzung leergewordener Plätze von Frühblühern verwendet werden.

Phacelia campanularia

WUNDERBLUME

Die **Wunderblume** – *Mirabilis jalapa* – leitet ihren botanischen Namen von dem lateinischen Wort *mirabilis* – wunderbar ab, weil an einer Pflanze Blüten in mehreren Farben blühen. Sie öffnen sich gegen Abend und schließen sich am Morgen, nur im Spätherbst sind sie den ganzen Tag geöffnet. Die Pflanzen sind 60–80 cm hoch, breitverzweigt und schnellwüchsig. Wir pflanzen sie einzeln oder in Gruppen als Hintergrund niedriger Sommerblumen.

GARTENTITHONIE

Die **Gartentithonie** – *Tithonia rotundifolia* – leitet ihre Bezeichnung von Tithon, dem sagenhaften Gatten der Göttin Aurora ab. Sie wächst in Mexiko wild, erreicht eine Höhe bis 2 m. Sie blüht von August bis in den Herbst hinein. Sie liebt einen sonnigen Standort und nährstoffreichen Boden. Wir setzen sie einzeln oder in kleinen Gruppen zur Bekleidung vor Zäune und Mauern. Als Schnittblumen sind sie in der Vase sehr wirkungsvoll und halten 7–10 Tage.

Mirabilis jalapa

Tithonia rotundifolia

SOMMERMALVE

Die **Sommermalve** – *Malope trifida* – erhielt ihren botanischen Namen aus dem lateinischen Wort *malva* – Malve und dem griechischen Wort ope – Gesicht, wodurch ihre Zugehörigkeit zur Gattung der *Malvaceae* zum Ausdruck gebracht werden soll. Diese 100–120 cm hohe, breit ausladende Sommerblume stammt aus Spanien und Nordafrika. Wegen ihres hohen Wuchses und der sehr dekorativen, großen, trichterförmigen Blüten kann man sie solitär setzen. Sie blüht von Juli bis in den Spätherbst. Bei längerer Trockenheit muß reichlich gewässert werden.

Malope trifida

BARTFADEN

Der **Bartfaden** – *Penstemon* – erhielt seine Benennnung nach der Zahl der Staubfäden in der Blüte (griechisch penta – fünf, stema – Staubfaden). *P. hartwegii*, der aus Mexiko stammt, wird in unseren Gärten als Hybride einjährig gezüchtet. Er hat schöne große Glockenblüten, die in langen Rispen angeordnet sind. Wegen der langen Blütezeit eignet sich der Bartfaden für bunte Beete oder als Gruppenpflanzung.

Penstemon hartwegii

Celosia argebtea var. *cristata*

Der **Hahnenkamm** – *Celosia* – stammt aus den gemäßigten Zonen Afrikas und Amerikas. Der botanische Name ist von der feurigen Farbe einiger Sorten (griechisch kelos – feurig) abgeleitet. Er wird in zwei verschiedenen Arten gezüchtet: *C. argentea* var. *plumosa* (Federbuschcelosie) erreicht eine Höhe von etwa 60 cm und hat einen aufrechten Blütenstand; *C. argentea* var. *cristata* (Hahnenkammcelosie) wird etwa 30–60 cm hoch. Diese Pflanze kann getrocknet und dann zu Wintersträußen verwendet werden.

Die **Sommerzypresse** – *Kochia* – wurde nach dem deutschen Botaniker Koch benannt. Sie wächst in Australien, Asien, Afrika, Nordamerika und Südeuropa wild. Für dekorative Zwecke wird *K. scoparia* – 'Trichophylla' (Feuerbusch) gepflanzt. Sie ist sehr schnellwüchsig und hat eine baumartige Form. Die kleinen Blüten sind unauffällig. Sie ist eine Besonderheit unter den Sommerblumen, da sie sich im Herbst purpurrot färbt.

Kochia scoparia

FUCHSSCHWANZ

Der **Fuchsschwanz** – *Amaranthus*. Der botanische Name ist von dem griechischen Wort maranein – verwelken abgeleitet und bringt zum Ausdruck, was sich auf den ersten Blick nicht erkennen läßt, ob die Blume blüht oder ob sie bereits verblüht ist. *A. caudatus* (Gartenfuchsschwanz) stammt aus Südasien. Er ist eine robuste, bis 2 m hohe Pflanze mit einem dunkelroten, schweifartigen Blütenstand. Er wird für bunte Sommerblumenbeete verwendet.

RIZINUS

Der **Rizinus** (Wunderbaum von Sansibar) – *Ricinus communis*. Die Anregung zu der botanischen Benennung gab die Ähnlichkeit der Samen mit einer Zecke (lat. *ricinus*). Es ist eine alte Kulturpflanze, die wegen der ölhaltigen Samen angebaut wird. Die entwickelten, voll ausgefärbten, braungrünen Pflanzen wirken exotisch und werden in Sommerblumenbeete oder Kübel gepflanzt. Da die Samen giftig sind, empfiehlt es sich, den Fruchtansatz auszubrechen. So beugt man Vergiftungen bei Kindern vor.

Amaranthus caudatus

Ricinus communis

PAPIERBLUME

Die **Papierblume** – *Xeranthemum.* Durch den botanischen Namen wird der Charakter der Blüte dieser Sommerblume ausgedrückt (griechisch xeros – trocken, anthemon – Blüte). *X. annuum* stammt aus Südeuropa. Die Pflanzen sind aufrecht, 60–100 cm hoch, dicht verzweigt, die Blütenkörbchen bis 4 cm breit, einfach wie gefüllt. Sie lieben einen trockenen, warmen, sonnigen Standort. Als Trockenblume sehr geeignet, wenn sie nach dem Aufblühen geschnitten und aufgehängt werden.

Xeranthemum annuum

SONNENFLÜGEL

Der **Sonnenflügel** – *Helipterum.* Der aus dem Griechischen (helios – Sonne, pteron – Flügel) abgeleitete botanische Name bezieht sich auf die Blüte, die eine goldgelbe, von papierähnlichen Deckblättern umkränzte Scheibe hat. *H. roseum* stammt aus Australien. Der Sonnenflügel wird direkt April–Mai in den Boden gesät und blüht von Juni bis in den Herbst hinein. Er eignet sich gut als Trockenblume. Die Blüten schneiden wir in den Mittagsstunden, nicht ganz aufgeblüht und trocknen sie in Bündeln, die wir mit der Blüte nach unten in einem dunklen, luftigen Raum aufhängen.

Helipterum roseum

STROHBLUME

Die **Strohblume** – *Helichrysum* – verdankt ihren Namen der goldgelben Farbe der Blütenkörbchen (griechisch helios – Sonne, chrysos – Gold). *H. bracteatum*, die Gartenstrohblume, stammt aus Australien, wo sie eine ausdauernde Pflanze ist. In Europa wird sie als *H. bracteatum* 'Monstrosum' angeboten, die es halbgefüllt und gefüllt, hoch und niedrig in vielen Farben gibt; Blütezeit Juni bis in den Spätherbst. Die Strohblume ist eine sehr beliebte Trockenblume. Die zum Trocknen bestimmten Blüten schneidet man, ehe sie sich voll entfaltet haben. Sie werden mit den Köpfen nach unten aufgehängt.

MEERLAVENDEL

Der **Meerlavendel** (Widerstoß) – *Limonium* – auch unter der älteren Bezeichnung Statice bekannt, ist eine sehr geeignete und beliebte Pflanze zum Trocknen. Sie wächst in den Steppen, Wüsten und an den Ufern von Salzseen der ganzen Welt wild. *L. suworowii* stammt aus Westturkestan. Die kleinen rosaroten Blüten stehen dicht in bis 35 cm langen Ähren. Es sind hübsche und interessante Pflanzen. Man schneidet sie voll erblüht, um sie dann, mit dem Kopf nach unten, zu trocknen. *L. sinuatum* ist bekannter, blüht weiß, rosa und blau, hat einen bürstenartigen Blütenstand und wird, getrocknet, für Wintersträuße verwendet.

Helichrysum bracteatum

Limonium suworowii

Lathyrus odoratus

Die **Wicke** (Wohlriechende Platterbse) – *Lathyrus.* Der botanische Name geht auf die griechische Bezeichnung dieser Pflanze (la – sehr, thauros – schmetterlingsblütige Pflanze) zurück. *L. odoratus* wächst auf Sizilien und in Süditalien wild. Es gibt sie als Kletterpflanze oder niedrig, 20–60 cm hoch. Die Wicke ist in zahlreichen Pastellfarben im Handel. Sie wird von April bis Juni in Abständen an einen sonnigen, warmen Standort ausgesät, so hat man den ganzen Sommer duftende Wikken. Die verblühten Blüten müssen beseitigt werden, da die Pflanze, sobald der Samen zu reifen beginnt, aufhört zu blühen. Die kletternden Sorten brauchen eine Stütze. Sie werden an Zäunen, Lauben, Geländern, an Terassen und in Balkonkästen gesät. Sie müssen gut gewässert und gedüngt werden. Die Wicke wird gern zum Schnitt verwendet, da die zarten Sträuße einen herrlichen Duft ausströmen.

Die **Winde** – *Convolvulus*. Den Wortstamm des botanischen Namens bildet das lateinische Wort *convolvere* – sich ranken. *C. tricolor* wächst in Südeuropa und Nordafrika wild. Diese Sorte wird für Gärten genommen. Sie wird bis 40 cm hoch, verzweigt sich stark, lediglich die Triebspitzen richten sich auf. Sie hat große blaue Glockenblüten, mit einem weißen Ring um den gelben Schlund, es gibt auch Sorten mit rosa und roten Blüten. Die Winde blüht von Juni bis in den Herbst hinein. Bei Regenwetter, bedecktem Himmel und nachmittags schließen sich die Blüten. Sie wird zur Bedeckung leerer Flächen und in bunten Sommerbeeten verwendet.

Die **Prunkwinde** – *Ipomoea*. Der botanische Name setzt sich aus den griechischen Worten ipos – Wurm und omoios – ähnlich zusammen, wodurch der rankende Charakter der Pflanze ausgedrückt wird. Von den etwa 400 aus den Tropen und Subtropen stammenden Arten werden bei uns als Sommerblumen folgende gezüchtet:
I. hederacea, die bis 3 m hoch wird und himmelblaue Blüten hat. Sie ist jedoch sehr empfindlich in Bezug auf Pflege und Wetter. *I. nil* ist der vorgenannten ähnlich, doch wird sie noch mächtiger und hat auch größere Blätter und Blüten.
I. purpurea erreicht eine Höhe von 3–4 m, die Blüten sind groß, trichterförmig, in vielen Farbmischungen im Handel. Am häufigsten wird *I. violacea* (syn. *I. tricolor*) gezüchtet, die eine Höhe von 1–3 m erreicht und 8–10 cm große, blaue Blüten hat, die ihre Farbe wechselt. Kleine Blüten sind rot, voll erblüht blau und verblüht werden sie violett. Sie blühen von Juli bis Oktober. Ihr schnelles Wachstum ermöglicht es, binnen kurzer Zeit eine große Fläche zu bedecken. Sie brauchen eine Stütze (Draht, Drahtgeflecht, Bindfaden) und werden an Mauern, Lauben, Balkonen gezogen.

WINDE

Convolvulus tricolor

PRUNKWINDE

Ipomoea violacea

Phaseolus coccineus

Tropaeolum majus

Die **Bohne** – *Phaseolus*. Für den botanischen Namen dieser Pflanzen übernahm Linné die griechische Bezeichnung einer Rebenart. Die Bohne wächst im tropischen und subtropischen Teil Amerikas. Als Zierpflanze ist nur die rankende Feuerbohne (Prunkbohne) *P. coccineus* von Bedeutung, die aus Südamerika stammt, wo sie größtenteils zweijährig ist. In unseren Gärten wird sie wegen ihrer Schnellwüchsigkeit gern angepflanzt. Sie wächst stets linkswendig, meist unverzweigt, bis 4 m hoch. Die kleinen Blüten sind feuerrot und stehen in vielblütigen lockeren Trauben zusammen. Die Pflanzen brauchen zu ihrem Wachstum eine Stütze aus Latten, Draht, Drahtgeflecht o.ä. Sie blühen von Juni bis Oktober. Bei längerer Trokkenheit müssen sie gewässert werden, sonst beginnen die Blätter von unten her gelb zu werden. Diese sehr hübsche rankende Pflanze eignet sich als Sicht- und Sonnenschutz auf Balkonen, zur Berankung von Lauben, Zäunen u.ä. Die Feuerbohne kann auch als Nutzpflanze angesehen werden, da ihre jungen grünen Schoten gern in der Küche genommen werden.

Die **Kapuzinerkresse** – *Tropaeolum* – hat eine Blütenkrone, die an einen Helm denken läßt und dies führte auch zu der lateinischen Bezeichnung *tropaeolum* – kleine Trophäe. In Südamerika sind etwa 80 Arten dieser rankenden, verzweigten, fleischigen Pflanze verbreitet. In den Gärten kommen vor allem die Hybriden, die aus einer Kreuzung der Arten *T. majus, T. minus* und *T. peltophorum* entstanden, vor. Die Art wird meist als *T. majus* geführt. Die Kapuzinerkresse verlangt einen warmen, sonnigen Standort und einen durchlässigen Boden.
Die Kapuzinerkresse blüht sehr reich vom Frühjahr bis zum Herbst. Die frischen Blätter und die schönen großen Blüten in leuchtenden Farben wirken sehr dekorativ. Die Verwendungsmöglichkeiten der Kapuzinerkresse sind mannigfaltig. Die niedrigen Sorten werden auf schmale Beete, als Einfassungen gesät, wo sie herrliche, bunte Teppiche bilden. Gut machen sie sich auch in Kästen, Kübeln oder Schalen an Terrassen oder auf Balkonen, wo wir auch die rankenden Sorten als überhängende Pflanzen verwenden können. Attraktiv sind blühende Ranken oder auch geschnittene Blüten in Hängevasen oder flachen Schalen.

Die **Kosmee** (Schmuckkörbchen) – *Cosmos* – wächst im tropischen und subtropischen Amerika wild. Der botanische Name ist aus dem Griechischen übernommen, wo seine ursprüngliche Bedeutung „künstlerische Anordnung“ war.
C. bipinnatus stammt aus Mexiko. Es ist eine 80–100 cm hohe, zarte Sommerblume von reichverzweigtem Wuchs. Die einfachen Blüten sind weiß, rosa oder rot und haben einen Durchmesser bis zu 10 cm. Die Kosmee blüht von Juni bis in den Spätherbst und gedeiht in jedem nährstoffreichen Boden, verlangt aber einen sonnigen, windgeschützten Standort. Sie ist auch durch ihre frischgrünen, fein gefiederten Blättchen dekorativ. Wegen ihres mächtigen Wuchses beansprucht sie viel Platz im Garten. Sie kann einzeln oder in Gruppen gepflanzt werden. Die Kosmee ist eine gute Schnittblume, die über eine Woche in der Vase frisch bleibt. Die Blüten müssen jedoch vor dem vollen Aufblühen geschnitten werden. Auch halbentwickelte Knospen gehen in der Vase auf.

Cosmos bipinnatus

NELKE

Die **Nelke** – *Dianthus*. Der botanische Name entstand aus der Verbindung zweier griechischer Wörter dios – göttlich und anthos – Blume. Die Bartnelke – *D. barbatus* ist eine sehr beliebte zweijährige Pflanze. Im ersten Jahr der Aussaat bildet sie einen Busch dunkelgrüner Blätter, um dann im zweiten Jahr reich mit einem Trugdoldenstand in verschiedenen Farben und Farbkombinationen zu blühen. Da sie gern von Kaninchen und Hasen abgefressen werden, müssen sie im Winter vor ihnen geschützt werden. Es empfielt sich die Pflanzen mit Fichtenreisig abzudecken. Die Bartnelken sind gut zum Schnitt geeignet.

VERGISSMEINNICHT

Das **Vergißmeinnicht** – *Myosotis sylvatica* (syn. *M. alpestris*). Sein botanischer Name besteht aus den griechischen Wörtern myos – Maus und otus – Ohr, da die Form seiner Blätter an ein Mauseohr erinnert. Dagegen bezieht sich seine Bezeichnung in allen europäischen Sprachen auf die blaue Farbe als Symbol der Treue. Es wächst in ganz Europa bis Sibirien wild. Diese beliebte Blume wird als zweijährige Pflanze gezogen und blüht von Mai bis Juli. Die Blüten sind blau in verschiedenen Schat-

Dianthus barbatus

Myosotis sylvatica

tierungen. Die höheren Sorten eignen sich auch zum Schnitt. Wir verwenden sie für Einfassungen oder für Beete, wo sie gut mit Tulpen kombiniert werden können. Auch zur Bepflanzung von Kästen, Schalen und Töpfen sind sie verwendbar.

Das **Veilchen** – *Viola*. Seine lateinische Bezeichnung finden wir schon bei den antiken Dichtern. Heute sind über 400 Arten bekannt, die durch ihre symmetrischen Blüten mit den fünf Kronblättern typisch sind. Einzelne Arten wurden in den Gärten seit jeher gezüchtet. Das **Gartenstiefmütterchen** – *Viola Wittrockiana*-Hybriden – wird meistens zweijährig gezogen. Man sät die Samen im Juli auf ein freies Gartenstück in guten Boden. Im Herbst werden dann die Pflanzen an ihren endgültigen Standort gesetzt und mit Reisig abgedeckt. Die kräftigsten Pflanzen blühen dann bereits. Die Hauptblüte ist jedoch

Viola Wittrockiana-Hybride

das zeitige Frühjahr. Vorkultivierte Stiefmütterchen kann man auch im April beim Gärtner kaufen. Sie werden für Gräber, bunte Frühlingsbeete mit Zwiebelblumen kombiniert, aber auch in Schalen, Balkonkästen und Kübeln verwendet.

Das **Maßliebchen** – *Bellis* – leitet seinen botanischen Namen von dem lateinischen Wort *bellus* – schön ab.
B. perennis – Gänseblümchen, Tausendschön – wächst in Europa wild. In einem gepflegten Rasen ist diese kleine, ausdauerende Pflanze ein hartnäckiges Unkraut. Die Kulturformen sind größer, einige Blüten haben einen Durchmesser von 5 cm. Sie werden in verschiedenen Farben angeboten. Die schönsten sind weiß oder karminrot und blühen von März bis Juni. Man verwendet sie vor allem für Grabbepflanzungen, in Balkonkästen, aber auch in Frühlingsbeeten. Wir pflanzen sie immer an sonnige Plätze. Gefüllte Maßliebchen, die länger als ein Jahr nach der Auspflanzung am Standort belassen werden, bilden kleinere und weniger gefüllte Blüten aus. Sie müssen daher jedes Jahr von neuem gesetzt werden, und zwar entweder aus Samen vorkultivierte oder vom Gärtner gekauft.

Bellis perennis

Der **Fingerhut** – *Digitalis* – leitet seinen Namen von dem lateinischen Wort *digitus* – Finger ab, da die Blüten die Form eines Fingerhutes haben. In allen europäischen Sprachen ist diese Bezeichnung der Pflanze gebräuchlich. Nach Europa gelangten 18 Arten aus West- und Mittelasien. Von diesen botanischen Arten werden als Zierpflanzen gezüchtet: *D. ferruginea*, bis 150 cm hoch, mit gelbgrauen bis gelbroten Blüten und *D. lanata*, etwa 1 m hohe Pflanzen mit weißlichen oder weißlichgelben Blüten mit einem von langen, weißen drüsigen Haaren bewachsenen Kelch. Beide gedeihen an trockenen Hängen.

Digitalis purpurea

Besonders schön sind jedoch die veredelten Formen von *D. purpurea*. Sie werden 1–1,5 m hoch, haben große, weit offene Blüten, die in der Gärtnerpraxis als var. *gloxiniaeflora* bezeichnet werden. Sie blühen in verschiedenen Schattierungen von Weiß und Gelb bis Rosa und Purpurrot. Es sind zweijährige Pflanzen, die im ersten Jahr eine Rosette rauher Blätter bilden, aus denen im folgenden Jahr Triebe mit schlanken Blütentrauben hervorwachsen. Die Gartenformen von *Digitalis* pflanzen wir in kleineren Gruppen solitär oder in gemischten Beeten. Die Pflanzen blühen im Juni und Juli und sind sehr dekorativ. Sofern sie nicht erfrieren, können sie 2–3 Jahre am selben Platz gelassen werden. Auch in der Vase sind sie sehr apart. Die Pflanze sät sich selber sehr stark aus.

Die **Stockrose** – *Alcea* (syn. *Althaea*). Die Arten der Gattung *Alcea* sind ein- oder zweijährige Pflanzen mit einer typischen Bodenrosette aus filzigen Blättern und einem hohen, kräftigen Schaft, der mit schönen Blüten bedeckt ist. Die bekannteste Art ist die zweijährige *A. rosea*, die Stockrose oder Stockmalve, die aus dem Orient nach Europa gelangte. Die heutigen zahlreichen Formen sind das Ergebnis langjähriger Kreuzungen. Die Pflanzen werden bis 2 m hoch, haben einfache oder gefüllte bis 10 cm große Blüten. Aus der Sorte 'Nigra' wurde früher der Farbstoff Althein gewonnen. Sie Stockrose gibt es in vielen Farben, wie Weiß, Gelb, Scharlachrot und Rosa. Die Pflanze blüht im zweiten Jahr nach der Aussaat und hält bis vier Jahre am Standort aus. Sie ist sehr effektvoll und eignet sich gut zur Tarnung von Mauern und als Hintergrund von Blumenbeeten. Am schönsten sieht sie jedoch in Bauerngärten aus.

Die **Glockenblume** – *Campanula*. Die Blüten haben eine so typische Form, daß die ganze Pflanze nach ihnen benannt wurde, lat. *campanula* – Glocke. Die Gattung umfaßt etwa 300 Arten, von denen die meisten Stauden sind, viele davon Steingartenpflanzen. Von den zweijährigen ist gärtnerisch nur *C. medium* (Marienglockenblume) von Bedeutung. Es ist eine stattliche, etwa 50–90 cm hohe Pflanze, die im Jahr der Aussaat eine Rosette filziger Blätter bildet. Im Frühjahr des folgenden Jahres treibt sie einen Stengel, an dem von Ende Juni bis Juli eine Blütenrispe aufblüht. Die Glocken der ursprünglichen Formen sind dunkelblau gefärbt, durch Veredelung wurden auch hellblaue, weiße, rosa und violette Farben erzielt. Bedingung einer erfolgreichen Zucht ist die gute Überwinterung der Blattrosetten. Dazu ist es notwendig, daß die Pflanze bis zum Winter einwurzelt und die Blattrosetten gut entwickelt sind. Zum Schutz vor stärkeren Frösten ist es nötig, die Pflanzen mit Fichtenreisig abzudecken. *C. medium* ist durch seinen Blütenstand sehr auffallend und dekorativ. Sie kann als Solitärpflanze oder in Gruppen verwendet werden, aber auch auf einem gemischten Blumenbeet. Die Blüten machen sich besonders gut in hohen Vasen.

Alcea rosea

Campanula medium

EIGENSCHAFTEN AUSGEWÄHLTER GARTENBLUMEN

Art, Sorte	Stengelhöhe in cm	Blüht im Monat	Größe der Blüte Ø cm	Farbe der Blüte	Hält in der Vase (Tage)	Anmerkung
ZWIEBELBLUMEN						
Narcissus	30–50	IV–V	3–8	gelb, weiß, orange	6–12	viele Arten
Tulipa	30–60	IV–V	4–8	verschieden	5–10	nur die hohen
Lilium	30–70	VI–VIII	5–15	verschieden	8–14	nur die großblütigen
Muscari	8–15	IV	1–2	blau, weiß	3–6	
Allium	15–60	IV–V	5–20	violett, rot	10–14	hauptsächlich die großblütigen
KNOLLENBLUMEN						
Gladiolus	40–100	VII-IX	5–12	verschieden	8–14	Blüten blühen nacheinander auf
Anemone coronaria	25–35	VI–VIII	5–8	rot, blau, weiß	5–8	einfache und gefüllte
Convallaria	15–25	V	0,5	weiß	8–12	duftet stark
Crocosmia	25–45	VI–VII	2–4	orange	8–14	Blüten blühen nacheinander auf
Dahlia	50–100	VIII–X	3–12	verschieden	4–7	hauptsächlich die Pompondahlien
Iris reticulata	20–40	V–VI	8–12	blau, weiß, violett	4–6	
STAUDEN						
Paeonia	30–60	V–VI	10–15	weiß, rosa, rot	10–14	Knospe schneiden
Chrysanthemum	40–80	V–VIII	5–15	weiß, rot	12–18	nur die hohen
Rudbeckia	40–80	VII–IX	5–15	gelb	12–20	
Doronicum	40–60	IV–V	5–10	gelb	6–10	
Liatris	30–40	VI–VII	2–3	violett	8–12	Blüten blühen nacheinander auf
Astilbe	50–90	VI–VII	10–15	verschieden	8–12	
Iris Barbata-Hybriden	50–80	V–VI	10–15	verschieden	5–8	nur die hohen
Gaillardia	35–60	VI–VIII	3–6	rotbraun	6–10	niederliegend
Eryngium	40–80	VII–VIII	3–8	silberblau	den ganzen Winter	wird getrocknet
Limonium	30–40	VII–VIII	0,3–0,5	blau, weiß	den ganzen Winter	wird getrocknet
Gypsophila	60–100	VII–VIII	0,2–0,5	weiß, rosa	20–30	wird getrocknet
Physalis	40–70	IX–X	Zierfrüchte, orange Lampions			
Sedum spectabile	30–50	VIII–X	8–12	rosa	15–20	fleischiger Stengel
Pennisetum	60–80	VI–VIII	2–3	hellgelb	20–30	Gras
Heuchera	40–60	VI	0,5–0,8	rosa, rot	6–8	
Aquilegia	50–80	V–VII	6–8	verschieden	6–8	
Erigeron	50–80	VI	2–4	rosa, violett	15–18	
Campanula glomerata	30–60	VI–VII	6–10	violett	10–15	

Art, Sorte	Stengelhöhe in cm	Blüht im Monat	Größe der Blüte Ø cm	Farbe der Blüte	Hält in der Vase (Tage)	Anmerkung
SOMMERBLUMEN						
Lathyrus	15–30	VI–IX	3–4	verschieden	8–10	duftet stark
Callistephus	30–60	VII–X	4–10	verschieden	10–12	nur die hohen
Dianthus caryophyllus 'Chabaud'	30–50	VII–IX	3–6	verschieden	8–10	
Matthiola	30–60	V–VI	6–8	verschieden	5–6	duftet stark
Rudbeckia	40–100	VII–X	5–15	gelb mit Auge	10–20	
Limonium	30–50	VII–VIII	5–8	blau, weiß	–	wird getrocknet
Zinnia	40–100	VI–X	5–12	verschieden	5–8	
Cosmos	80–150	VII–X	5–10	weiß, rot	6–8	
Antirrhinum	60–80	VII–X	2–3	verschieden	8–10	
Calendula	30–60	VI–VII	4–8	gelb, orange	6–10	
Helichrysum	80–100	VII–X	5–7	verschieden	–	wird getrocknet
Helianthus	100–250	VII–X	5–15	gelb, orange	5–8	
Chrysanthemum	40–80	VII–X	6–8	verschieden	4–7	
Delphinium	100–120	VI–VII	8–10	blau, weiß	6–9	
Tagetes	50–70	VIII–IX	8–10	gelb, orange	8–10	nur die hohe T. erecta
Scabiosa	80–90	VII–X	4–6	verschieden	5–8	
Verbena	50–100	VII–X	6–8	violett	5–8	einige Arten
ZWEIJAHRESBLUMEN						
Dianthus barbatus	25–60	V–VI	6–10	verschieden	8–10	
Campanula medium	40–50	V–VI	2–3	blau, weiß, rosa	10–12	
ROSEN						
Rosa	30–80	VI–X	3–6	verschieden	5–8	nur die Gartenrosen

TABELLE DER EIGENSCHAFTEN, ANSPRÜCHE UND VERWENDUNGEN VON STRÄUCHERN UND GEHÖLZEN

Art	Höhe in m Breite	Form der Krone	Wachstum	Klima	Boden	Licht
Chamaecyparis lawsoniana	4–6/2–3	kegelig	langsam	warm	leicht, feucht	Halbschatten
Chamaecyparis obtusa	2/1,5	breitkegelig	langsam	warm	feucht	Halbschatten
Chamaecyparis pisifera	3–5/2–3	breiter, lichter	langsam	mild	leicht, feucht	Halbschatten
Juniperus communis	je nach Sorte	verschieden	mittel	mild	leicht, auch sauer	Sonne
Juniperus horizontalis	0,5/2–3	kriechend	langsam	mild	leicht, auch trocken	Sonne
Juniperus chinensis	2–4/2–3	breitkegelig	mittel	mild	leicht, auch sauer	Halbschatten
Juniperus squamata	3/1,5	ausladend	mittel	mild	leicht, auch trocken	Sonne
Juniperus virginiana	3–5/0,5–1	schmalkegelig	langsam	kühl	gut, feucht	Sonne
Picea abies	bis 30/bis 5	kegelig	schnell	mild	feucht	Halbschatten
Picea glauca	2/0,5	kegelig	langsam	mild	feucht, auch sauer	Sonne
Picea pungens	3/1,5	kegelig	mittel	mild	feucht	Sonne
Pinus mugo	1,5/3–4	niederliegend	langsam	kühl	leicht, auch sauer	Sonne
Pinus sylvestris bis	bis 20/bis 4	pyramidal	mittel	kühl	leicht, auch sauer	Sonne
Pinus strobus bis	bis 25/bis 5	auseinanderklaffend	schnell	kühl	feucht	Sonne
Taxus baccata	3–5/3–5	breitkegelig	langsam	kühl	kalkreich	Schatten
Taxus cuspidata	0,5–1/2–3	niederliegend	langsam	kühl	tief, feucht	Schatten
Taxus x media	3–4/0,5	aufrecht	langsam	kühl	tief, feucht	Schatten
Thuja occidentalis	3–4/1–1,5	kegelig	langsam	mild	tief, auch sauer	Sonne
Berberis julianae	1,5/0,5	fest aufrecht	langsam	mild	trocken, durchlässig	Halbschatten
Buxus sempervirens	1/1	regelmäßig	mittel	mild	leicht, auch trocken	Halbschatten
Hedera helix	bis 16–20	rankend	schnell	mild	feucht	Halbschatten, Schatten
Ilex	3–5/2	pyramidal	langsam	warm	schwer, feucht	Halbschatten
Prunus laurocerasus	1,5/2	ausladend	schnell	warm	feucht, kalkreich	Halbschatten
Rhododendron-Hybride	1–3/2–3	ausladend	langsam	mild	feucht, sauer	Halbschatten
Rhododendron japonicum	1/0,5	aufrecht	langsam	mild	feucht, sauer	Sonne
Viburnum rhytidophyllum	2–3/1,5	aufrecht	schnell	mild	nahrhaft, auch trocken	Sonne
Acer palmatum	2–3/2–3	kugelig	langsam	mild	nährstoffreich	Halbschatten
Buddleia	1,5–2/1,5–2	übergeneigt	langsam	warm	nahrhaft, durchlässig	Sonne
Campsis	bis 8	rankend	mittel	warm	nahrhaft, durchlässig	Sonne
Carpinus	bis 20	buschig	mittel	mild	leicht, feucht	Sonne
Chaenomeles	1–2/1	aufrecht	mittel	mild	leicht, auch trocken	Sonne
Clematis-Hybriden	2–3/1	rankend	mittel	mild	nährstoffreich, feucht	Sonne
Cornus mas	5/3	ausladend	mittel	warm	trocken, kalkreich	Sonne, Halbschatten
Coryllus	4/3	ausladend	schnell	mild	nährstoffreich, feucht	Sonne, Halbschatten
Cotoneaster	1–2/1–3	aufrecht-niederliegend	mittel	mild	durchlässig, trocken	Sonne
Deutzia	1,5/1	aufrecht	mittel	mild	leicht, durchlässig	Sonne
Euonymus	2–4/1–2	aufrecht	mittel	mild	feucht	Halbschatten

Verträgt verschmutzte Luft?	Farbe der Blätter	Herbstfärbung	Blütezeit	Zierfrüchte	Für lebende Hecken	Anmerkung
ja	blaugrün, gelb	–	–	–	freiwachsende	erfriert
ja	grün	–	–	–	nein	vor Frost schützen
ja	je nach Sorte	–	–	–	nein	vor eisigem Wind schützen
nein	graugrün	–	–	schwarz	nein	hat stechende Nadeln
ja	blaugrün	–	–	–	nein	
ja	bläulichgrau	–	–	–	freiwachsende	Nagetierschäden
ja	silbrig	–	–	–	nein	
nein	je nach Sorte	–	–	–	nein	Nagetierschäden
nein	dunkelgrün	–	–	–	geschnittene	
nein	hellgrün	–	–	–	nein	
ja	blaugrau	–	–	–	nein	als Solitärpflanze
nein	dunkelgrün	–	–	–	nein	
ja	blaugrün	–	–	–	nein	
ja	grüngrau	–	–	–	nein	als Solitärpflanze
ja	dunkelgrün	–	–	–	geschnittene	
ja	grün	–	–	–	geschnittene	
ja	dunkelgrün	–	–	–	geschnittene	
ja	grün, gelb	bräunlich	–	–	geschnittene	wird in trockenem Boden schütter
nein	grün	rot	V–VI	blau	freiwachsende	hat Stacheln
ja	dunkelgrün	–	V–VI	–	geschnittene	sehr anspruchslos
ja	dunkelgrün	–	VIII–IX	–	nein	braucht nicht aufgebunden zu werden
nein	grün	–	V–VI	rot	nein	vor Winter Wurzeln bedecken
ja	dunkelgrün	–	V	schwarz	nein	vor Winter Wurzeln bedecken
ja	dunkelgrün	–	V–VI	–	nein	vor Winter Wurzeln bedecken
ja	hellgrün	rot	V	–	nein	
ja	grüngrau	–	V–VI	rot, dann schwarz	nein	vor Winter Wurzeln bedecken
nein	rot, gelb	rot	IV–V	–	nein	als Solitärpflanze
ja	grüngrau	–	VII–VIII	–	nein	oberirdischer Teil erfriert
nein	grün	–	VII–IX	–	nein	muß aufgebunden werden
ja	grün	braun	IV	häutiges Nüßchen	geschnittene	nur als lebende Hecke
ja	grün	–	IV–V	graurot	freiwachsende	
ja	grün	–	VI–VII	–	nein	Wurzeln beschatten
ja	grün	–	III–IV	rot	nein	
ja	grün	gelb	III	braun	freiwachsende	
ja	grün	rot	V–VI	rot oder schwarz	freiwachsende	es gibt viele Arten
ja	dunkelgrün	–	V–VI	–	freiwachsende	oberirdischer Teil erfriert
ja	grün	–	V	rot	freiwachsende	

Fortsetzung von der S. 248–249

Art	Höhe in m Breite	Form der Krone	Wachstum	Klima	Boden	Licht
Forsythia	3–2	überhängend	mittel	mild	nahrhaft, durchlässig	Sonne
Hibiscus	2–3/1	aufrecht	langsam	warm	nahrhaft, durchlässig	Sonne
Laburnum	4–5/2	überhängend	mittel	warm	durchlässig, kalkreich	Sonne
Ligustrum	3/2	ausladend	schnell	mild	leicht, auch trocken	Sonne wie Halbschatten
Lonicera	3/1	aufrecht	schnell	mild	auch sandig, trocken	Sonne wie Halbschatten
Magnolia	3/3	ausladend	langsam	warm	leicht, sauer	Sonne
Paeonia suffruticosa	1,5/1	aufrecht	langsam	warm	leicht, durchlässig	mäßiger Halbschatten
Parthenocissus	bis 10	rankend	schnell	mild	leicht	Sonne wie Halbschatten
Philadelphus	1–2,5/1–2	ausladend	mittel	mild	feucht, nährstoffreich	Sonne
Rhamnus	4–6/2	aufrecht	mittel	mild	feucht	Halbschatten
Sorbus	8–12/3–4	aufrecht	mittel	mild	feucht, auch arm	Sonne
Spiraea	1,5–2/2	übergeneigt	mittel	mild	nahrhaft, durchlässig	Sonne
Symphoricarpos	1–1,5/1–2	ausladend	mittel	mild	leicht, auch arm	Sonne wie Halbschatten
Syringa	2–3/1–1,5	aufrecht	mittel	mild	nahrhaft	Sonne
Tamarix	3–5/2–3	luftig breiter	langsam	warm	nahrhaft, durchlässig	Sonne
Viburnum	3/2	aufrecht	mittel	mild	tief, feucht	Sonne wie Halbschatten
Weigela	2/1,5	aufrecht	mittel	warm	leicht, durchlässig	Sonne
Wisteria	bis 10	rankend	mittel	warm	trocken, kalkreich	Sonne

Verträgt verschmutzte Luft?	Farbe der Blätter	Herbstfärbung	Blütezeit	Zierfrüchte	Für lebende Hecken	Anmerkung
ja	grün	–	IV	–	nein	
nein	grün	–	VIII–X	–	nein	weniger abgehärtet
ja	grün	–	V	–	nein	Nagetierschäden
ja	grün	bronzefarben	VI–VII	schwarz	geschnittene	
ja	blaugrün	–	V	rot	freiwachsende	es gibt mehrere Arten
ja	hellgrün	gelb	III–IV	schwarz, braun	nein	vor Frost schützen
nein	graugrün	–	V–VI	–	nein	vor Wintereinbruch Wurzeln bedecken
ja	dunkelgrün	rot	V–VI	schwarz	nein	in der Jugend aufbinden
ja	grün	–	VI	–	freiwachsende	stark duftend
ja	hellgrün	gelb	V–VII	rot, dann schwarz	freiwachsende	
ja	grün	–	VI	rot	nein	es gibt mehrere Arten
ja	grün	orange	V–VI	–	freiwachsende	es gibt mehrere Arten
ja	grün	–	VI–VIII	weiß	freiwachsende und geschnittene	breitet sich durch Ausläufer aus
ja	grün	–	V	–	freiwachsende	breitet sich durch Ausläufer aus
nein	violett	gelb	V	–	nein	empfindlich
ja	grün	gelb, rot	V–VI	rot	nein	
ja	grün	–	V–VI	–	nein	
ja	grün	–	V–VI	–	nein	waagerecht aufbinden

Anmerkung:
Die meisten Gehölze sind sehr anpassungsfähig an die gegebenen Bedingungen; die meisten Arten haben mehrere, durch Wuchs und Farbe unterschiedene Sorten. Unseren Angaben liegen die idealen Bedingungen der meistgezüchteten Arten oder Sorten zugrunde.

BIBLIOGRAPHIE

Amann, G.: Bäume und Sträucher des Waldes, Melsungen, 15. Aufl., 1988

Baieley, L. H.: The Standard Cyclopedia of Horticulture, New York, 1953

Boerner, F.: Blütengehölze für Garten und Park, Stuttgart, 3. Aufl., 1985

Booth, Ch. O.: An Encyclopedia of Annual and Biennal Garden Plants, London, 1957

Cornuz, L.–Friedrichs, W.: Belles Roses... Beaux Jardins, Delachaux et Niestlé, 1965

Correvon, Aymon: Rocailles, Delachaux et Niestlé, 1964

Dausien's großes Buch der Bäume und Sträucher, Hanau, 2. Aufl. 1989

De L'Aigle, A.: Begegnung mit Rosen, Stuttgart, 1958

Desarzens/Marthaber: Zier- und Parkbäume, 1968

Encke, F.: Sommerblumen, Stuttgart, 1961

Feldmeier, F.: Sommerblumen, Stuttgart, 1961

Fischbacher, G.: Gartenhöfe, München, 1966

Foerster, K.: Der Steingarten, Stuttgart, 10. Aufl., 1987

Foerster, K.: Einzug der Gräser und Farne in die Gärten, Stuttgart, 7. Aufl., 1988

Fortunatus: Unsterbliche Rose, Landbuch-Verlag, Hannover, 1964

Genders, Roy: Die Rose, Rüschlikon, 1978

Göritz, H.: Laubgehölze für Gärten und Landschaft, Berlin, 1957

Göritz, H.: Nadelgehölze für Gärten und Landschaft, Berlin, 1960

Grunert, Ch.: Das Blumenzwiebelbuch, Stuttgart, 1980

Gugenham, E.: Fleurs des Jardins, Hatier, 1972

Hay, R.–Synge, P. u.a.: Gartenblumen, Stuttgart, 1977

Hegi, H.: Illustrierte Flora von Mitteleuropa, München, 3. Aufl., 1966

Hofman, I.: Taschenatlas der Ziersträucher, Hanau, 1978

Klapp, E.: Taschenbuch der Gräser, Berlin und Hamburg, 11. Aufl., 1983

Kordes, W.: Rosen, 1977/78

Kosch, A.: Qu'est-ce-qui pousse dans mon jardin?, Nathan, Paris, 1974

Kriechbaum, W.: Alpenpflanzen im Garten, Berlin und Hamburg, 1960

AKrüssmann, G.: Handbuch der Nadelgehölze, Berlin und Hamburg, 1970–72

Krüssmann–Siebler–Tangermann: Winterharte Gartenstauden, Berlin und Hamburg, 1970

Krüssmann, G.: Handbuch der Laubgehölze, I–III, Berlin und Hamburg, 3. Aufl., 1976–78

Leach, D. G.: Rhododendrons of the World, London, 1962

Mattern, H.: Gärten und Gartenlandschaften, Stuttgart

Le Bon Jardinier, 21. vol., Paris 1974

Lhoste et Gemy: Les plantes à bulbes, Verviers, 1972

Morgenthal, I.: Sommerblumen, München, Basel, Wien, 1969

Pareys Gartenbau-Lexikon, Berlin–Hamburg, 1956

Pareys Blumengärtnerei, Berlin–Hamburg, 1960

Perry, F.: Gardening in Colour, Hamlyn House, Feltham, Middlesex, 1972

Petrová, E.: Taschenatlas der Blumen aus Zwiebeln und Knollen, Hanau, 1977

Pokorný, J.: Bäume, Hanau, 1987

Pugnetti, G.: Comment cultiver les roses, Editions de Vecchi, 1976

Seyffert, W.: Stauden, Berlin, 1974

Šikula, J.: Taschenatlas der Gräser, Hanau, 4. Aufl., 1988

Schacht, W.: Der Steingarten, Stuttgart, 6. Aufl., 1985

Schiller, H.: Die Verwendung der Pflanzen im Garten und Park, Berlin und Hamburg, 1959

Stangl, M.: Mein Hobby, der Garten, München, 7. Aufl., 1986

Starý, F.: Giftpflanzen, Hanau, 2. Aufl., 1986

Symons-Jeune, B. H.: Natural Rock-Gardening, London, 1955

Synge, P. M.: Gartenfreude durch Blumenzwiebeln, Berlin, 1966

Tykač, J.: Kletterpflanzen, Hanau, 1985

Tykač, J.: Zieresträucher, Hanau, 1990

Večeřa, L.: Taschenatlas der Rosen, Hanau, 1971

Vogt, A.: Ausdauernde Pflanzen im Garten, Erlenbach–Zürich, 1957

Zander–Encke–Buchheim: Handwörterbuch der Pflanzennamen, Stuttgart, 13. Aufl., 1984

REGISTER DER DEUTSCHEN NAMEN

REGISTER DER LATEINISCHEN NAMEN